Eigentum der Volksschule Leidersbach
(Grund- u. Hauptschule)

Schuljahr	Name	Kl.
20/21	Beatrice Francisc	8
21/22	Daniel Coroda	8
22/23	Hlib Velikov	8

westermann

trio

GESCHICHTE · POLITIK · GEOGRAPHIE

BAYERN

KLASSE 8

Autorinnen und Autoren

Thomas Bauer, Möhrendorf
Sven Ferchow, Obertraubling
Rudolf Kunz, Weiden/OPf.
Dr. Christoph Neudert, Regensburg
Astrid Senft, Altenschneeberg
Georg Tischler, Neukirchen a.T.

unter Mitwirkung der Verlagsredaktion

Sonderzeichen im Trio GPG 8

A Trio-Arbeitsweise: Auf diesen Seiten werden Arbeitsmethoden vorgestellt.

U Trio-Unterwegs: Auf diesen Seiten werden außerschulische Lernorte vorgestellt.

K Trio-Kompakt: Auf diesen Seiten wird wiederholt und zum offenen Arbeiten angeregt. Außerdem sind die erworbenen Kompetenzen aufgelistet.

3 Schwierige Aufgaben sind rot gekennzeichnet.

4 Die M-Zweig-Aufgaben müssen von den M-Zweig-Schülerinnen und -Schülern zusätzlich bearbeitet werden, können aber auch von allen Schülern gelöst werden.

M M-Zweig-Seite: Diese Seite ist extra für Schülerinnen und Schüler im M-Zweig gedacht, kann aber auch von allen Schülerinnen und Schülern bearbeitet werden.

westermann GRUPPE

© 2020 Bildungshaus Schulbuchverlage
Westermann Schroedel Diesterweg Schöningh Winklers GmbH, Braunschweig
www.westermann.de

Das Werk und seine Teile sind urheberrechtlich geschützt. Jede Nutzung in anderen als den gesetzlich zugelassenen bzw. vertraglich zugestandenen Fällen bedarf der vorherigen schriftlichen Einwilligung des Verlages. Nähere Informationen zur vertraglich gestatteten Anzahl von Kopien finden Sie auf www.schulbuchkopie.de.
Für Verweise (Links) auf Internet-Adressen gilt folgender Haftungshinweis: Trotz sorgfältiger inhaltlicher Kontrolle wird die Haftung für die Inhalte der externen Seiten ausgeschlossen. Für den Inhalt dieser externen Seiten sind ausschließlich deren Betreiber verantwortlich. Sollten Sie daher auf kostenpflichtige, illegale oder anstößige Inhalte treffen, so bedauern wir dies ausdrücklich und bitten Sie, uns umgehend per E-Mail davon in Kenntnis zu setzen, damit beim Nachdruck der Verweis gelöscht wird.

Druck A[1] / Jahr 2020
Alle Drucke der Serie A sind inhaltlich unverändert.

Redaktion: Lektoratsbüro Eck, Berlin
Druck und Bindung: westermann druck GmbH, Braunschweig

ISBN 978-3-507-**36240**-6

Die Weimarer Republik 6

Vom Kaiserreich zur Republik 8
Deutschlands erste demokratische Verfassung 10
Startschwierigkeiten der Weimarer Republik 12
Aufschwung der Weimarer Republik 14
Der Aufstieg der NSDAP 16
Das Scheitern der Weimarer Republik 18
Das kulturelle Erbe der Weimarer Republik 20
K Trio-Kompakt: Die Weimarer Republik 22

Energie 24

Ohne Energie geht nichts 26
„Woher kommt die Energie auf der Erde?" 28
A Trio-Arbeitsweise: Einen Faktencheck zu den Energieträgern erstellen 30
Energiegewinnung aus der Kohle 32
Die Bedeutung der Kohle in Deutschland 34
Die Bedeutung des Erdöls 36
Erdöl aus der Nordsee 38
A Trio-Arbeitsweise: Eine Präsentation erstellen 39
Energiegewinnung aus Erdgas 40
Erneuerbare Energien 42
Energie aus Windkraft 44
Biomasse 46
Wasserkraft 47
M Der Ausbau der Energienetze 48
Wie können wir selbst energiebewusster leben? 50
K Trio-Kompakt: Energie 52

Deutschland – ein Sozialstaat 54

Das erste Gehalt 56
Deutschland ist ein Sozialstaat 58
Der Generationenvertrag 60
Der Sozialstaat unterstützt auch Kinder und Jugendliche 62
A Trio-Arbeitsweise: Einen Podcast zur Altersvorsorge erstellen 63
Armut – ein schwieriger Begriff 64
K Trio-Kompakt: Deutschland – ein Sozialstaat 66

Die Zeit des Nationalsozialismus — 68

Die Zeit des Nationalsozialismus in Deutschland	70
Die Machtergreifung der Nationalsozialisten	72
Hitler festigte seine Macht	74
Weltanschauung des Nationalsozialismus	76
Jugend im Nationalsozialismus	78
Machtsicherung durch Propaganda	80
A Trio-Arbeitsweise: Ein Foto als geschichtliche Quelle auswerten	82
Umgang mit politischen Gegnern	84
Ausgrenzung der Juden	86
Jüdisches Leben in Bayern – Beispiel Regensburg	88
Kriegsvorbereitungen und Annexionen	90
Deutschlands Krieg gegen Europa	92
Kriegsverbrechen in den eroberten Gebieten	94
Zwangsarbeiter im Deutschen Reich	96
Von der Verfolgung zur planmäßigen Ermordung	98
Völkermord in den Vernichtungslagern	100
U Trio-Unterwegs: Stolpersteine entschlüsseln	102
Der Widerstand im Dritten Reich	104
Das Blatt wendet sich	106
Der Krieg kommt nach Deutschland	108
Flucht und Vertreibung	110
Der Krieg im Pazifikraum	112
Was bleibt?	114
K Trio-Kompakt: Die Zeit des Nationalsozialismus	116

Demokratie leben — 118

Du weißt schon sehr viel …	120
Was wir bewegen wollen!	122
Paul bewegt seine Schule	124
Paul und Nesrin bewegen ihre Gemeinde	126
Paul und Nesrin bewegen den Landtag	128
Politik in Deutschland – der Weg eines Gesetzes	130
Das leistet Politik in einer Demokratie	132
Kriterien zur Beurteilung politischer Maßnahmen	134
Werdet ihr wählen gehen?	136
Die Wahl zur Bildung eines Parlaments	138
K Trio-Kompakt: Demokratie leben	140

Nordamerika — 142

Auf nach Amerika!	144
Die Reise der Familie Wagner	146
Großlandschaften der USA	148
Nationalparks – einzigartige Landschaften	150
A Trio-Arbeitsweise: Eine Profilskizze zeichnen	151
Das Klima im Überblick	152
Wetterextreme in den USA	154
Wirtschaftsregionen in den USA	156
Die USA – der größte Agrarproduzent	158
Die USA – eine Wirtschaftsmacht	160
Die USA – ein Einwanderungsland	162
Stadtland USA	164
New York City	166
The American Dream	168
Kanada	170
Inuit heute – Leben zwischen Tradition und Moderne	172
K Trio-Kompakt: Nordamerika	174

Deutschland in der Nachkriegszeit — 176

Die Stunde Null?	178
Leben in Ruinen	180
Die Gestaltung Deutschlands nach dem Krieg	182
Wie gingen die Siegermächte mit der NS-Vergangenheit um?	184
Wie organisierten die Siegermächte den politischen Neuanfang?	186
Unterschiedliche Voraussetzungen für einen wirtschaftlichen Neustart	188
Machtkampf um Berlin	190
Zwei deutsche Staaten werden gegründet	192
K Trio-Kompakt: Deutschland in der Nachkriegszeit	194

Die Landwirtschaft — 196

Landwirtschaft früher und heute	198
Landwirtschaft ist vielfältig	200
Ein konventioneller landwirtschaftlicher Betrieb stellt sich vor	202
Ein Bio-Landwirt stellt seinen Betrieb vor	204
Bio boomt	206
K Trio-Kompakt: Die Landwirtschaft	208

Anhang

Die unterschiedlichen Aufgabenstellungen (Operatoren)	210
Register	212
Quellenverzeichnis	213

Die Weimarer Republik

6.1 Politische Unruhen und ausgelassenes Feiern (Szenen einer TV-Produktion über die 1920er-Jahre in Berlin)

In der Weimarer Republik ...
- gab es zum ersten Mal eine demokratische Verfassung in Deutschland.
- sorgte der politische und wirtschaftliche Aufschwung für eine kulturelle Blütezeit.
- hatte die Demokratie viele Feinde und Probleme.

8.1 Novemberrevolution – Revolutionäre während der Straßenkämpfe in Berlin

Vom Kaiserreich zur Republik

Im Oktober und November 1918 überschlugen sich im Deutschen Reich die Ereignisse. Schließlich dankte der Kaiser ab und die Republik wurde ausgerufen. Wie kam es zum Ende der Monarchie in Deutschland?

Der Krieg ist zu Ende

Nach vier langen Kriegsjahren (1914 – 1918) erkannte die deutsche Führung, dass der Krieg verloren war. Reichskanzler Max von Baden bot den Kriegsgegnern im Oktober 1918 einen Waffenstillstand an. Es dauerte noch bis zum 11. November 1918, bis er in Kraft trat. Dass der Krieg bereits verloren war, wurde der deutschen Bevölkerung lange verschwiegen. Für viele Menschen kam die Niederlage deshalb überraschend.

Das Millionenheer konnte nicht mehr ausreichend versorgt werden. Doch der Bevölkerung ging es noch schlechter. Es gab weder genügend Lebensmittel noch Medikamente. Die Menschen waren geschwächt. Hunderttausende starben an Krankheiten und Hunger. Über neun Millionen Soldaten wurden im Ersten Weltkrieg getötet, davon etwa zwei Millionen Deutsche. Hinzu kamen noch Millionen Verletzte.

8.2 Zeitleiste zum Kapitel

8

Die Weimarer Republik

Die Novemberrevolution 1918

Obwohl der Krieg verloren war, plante die militärische Führung, die deutschen Kriegsschiffe am 30.10.1918 in ein aussichtsloses Seegefecht zu schicken. Die Matrosen weigerten sich, den Befehl auszuführen und ihr Leben zu riskieren. Am 3. November 1918 kam es in Kiel zu einem Matrosenaufstand, dem sich die Arbeiter der Stadt anschlossen. Schließlich griffen die Unruhen auf andere Städte über. Matrosen und Soldaten besetzten die Kasernen. Sie verweigerten die Befehle der Offiziere. Die Sozialdemokraten waren inzwischen an der Regierung beteiligt und versuchten, den Ausbruch einer Revolution zu verhindern, doch dafür war es bereits zu spät.

Die Abdankung des Kaisers

Bei einer Demonstration am 8.11.1918 in Berlin forderten Tausende Menschen das Ende des Krieges sowie die Abdankung des Kaisers. Am darauf folgenden Tag wurde Friedrich Ebert, der Vorsitzende der SPD, von der alten Regierung zum neuen Reichskanzler ernannt. Ein paar Stunden später rief der SPD-Politiker Philipp Scheidemann von einem Balkon im Berliner Reichstag die „Deutsche Republik" aus (9.1). Kaiser Wilhelm II. verlor seine Macht und setzte sich in die Niederlande ab. Das war das Ende der Monarchie in Deutschland.

„Arbeiter und Soldaten! Der unglückselige Krieg ist zu Ende. Das Morden ist vorbei. Der Kaiser hat abgedankt. […] Das Volk hat auf der ganzen Linie gesiegt. Prinz Max von Baden hat sein Reichskanzleramt Friedrich Ebert übergeben. […] Die neue Regierung darf nicht gestört werden in ihrer Arbeit für den Frieden, in der Sorge um Brot und Arbeit. Nichts darf geschehen, was der Arbeiterbewegung zur Unehre gereicht. Seid einig und pflichtbewusst. […] Es lebe die Deutsche Republik."
(Quelle: Herbert Michaelis / Ernst Schraepler (Hrsg.): Ursachen und Folgen. Bd. 2. Dokumenten-Verl. Wendler, Berlin 1958, S. 570ff.)

9.1 Philipp Scheidemann am 9.11.1918 in Berlin

9.2 Das Ende der Monarchie – der Kaiser hinterlässt die Schlüssel der Macht (siehe S. 10/11).

AUFGABEN

1. Beschreibe die Gründe, die zur Abdankung des Kaisers führten.
2. Erstelle eine Zeitleiste, in der du Auslöser, Verlauf und Folgen der Novemberrevolution darstellst.
3. Erkläre, warum Historiker die Ereignisse im November 1918 als Revolution bezeichnen.

Deutschlands erste demokratische Verfassung

Nach dem Ende der Monarchie mussten der Staatsaufbau Deutschlands und die damit verbundene Machtverteilung sowie die Rechte und Pflichten der Bürger neu geregelt werden. Deshalb wurde eine neue Verfassung ausgearbeitet. Sie war fortschrittlich, hatte aber auch Mängel.

Die Nationalversammlung arbeitete die Verfassung aus

Im Januar 1919 wählte die deutsche Bevölkerung die sogenannte Nationalversammlung. Der wichtigste Auftrag der Nationalversammlung war, eine neue Verfassung auszuarbeiten. Darin sollten Regeln, Rechte und Pflichten für das Zusammenleben in Deutschland festgelegt werden. Um ungestört von den Unruhen in Berlin beraten zu können, trat die Nationalversammlung in Weimar (Thüringen) zusammen. Zum Reichspräsidenten wurde Friedrich Ebert (SPD) gewählt. Reichskanzler wurde Philipp Scheidemann. Drei demokratische Parteien bildeten als Wahlsieger die „Weimarer Koalition".

Das Besondere an der neuen, demokratischen Verfassung war, dass die Macht im Staat klar auf drei Bereiche aufgeteilt wurde (Gewaltenteilung, 10.1). So sollte verhindert werden, dass ein einzelner Mensch zu viel Macht bekommt und das zu seinem Vorteil ausnutzt.

Legislative
Im ersten Bereich (gesetzgebende Gewalt) kümmern sich Politiker um die Entstehung von Gesetzen.

Exekutive
Im zweiten Bereich (ausführende Gewalt) wird von der Regierung oder Beamten (z. B. Polizei) durchgesetzt, dass die Gesetze eingehalten werden.

Judikative
Im dritten Bereich (richterliche Gewalt) urteilen Gerichte darüber, ob Gesetze eingehalten werden. Der dritte Bereich muss unabhängig vom ersten und zweiten Bereich sein.

Merke: In einer Demokratie kontrollieren die drei Bereiche sich gegenseitig!

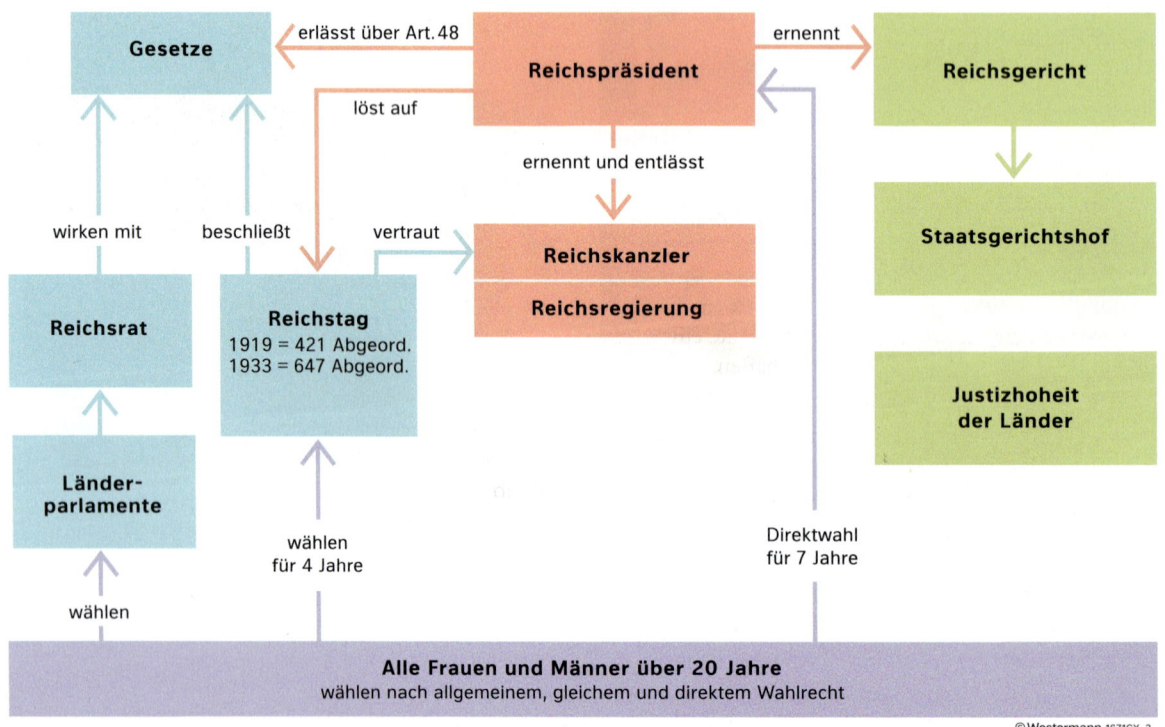

10.1 Die Verfassung der Weimarer Republik

Die Weimarer Republik

11.1 Wichtige Grundrechte

Die Verfassung hatte Stärken und Schwächen

Die Weimarer Verfassung garantierte den deutschen Staatsbürgern ab 20 Jahren wichtige Grundrechte (11.1). Erstmals durften Bürger an der Gesetzgebung mitwirken (Volksentscheid), Frauen wählen sowie gewählt werden. Insgesamt wurden 37 Frauen in die Nationalversammlung gewählt.

Der Reichspräsident hatte laut Verfassung eine besondere Stellung. Er bestimmte über das Militär, konnte Regierungen und Richter ernennen sowie das Parlament auflösen. Zudem bekam er durch den Artikel 48 der Verfassung eine derart mächtige Stellung, dass viele Bürger den Reichspräsidenten als „Ersatzkaiser" bezeichneten.

INFO

Notverordnungen
Im Artikel 48 der Verfassung stand, dass der Reichspräsident im Fall einer Krise (z.B. Krieg) allein und ohne das Parlament regieren konnte. Mithilfe von Notverordnungen (Anweisungen) war es ihm so möglich, Gesetze allein zu beschließen, die Grundrechte einzuschränken oder sogar kurzzeitig abzuschaffen.

11.2 Zwei Ersatzschlüssel für alle Fälle (siehe Aufgabe 3)

AUFGABEN

1. Erkläre die Bezeichnung „Weimarer Republik".
2. Gib wieder, was unter Gewaltenteilung zu verstehen ist. Nutze auch 10.1.
3. Finde weitere Bildunterschriften für 11.2, die die Rolle des Reichspräsidenten in der Weimarer Republik beschreiben.
4. a) Erkläre, warum der Reichspräsident auch als „Ersatzkaiser" bezeichnet wurde. Beziehe 10.1, 11.2 sowie den Infokasten in deine Überlegungen mit ein.
   b) Werte 11.2 aus. Gehe im Besonderen auf die beiden Ersatzschlüssel ein.

Startschwierigkeiten der Weimarer Republik

Mit der Weimarer Verfassung von 1919 war Deutschland zum ersten Mal ein demokratischer Staat. Vor welchen Herausforderungen stand die junge Republik?

Im Januar 1919 trafen sich die Siegermächte des Ersten Weltkrieges (USA, England und Frankreich) in Versailles. Sie entwarfen einen Friedensvertrag. Er sollte das Kriegsende beschließen und Friedensbedingungen beinhalten. Zwei Friedensbedingungen machten viele Menschen in Deutschland besonders wütend: Deutschland musste die alleinige Kriegsschuld anerkennen. Außerdem mussten hohe Reparationen (Fachbegriff) geleistet werden. Doch Deutschland hatte keine Wahl. Außenminister Hermann Müller (SPD) unterschrieb den Vertrag am 28.06.1919 trotz der allgemeinen Ablehnung.

12.1 Der Versailler Vertrag

Demokratiefeindliche Parteien (13.2) wollten die Demokratie wieder abschaffen. Sie verbreiteten die sogenannte Dolchstoßlegende, um der SPD-geführten Regierung zu schaden. Die demokratiefeindlichen Parteien behaupteten, dass das deutsche Militär unbesiegt gewesen war, als 1918 die ersten Streiks, die Meuterei der Matrosen und die revolutionären Kämpfe der Arbeiter begannen. Die Arbeiter und die Sozialdemokraten hätten das Heer von hinten „erdolcht". Obwohl die Dolchstoßlegende immer wieder verbreitet wurde, entsprach sie nicht der Wahrheit und schadete der jungen Demokratie.

12.2 Die Dolchstoßlegende

12.3 Das Parlament in

FACHBEGRIFF

Reparationen
... sind Geldzahlungen. Der Verlierer eines Krieges zahlt eine vom Sieger festgelegte Geldsumme an den oder die Sieger des Krieges. Damit werden die Schäden und Verluste, die während des Krieges entstanden sind, ersetzt. Manchmal spricht man in diesem Zusammenhang auch von Wiedergutmachung. Die Höhe der Reparationen, die das Deutsche Reich leisten sollte, wurde zunächst nicht festgelegt. Nach dem Krieg forderten die Kriegsgewinner eine Zahlung von 20 Milliarden Goldmark. Das entsprach einem Wert von 7000 Tonnen Gold. Erst am 3. Oktober 2010 beglich die deutsche Bundesregierung mit einer Zahlung von fast 200 Millionen Euro die letzte Rate der Reparationszahlungen aus dem Ersten Weltkrieg.

Die Weimarer Republik

Nach dem Krieg kam es zu einer rasanten Geldentwertung. Täglich verlor das Geld an Wert. Plötzlich gab es mehr Geld als Sachwerte (13.1), die man für Geld kaufen konnte (Inflation). Die Menschen verloren ihre gesamten Ersparnisse und wurden arbeitslos. Um die Geldprobleme zu lösen, wurde die alte Währung von der Regierung abgeschafft. Eine neue Währung wurde am 15.01.1923 eingeführt.

„Die Inflation trieb die Preise in grenzenlose Höhen. Die Menge an Papiergeld war so groß, dass Lastwagen das Geld von Bank zu Bank transportierten. Im Juni 1923 kostete eine Fahrt mit der Straßenbahn 630 Reichsmark, im Dezember waren es 50 Milliarden Reichsmark. Eine unvorstellbare Summe."
Ein Zeitzeuge

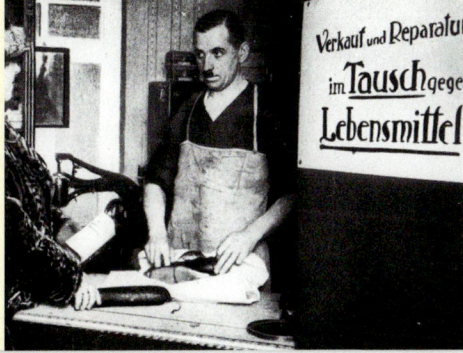

13.1 Soziale Not in Deutschland

Die wirtschaftlichen und sozialen Probleme nutzten demokratiefeindliche Gruppen und Parteien aus. Sie versuchten teilweise gewaltsam, die Demokratie zu stürzen.
Eine dieser Parteien war die NSDAP (Nationalsozialistische Deutsche Arbeiterpartei, gegründet 1920) mit ihrem Vorsitzenden Adolf Hitler. Mithilfe der bewaffneten Kampftruppe der NSDAP, der SA, versuchte Hitler, am 9.11.1923 die Macht in Bayern zu übernehmen. Sein Plan scheiterte jedoch. Hitler wurde zu fünf Jahren Haft verurteilt, die NSDAP wurde im gesamten Reich verboten.

13.2 Feinde der Demokratie

der Weimarer Republik

AUFGABEN

1. Fasse die vier Hauptprobleme der jungen Weimarer Republik kurz zusammen.
2. Begründe, warum der Händler seine Ware nur gegen Lebensmittel tauschen wollte (Foto 13.1).
3. Suche zu einem der vier Hauptprobleme der Weimarer Republik eine Karikatur im Internet. Werte diese Karikatur aus und stelle dein Ergebnis in einer Präsentation dar.
4. Erläutere, warum hier das Parlament als Symbol für die Weimarer Republik gewählt wurde (12.3).

14.1 Der deutsche Außenminister Gustav Stresemann bei einer Rede vor dem Völkerbund (1926)

14.2 In einer Automobilfabrik werden am Fließband Autos zusammengesetzt (1926).

Aufschwung der Weimarer Republik

Trotz der vielen Probleme, mit denen die Weimarer Republik umgehen musste, zeigten sich erste Erfolge. Langsam kehrte Normalität in Deutschland ein. Sichtbar wurde dies vor allem in der Außenpolitik und in der Wirtschaft. Auch die Lebensbedingungen der Menschen verbesserten sich erheblich. Wie gelang dieser Aufschwung in Deutschland?

Aufnahme in den Völkerbund

Nach dem Krieg war Deutschland zunächst auf sich allein gestellt. Das änderte sich 1925. In Locarno (Schweiz) trafen sich Vertreter aus unterschiedlichen europäischen Staaten. Gemeinsam überdachten sie den Vertrag von Versailles. Letztendlich lockerten die ehemaligen Kriegsgegner die harten Vertragsbedingungen. Am 10. September 1926 wurde Deutschland in den Völkerbund aufgenommen. Damit kehrte Deutschland in den Kreis der führenden Staaten Europas zurück.

Mit der deutschen Wirtschaft ging es aufwärts

Die USA hatten nun wieder Vertrauen zu Deutschland. Mit Krediten unterstützten die Amerikaner den Wiederaufbau Deutschlands. Zudem sorgten sie dafür, dass sich die Last der Reparationsleistungen (siehe S. 12) verringerte. Eine Währungsreform beendete die Inflation (siehe 13.1) und belebte die Wirtschaft. Es wurde viel investiert: Industrieanlagen wurden modernisiert, die Fließbandarbeit eingeführt. Die Einkommen stiegen. Der wirtschaftliche Aufschwung sorgte für „goldene Jahre".

14.3 In einem Linienflugzeug – einige konnten sich einen sehr teuren Lebensstil leisten (1926).

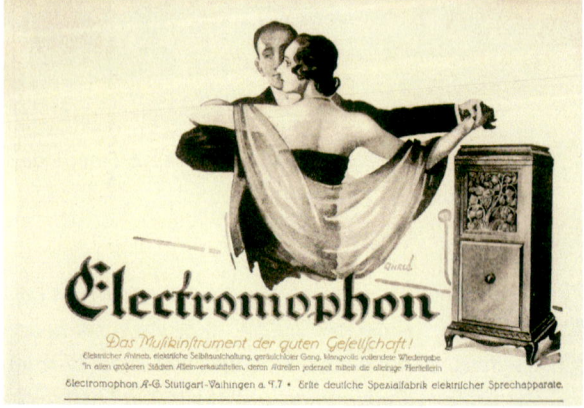

14.4 Werbung für einen Plattenspieler (1924)

Die Weimarer Republik

15.1 Moderne Wohnsiedlungen entstanden in ganz Deutschland (aktuelles Foto).

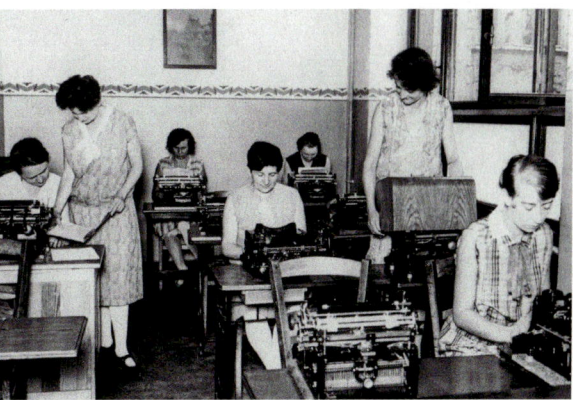

15.2 Berufstätige Frauen in einem Großraumbüro (1929)

Soziale Verbesserungen

Auch die Lebensverhältnisse der Menschen verbesserten sich. Die Weimarer Republik war ein Sozialstaat, wenn auch nicht im heutigen Umfang. Die soziale Ungleichheit konnte zwar nicht beseitigt, aber wenigstens abgemildert werden. So führte die Regierung den sozialen Wohnungsbau ein. Viele Menschen konnten nun in moderne Wohnsiedlungen ziehen (15.1). Weitere Verbesserungen für die Arbeiter wurden eingeführt (15.3): Arbeiter durften selbst Arbeitsverträge und Löhne aushandeln. Bis 1929 ging die Arbeitslosigkeit deutlich zurück und die Löhne stiegen. Kriegsversehrte, Witwen und werdende Mütter wurden unterstützt.
Die Förderung der Jugend war ein weiterer Schwerpunkt der Sozialpolitik. Für Frauen verbesserten sich die Zugänge zu Bildungseinrichtungen und zum Arbeitsmarkt.

1918	Anspruch auf Urlaub
1919	8-Stunden-Tag, 7- und 6-Tage-Woche
1923	Reichsmieterschutzgesetz
1924	Einrichtung der staatlichen Fürsorge
1927	Arbeits- und Kündigungsschutz für Mütter
1927	Gesetz zur Arbeitslosenversicherung
1927	erste Arbeitsämter zur Arbeitsvermittlung
1927	Zuschläge für Überstunden

15.3 Sozialgesetzgebung in der Weimarer Republik

FACHBEGRIFF

Sozialstaat
„Sozial" (lateinisch) bedeutet „gemeinsam". In einem Sozialstaat bilden die Bürger eine Gemeinschaft, die sich gemeinsam um Gerechtigkeit und Sicherheit bemüht und in der man sich beisteht (z. B. mit finanzieller Unterstützung bei Krankheit oder Arbeitslosigkeit).

FACHBEGRIFF

Arbeitslosenversicherung
Jeder Mensch, der arbeitet, gibt einen Teil seines Lohns an die Arbeitslosenversicherung ab.
Bei Verlust der Arbeitsstelle zahlt die Versicherung Arbeitslosengeld. Alle Beschäftigten zahlen in die Arbeitslosenversicherung. Sie ist eine Sozialversicherung.

AUFGABEN

1. *Wähle aus:*
   • *Stelle die Ursachen und die Folgen des wirtschaftlichen Aufschwungs in einer Tabelle gegenüber.*
   • *Stelle Ursachen und Folgen des wirtschaftlichen Aufschwungs in der Weimarer Republik grafisch dar.*
2. *Beschreibe die sozialen Verbesserungen in Deutschland.*
3. *Recherchiere für drei Beispiele aus der Tabelle 15.3, ob es diese Sozialgesetze heute noch gibt.*

16.1 Bayerische Ortsgruppen der NSDAP mit ihren Fahnen vor dem Hauptquartier der Partei in München (1923)

Der Aufstieg der NSDAP

Noch im Jahr 1920 war die NSDAP (Nationalsozialistische Deutsche Arbeiterpartei) eine kleine und unwichtige Partei. Etwa 500 Mitglieder zählte sie 1925. Nur sieben Jahre später, bei den Reichstagswahlen 1932, wurde sie stärkste Partei. Wie kam es zu diesem Aufstieg der NSDAP?

Hitler und die NSDAP

Aus der Deutschen Arbeiter Partei (DAP) entstand 1920 die NSDAP. Ihre Weltanschauung (Ideologie, siehe S. 76) war der Nationalsozialismus. Dieser war u. a. gekennzeichnet vom Antisemitismus (Fachbegriff) und der Ablehnung der Demokratie.
Hitler übernahm 1921 den Vorsitz der Partei und wurde ihr Führer. In seinen Reden griff er vor allem die Demokratie und die Juden an. Zunächst war Hitler vor allem in Bayern aktiv, nach 1925 aber deutschlandweit.

- * 20.4.1889 Braunau (Österreich)
- † 30.4.1945 Berlin
- seit 1920 „Führer" der NSDAP
- 1923 Festungshaft nach Putschversuch
- nach 1930 Durchbruch der NSDAP zur Massenbewegung während der Weltwirtschaftskrise
- 30.1.1933 Ernennung zum Reichskanzler; verantwortlich für Errichtung der totalitären NS-Diktatur und die Entfesselung des Zweiten Weltkrieges
- 1945 Selbstmord im Bunker der Reichskanzlei

16.2 Adolf Hitler

Das Hakenkreuz, wichtigstes Symbol der NSDAP, hier als Karikatur aus der SPD-Zeitschrift „Der Wahre Jakob" (Januar 1933)

16.3 Das Hakenkreuz

FACHBEGRIFF

Antisemitismus
Unter Antisemitismus versteht man den Hass gegenüber allen Menschen jüdischen Glaubens. Antisemiten sehen in der Existenz der Juden den Grund für viele Probleme auf der Welt. Der Antisemitismus der Nationalsozialisten war zudem rassistisch motiviert. In deren menschenverachtender Weltanschauung wurden Juden als „minderwertige Rasse" angesehen.

Die Weimarer Republik

Der Wahlkampf der NSDAP

Während der Weltwirtschaftskrise schaffte es die NSDAP, sich als Partei darzustellen, die sich um die Probleme der Menschen kümmert. Um bei den Wahlen erfolgreich zu sein, führte die NSDAP einen aggressiven Wahlkampf. Die Medien wurden geschickt genutzt. Außerdem gründete sie deutschlandweit Ortsgruppen. So verbreitete die Partei ihre politischen Ideen und gewann viele Anhänger. Mit dieser Taktik erreichte die NSDAP im Juli 1932 bei den Reichstagswahlen 37,3 Prozent der Stimmen.

17.1 Propaganda-Bus mit Plakaten der NSDAP (1932)

Wähler der NSDAP

Obwohl der Aufstieg der NSDAP mit dem Anstieg der Arbeitslosigkeit während der Weltwirtschaftskrise zusammenhing, wurde sie nicht nur von Arbeitslosen gewählt. Sie hatte Anhänger und Wähler in allen Schichten der Bevölkerung. Die NSDAP war eine Volkspartei.

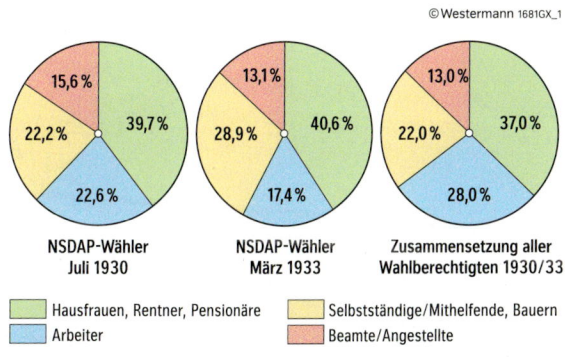

17.2 Wählerschaft der NSDAP nach Berufsgruppen

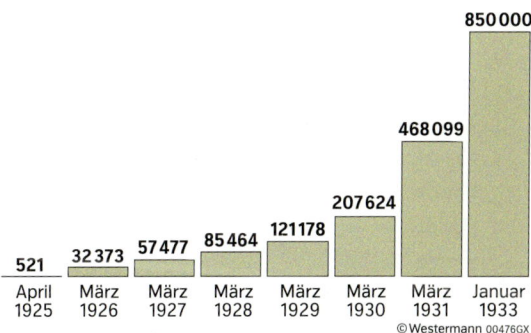

17.3 Mitgliederentwicklung der NSDAP

AUFGABEN

1. Erkläre den Anstieg der Mitgliederzahl der NSDAP.
2. Beschreibe, wie es der NSDAP gelang, ihre Ziele in Deutschland zu verbreiten.
3. Belege anhand von 17.2, dass die NSDAP eine Volkspartei war.
4. Werte die Karikatur 16.3 aus. Erkläre die Verfremdung des Hakenkreuzes.

Das Scheitern der Weimarer Republik

Nach einem schwierigen Start erlebte die Weimarer Republik eine kurze Blütezeit. Neue und alte Probleme stürzten das Land jedoch Ende der 1920er-Jahre in eine ernsthafte Krise. Mehrfach scheiterten Regierungen, immer wieder kam es zu Neuwahlen. Am Ende übernahmen die Nationalsozialisten, die die Demokratie ablehnten, die Macht in Deutschland. Warum scheiterte die Weimarer Republik und damit die Demokratie in Deutschland?

Weltwirtschaftskrise 1929

Nach einem Börsencrash in New York kam es in den USA zu einer schweren Wirtschaftskrise. Deshalb stellten viele US-amerikanische Unternehmen die Zusammenarbeit mit deutschen Firmen ein. US-amerikanische Banken forderten die an deutsche Banken verliehenen Gelder zurück. Viele Banken in Deutschland wurden zahlungsunfähig. Zahlreiche Betriebe in Deutschland gingen pleite und die Arbeiter wurden entlassen. Die Steuereinnahmen des Staates sanken. Die Sozialleistungen (z. B. Arbeitslosengeld) wurden massiv gekürzt.

18.1 Ein New Yorker muss nach dem Börsencrash sein Auto verkaufen.

Wachsende Unzufriedenheit

Auf dem Höhepunkt der Weltwirtschaftskrise 1932 war jeder dritte Deutsche arbeitslos. Viele Menschen gaben der Regierung die Schuld an der schlechten wirtschaftlichen Lage. Nun glaubten die Menschen solchen Politikern, die ihnen Brot und Arbeit versprachen. Das waren vor allem radikale und demokratiefeindliche Parteien (18.3).

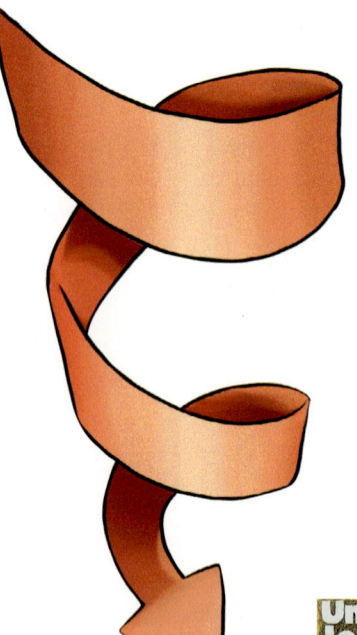

18.2 Großer Andrang vor einer Bank. Die Menschen wollen ihr Geld abheben, um es in Sicherheit zu bringen.

Das Ende der Demokratie

Weil Reichspräsident Hindenburg das Parlament mehrfach auflöste, kam es immer wieder zu Neuwahlen. Die demokratischen Parteien verloren zunehmend Wähler. Viele Menschen glaubten nicht mehr daran, dass diese Parteien die Probleme lösen konnten. Die radikalen Parteien, vor allem die NSDAP, wurden hingegen stärker. Am 30.1.1933 ernannte Hindenburg schließlich Adolf Hitler zum Reichskanzler. Das war das Ende der Demokratie in der Weimarer Republik und der Anfang der NS-Diktatur (1933–1945).

18.3 Wahlplakate radikaler Parteien

Die Weimarer Republik

Du hast eines Tages den berühmten „blauen Brief" erhalten; man legt auf deine Arbeitskraft kein Gewicht mehr [...]. Wie dir geht es Tausenden. [...] Nach peinlicher Befragung erhältst du deine Stempelkarte und gehst damit los zur Erwerbslosenfürsorge [...]. Erst wenn dein Antrag geprüft [...] ist, kannst du im günstigsten Fall nach vierzehn Tagen dein erstes Geld holen [...], denn du musst eine Karenzzeit von mindestens sieben Tagen durchmachen. [...] Deine Unterstützung richtet sich nach deinem Arbeitsverdienst in den letzten 26 Wochen. Aber ganz gleich, ob du 8,80 RM oder 22,05 RM (Höchstsatz) als Lediger pro Woche erhältst, die paar Pfennige sind zum Leben zu wenig und zum Sterben zu viel. 26 Wochen darfst du stempeln und Unterstützung beziehen [...], dann kommst du in die Krisenfürsorge, deren Sätze erheblich niedriger sind. Und nach weiteren 26 oder 52 Wochen erhältst du gar nichts mehr.
(Quelle: Willi Münzenberg (Hrsg.): Arbeiter-Illustrierte-Zeitung. Neuer Deutscher-Verlag, Berlin 1930, Nr. 5)

Im Jahre 1932 erreichte die Arbeitslosigkeit in Deutschland ihren Höhepunkt. In Berlin waren in diesem Jahr bis zu 630 000 Menschen ohne Arbeit, das entsprach einer Arbeitslosenquote von über 30 Prozent. Die Arbeitslosen erhielten von der Stadt Berlin eine Unterstützung.
Einzelpersonen bekamen 42 Mark, ein Ehepaar mit Kind erhielt 81 Mark im Monat. Davon mussten alle Ausgaben der Familie bezahlt werden. Mehr als die Hälfte des Geldes musste die Familie allein für Miete, Licht und Heizung aufbringen. Hinzu kamen Ausgaben für den Erhalt der Kleidung, neue Sachen konnten von dem wenigen Geld nicht gekauft werden. Das übrige Geld brauchte die Familie für ihre Nahrungsmittel. Sie konnte sich davon aber nur noch das Nötigste leisten: jeden Tag ein halbes Brot, fünfzig Gramm Margarine, einen halben Liter Milch, eine Kohlsuppe mit Kartoffeln und dreimal im Monat einen Hering für jeden.

19.1 Zeitungsartikel aus dem Jahr 1930 (Foto: Ein Wohltätigkeitsverein verteilt Kaffee und Brötchen an Arbeitslose in Deutschland, 1930.)

19.2 Nach einem Zeitungsbericht über die Lage eines Arbeitslosen mit Frau und Kind im Jahr 1932 (Foto: Demonstration von Arbeitslosen in Berlin, 1932)

AUFGABEN

1. Erläutere die Ereignisse von der Weltwirtschaftskrise 1929 bis zur Ernennung Hitlers zum Reichskanzler.
2. a) Begründe, warum die radikalen und demokratiefeindlichen Parteien immer mehr Anhänger fanden (18.3).
   b) Betrachte das Plakat der NSDAP (18.3). Beschreibe, wie die Menschen auf dem Plakat die Stimmung in Deutschland widerspiegeln.
3. a) Beschreibe das Bild 19.1 und die Situation eines Arbeitslosen.
   b) Werte 19.2 aus. Beurteile die Lebenssituation der Familie.

Das kulturelle Erbe der Weimarer Republik

Die Weimarer Republik existierte von 1919 bis 1933. Der erste demokratische Staat auf deutschem Boden scheiterte aus mehreren Gründen. Dazu zählten u. a. die Folgen des Ersten Weltkrieges, die Weltwirtschaftskrise und deren Auswirkungen auf Deutschland sowie eine Verfassung mit Schwächen. Hinzu kam der fehlende Rückhalt in der Bevölkerung für die junge Demokratie. Doch viele Entwicklungen der damaligen Zeit reichen bis in die Gegenwart.

19. Jahrhundert/Kaiserzeit

Architektur und Design

Die politischen und sozialen Veränderungen in der Weimarer Republik wirkten sich auch auf die Architektur und das Design aus. Völlig neu war der sogenannte Bauhaus-Stil. In den Jahren nach dem Ersten Weltkrieg entwarfen die Bauhaus-Architekten und -Designer Gegenstände, Möbel oder Bauwerke, bei denen es nur um deren Funktion ging. Auf Schmuck und Verzierungen, wie sie in der Kaiserzeit üblich waren, wurde verzichtet.

Haus aus dem 19. Jahrhundert

Unterhaltung, Kunst, Literatur

Auch die Kultur erlebte in der Weimarer Republik eine Veränderung und Blütezeit. In Berlin wuchs eine lebendige Szene, in der sich Maler, Schauspieler, Tänzer, Regisseure, Schriftsteller und Musiker trafen und neue Ideen und Stile entwickelten. Abends amüsierte man sich ausgelassen in Jazz-Lokalen, Revuen, Variétés und Ballhäusern. Aus den USA kam der ausgelassene Tanz Charleston in Mode und füllte die Tanzflächen.

Der Schriftsteller Thomas Mann erhielt den Literaturnobelpreis, Hermann Hesse erlangte mit seinem Buch „Steppenwolf" Weltruhm.

Tanzfest in Berlin (1890)

Frauen

In der Weimarer Verfassung wurde erstmals in Deutschland das Wahlrecht für Frauen verankert. Frauen erlangten darüber hinaus noch weitere Rechte und Pflichten, die zuvor nur Männer besaßen. Bis 1919 studierten nur sehr wenige Frauen. Nun ergriffen immer mehr Frauen akademische Berufe. Sie wurden zum Beispiel Ärztin, Rechtsanwältin oder Richterin.

Besonders in den Städten traten immer mehr Frauen selbstbewusst in der Öffentlichkeit auf. Viele mutige Frauen setzten sich unermüdlich für die Rechte der Frauen ein. Das war auch notwendig, denn in vielen Belangen waren Frauen Männern gegenüber weiterhin benachteiligt.

In der Kaiserzeit kümmerten sich viele Frauen aus dem Bürgertum hauptsächlich um die Familie.

Die Weimarer Republik

FACHBEGRIFF

Kultur
Der Begriff „Kultur" wird unterschiedlich benutzt. Aus dem Lateinischen übersetzt bedeutet Kultur „Pflege, Bearbeitung, Ackerbau". Heute steht der Begriff „Kultur" vor allem für Entwicklungen in Bereichen wie Religion, Politik, Kunst oder Musik. Aber auch Bräuche, Rituale oder Sprache sind Kultur. Je nach Gesellschaft, Region oder Land kann sich Kultur in verschiedenen Arten und Weisen ausdrücken.

Weimarer Republik	Heute

Haus eines Bauhaus-Architekten aus den 1920er-Jahren

Neubausiedlung in Deutschland (2016)

Tanzveranstaltung (1926)

Großraumdisko (2018)

Die Parlamentarierinnen im Deutschen Reichstag (1919)

Die deutsche Bundesregierung 2019 – unter den 16 Regierungsmitgliedern waren sieben Frauen.

Trio-Kompakt: Die Weimarer Republik

Diese Begriffe sollte ich kennen

Schreibe jeweils auf die Vorderseite einer Karteikarte einen der folgenden Begriffe. Erkläre auf der jeweiligen Rückseite, was damit gemeint ist. Du kannst dazu auch noch einmal im Kapitel nachlesen.

- Sozialstaat
- Reparation
- Antisemitismus
- Arbeitslosenversicherung
- Kultur
- Notverordnung

Die Weimarer Verfassung

a) Ordne den Personen in der Illustration folgende Begriffe zu:
   gesetzgebende Gewalt, richterliche Gewalt, ausführende Gewalt.
b) Wie wird diese Aufteilung der Macht in einem Land genannt?
c) Erläutere die Schwäche der Weimarer Verfassung, auf die diese Abbildung hinweist.

Die Weimarer Republik stand unter Druck

a) Erkläre den Inhalt der Abbildungen (a–d).
b) Erläutere, wie die Geschehnisse in den vier Abbildungen (a–d) die Weimarer Republik unter Druck setzten.

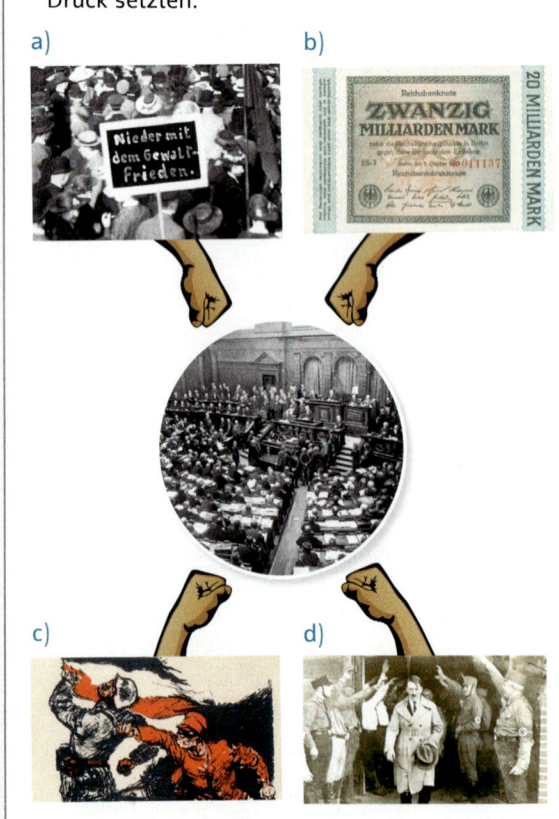

Die Weimarer Republik

Offenes Arbeiten

Hier beschäftigst du dich selbstständig mit einem Thema des Kapitels. Wie du das Ergebnis darstellst, entscheidest du.

> **In der Weimarer Republik ...**
> - gab es zum ersten Mal eine demokratische Verfassung in Deutschland.
> - sorgte der politische und wirtschaftliche Aufschwung für eine kulturelle Blütezeit.
> - hatte die Demokratie viele Feinde und Probleme.

1. Wähle eine der Aussagen oben aus.
2. Notiere dazu Begriffe und Gedanken.
3. Was gehört zusammen? Ordne.
4. Erstelle daraus: Mindmap, Bild, Skizze, Text, Plakat, Tabelle oder wähle eine andere Darstellungsform.
5. Vergleicht und ergänzt eure Ergebnisse.
6. Schau auf die Schritte 1 bis 5 zurück. Wo hattest du Schwierigkeiten? Was ist dir gut gelungen?

Prüfe dich nun selbst! Du kannst ...

- ✓ ... das Ende der Monarchie in Deutschland erklären (S. 8/9).
- ✓ ... die Stärken und Schwächen der Weimarer Verfassung erläutern (S. 10/11).
- ✓ ... belegen, dass die Weimarer Republik von Anfang an unter Druck stand (S. 12/13).
- ✓ ... den Aufschwung und die sozialen Verbesserungen in der Weimarer Republik darstellen (S. 14/15).
- ✓ ... das Scheitern der Weimarer Republik erklären (S. 18/19).
- ✓ ... begründen, dass die Entwicklungen in der Weimarer Republik bis heute nachwirken (S. 20/21).

Energie

24.1 Abbau von Braunkohle im Tagebau (Nordrhein-Westfalen)

In diesem Kapitel lernst du, dass ...
- Energie unser Leben bestimmt.
- es unterschiedliche Energiequellen gibt.
- wir mit Energie sparsam umgehen müssen.

Ohne Energie geht nichts

Den ganzen Tag über benötigen wir Energie, die wir in ihren unterschiedlichen Formen nutzen. So richtig bewusst wird uns der Energieverbrauch erst, wenn die Energieversorgung plötzlich einmal ganz ausfällt. Wie zeigt sich unsere Abhängigkeit von der Energie?

26.1 Wir benötigen Energie in allen Lebensbereichen.

FACHBEGRIFF

Energie
Als Lebewesen benötigen wir ununterbrochen Energie zum Atmen, Denken, Wachsen und für alle anderen Körperfunktionen. Unsere Nahrung stellt uns diese Energie zur Verfügung. Energie wird ebenso benötigt, um Gegenstände zu beschleunigen oder gegen eine Kraft zu bewegen. Auch um etwas zu erwärmen oder um elektrischen Strom fließen zu lassen, muss Energie aufgewendet werden. Energie kommt also in unterschiedlichen Formen vor und ist wandelbar. Wenn du im Schwimmbad auf einen Sprungturm steigst, erhältst du Energie durch deine Höhenlage. Mit dem Absprung in das Wasserbecken wandelt sich diese in Bewegungsenergie um.
Von großer Bedeutung ist die elektrische Energie. Diese beziehen wir über das Stromnetz. In Stoffen wie Papier oder Holz steckt chemische Energie. Bei ihrer Verbrennung wird Wärmeenergie freigesetzt.

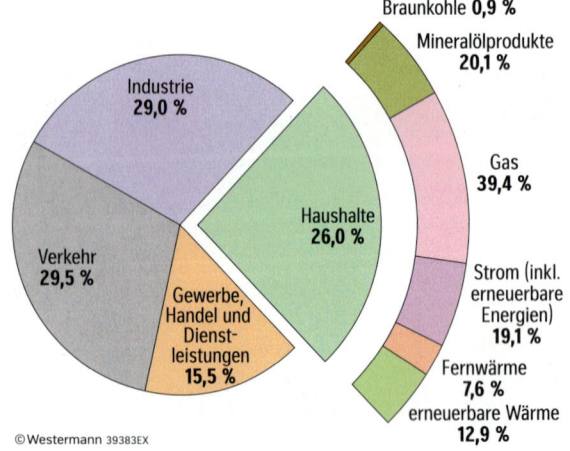

26.2 Energieverbrauch in Deutschland nach Sektoren (2018)

Ausfall der Stromversorgung

Wir leben in einem Land, in dem die Versorgung mit elektrischer Energie gesichert ist. Strom steht bei uns immer in ausreichendem Maße und mit großer Versorgungssicherheit zur Verfügung. Was aber würde passieren, wenn es einmal zu einem längeren Blackout (Fachbegriff) käme?

Mobilität
In Großstädten fallen alle Signalanlagen, u. a. auch die Ampeln, aus und der gesamte Verkehr bricht zusammen. An den Tankstellen fallen die Pumpen in den Zapfanlagen aus. Es kann kein Treibstoff mehr getankt werden.

Geldversorgung
An den Bankautomaten kann kein Geld mehr abgehoben werden, auch elektronisch kann nicht mehr gezahlt werden. Der Zahlungsverkehr bricht zusammen.

Krankenhäuser
Die gesamte Patientenversorgung ist betroffen. Deshalb verfügen Krankenhäuser über die Möglichkeit, unabhängig vom Stromnetz eigenen Notstrom zu erzeugen.

Beleuchtung
Betroffen ist nicht nur die Hausbeleuchtung, sondern auch die gesamte Straßenbeleuchtung.

Wärme
Die Wärmepumpen der Heizungsanlagen fallen aus. Das erwärmte Wasser gelangt nicht mehr in die Heizkörper. Es bleibt kalt.

Haushalt
Lebensmittel können nicht mehr zubereitet werden, tauen in den Gefrierschränken und verderben.

Sicherheit
Aufgrund des Ausfalls von Türsprechanlagen, Alarmanlagen, Feuermeldern und Sicherungsanlagen ist die Sicherheit verringert. Feuerwehr und Polizei wären in ihrer Einsatzbereitschaft stark eingeschränkt.

Kommunikation
Die Nachrichten-Netzwerke und die Mobiltelefonie sind erheblich eingeschränkt oder stehen gar nicht mehr zur Verfügung.

27.1 Folgen eines Blackouts (Auswahl)

INFO

Blackout (engl. für Stromausfall)
Wenn die Versorgung mit Elektrizität unbeabsichtigt unterbrochen wird, spricht man von einem „Blackout". Gründe hierfür können ein Blitzeinschlag oder extreme Wetterereignisse sein. So knickten 2005 nach heftigen Schneefällen in Norddeutschland viele Strommasten um. Die Menge an Schnee und Eis auf den Stromleitungen hatte die Tragfähigkeit der Masten um ein Vielfaches überschritten.
Beim Ausfall sind die Dauer und die Ausdehnung entscheidend. Lokale und regionale Ausfälle, z. B. in einzelnen Straßenzügen oder Ortsteilen, treten auch bei uns immer wieder mal auf.

AUFGABEN

1 *In welchen Bereichen wird Energie verbraucht? Erstelle eine Tabelle mit Oberbegriffen.*

Verkehr	Ernährung	...
• Ampelanlagen	• ...	• ...
• ...	• ...	• ...

2 *Wie würde sich ein Blackout auf deinen Alltag auswirken?*

„Woher kommt die Energie auf der Erde?"

Nahezu alle Formen der Energie auf unserer Erde haben ihren Ursprung in der Kraft der Sonne, der Hitze aus dem Inneren unseres Planeten sowie in der Atomkraft. Diese ursprünglich vorkommenden Energieformen werden auch als „Primärenergie" bezeichnet (lat. primär = zuerst vorhanden). Der Großteil der Primärenergie kommt von der Sonne. In welche Formen wird die Energie der Sonne auf der Erde umgewandelt?

Pflanzen wachsen, indem sie mit der Energie der Sonne den in der Luft enthaltenen Kohlenstoff einlagern. Im Laufe von Jahrmillionen können Pflanzen und Kleinstlebewesen in Kohle und Erdöl umgewandelt werden. Diese werden als fossile Energieträger (Fachbegriff) bezeichnet.

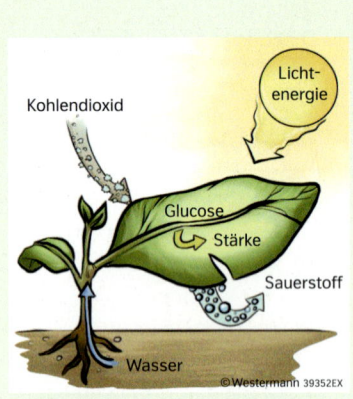
Einlagerung des Kohlenstoffs in Pflanzen

Fossile Energieträger Kohle und Erdöl

28.1 Energie aus Verbrennung

Atomenergie wird in Atomkraftwerken freigesetzt. Sie entsteht bei der Spaltung von Atomkernen und wird hauptsächlich in Wärmeenergie umgewandelt. Für die Kernspaltung wird das chemische Element Uran benötigt. Es kommt in Uranerzen oder als Spurenelement im Boden vor und ist im Laufe der Erdgeschichte entstanden. Energiegewinnung in Atomkraftwerken ist in Deutschland äußerst umstritten. Nachdem es 2011 zu einer schweren Katastrophe in Fukushima/Japan kam, beschloss die Bundesregierung, bis 2022 alle Atomkraftwerke abzuschalten. Ein Großteil der Kernkraftwerke in Deutschland wurde bereits abgeschaltet.

28.2 Energie aus Kernspaltung

FACHBEGRIFF

Fossile Energieträger (fossil: urzeitlich)
Diese Brennstoffe sind vor Jahrmillionen aus abgestorbenen Pflanzen und Tieren entstanden und lagern heute in der Erde. Der in fossilen Energieträgern enthaltene Kohlenstoff lässt sich durch Verbrennung in Wärmeenergie umwandeln.

FACHBEGRIFF

Erneuerbare Energien
Sie stammen aus Energiequellen, die sich ständig erneuern (regenerieren). Sie werden deshalb auch als regenerative Energien bezeichnet. Im Gegensatz zu den fossilen Energieträgern werden sie nicht aufgebraucht. Sie können nachhaltig eingesetzt werden.

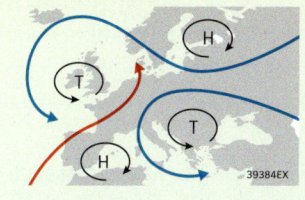
Unser Wetter wird geprägt von Hoch- und Tiefdruckgebieten. Beide gehen auf Unterschiede in der Sonneneinstrahlung und Erwärmung der Erdoberfläche zurück. Die Ausgleichsströmung zwischen einem Hoch- und Tiefdruckgebiet ist der Wind. Windräder wandeln die Bewegungsenergie in Strom.

29.1 Energie vom Wind

Die Sonnenenergie lässt Wasser verdunsten. Es entstehen Wolken, aus denen Regen fällt. Das Wasser fließt aus höher gelegenen Gebieten in Richtung Meer. Die Wasserströmung in den Bächen und Flüssen lässt sich in elektrische Energie umwandeln, wenn das fließende Wasser über Turbinen Generatoren antreibt.

29.2 Energie durch fließendes Wasser

Die Energie der Sonne kann Flüssigkeiten erwärmen. Sie lässt sich aber auch mithilfe von Solarzellen direkt in elektrische Energie umwandeln.

29.3 Energie von der Sonne

Dank der Sonnenenergie wachsen Pflanzen, die für etwa 90 % aller Säugetierarten die Nahrungsgrundlage sind. Aus Pflanzen kann man auch Strom gewinnen oder Treibstoffe für Autos herstellen.

29.4 Energie aus Biomasse

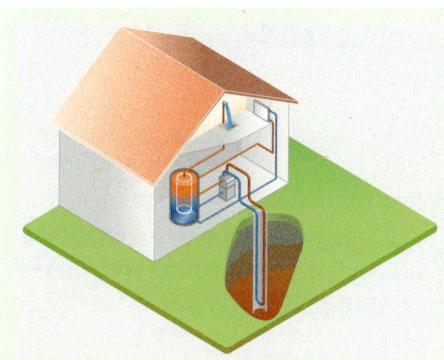
Die Geothermie stammt nicht von der Sonnenenergie, zählt aber auch zu den erneuerbaren Energien. Sie nutzt die Restwärme im Erdinneren. Diese Wärmeenergie wird in Rohrleitungssystemen an die Oberfläche transportiert und dort zum Heizen oder zur Stromgewinnung genutzt. Besonders im Voralpenland Bayerns lässt sich die Erdwärme relativ leicht und günstig erschließen.

29.5 Energie aus dem Erdinneren

AUFGABEN

1 *Erkläre den Begriff Primärenergie.*
2 *Erstelle eine Tabelle zu den erneuerbaren und fossilen Energieträgern. Begründe deine Zuordnung.*
3 *„Geothermie und Atomkraft sind besondere Formen der Primärenergie." Begründe.*
4 *Vervollständige zu zwei Energieträgern in 28.1 sowie 29.1 – 29.4 (z. B. Erdöl) den Satz: „Die Energie des Ernergieträgers … stammt von der Sonne, weil … ".*

A

Trio-Arbeitsweise: Einen Faktencheck zu den Energieträgern erstellen

Über unsere Energieversorgung wird in der Politik und der Öffentlichkeit oft gestritten. Besonders umstritten ist die Frage, welche Energieträger genutzt werden sollen. Auf den Seiten 32 bis 47 lernst du verschiedene Energiequellen kennen. Mithilfe unterschiedlicher Kriterien (Info) lassen sich diese bewerten. Du hast die Möglichkeit, ein eigenes Bewertungsschema anzulegen. Über einen Faktencheck kannst du für dich zu einem begründeten Urteil gelangen.

Die einzelnen Schritte helfen dir, das Bewertungsschema anzulegen und mit diesem zu arbeiten:

1. Schritt: Lege ein Bewertungsschema an

- Lege in einem Programm zur Tabellenkalkulation (30.1) eine entsprechende Tabelle an.
- In die erste Spalte trägst du die Energiequellen ein.
- In die oberste Zeile der Tabelle fügst du die Kriterien ein. Sie werden dir auf der rechten Seite beschrieben.
- In der Spalte „Gesamt" sollen die Punkte der einzelnen Kriterien addiert werden. Hier richtest du in den einzelnen Feldern Summenformeln ein.

	Speicherbarkeit	Verfügbarkeit	Transportfähigkeit	Umweltverträglichkeit	Effizienz	Gesamt
Kohle						
...						
...						
Windkraft						

Bewertung:
1	2	3	4	5
sehr niedrig	niedrik	mittel	hoch	sehr hoch

30.1 Bewertungsschema

2. Schritt: Arbeite mit dem Bewertungsschema

- Die Tabelle soll zu den einzelnen Energieträgern auf den Seiten 32 bis 47 gefüllt werden.
- Mithilfe der Informationen kannst du die einzelnen Kriterien bepunkten und in die Tabelle eintragen.
- In der Spalte „Gesamt" erhältst du je nach Punktezahl eine Einordnung der einzelnen Energieträger.
- Du solltest dir überlegen, ob du diese Einordnung nochmals überprüfst, indem du eine Gewichtung einzelner Kriterien vornimmst (Infokasten).

INFO

Kriterium

Unter einem Kriterium versteht man ein Merkmal, das einem bei einer Entscheidung oder einer Auswahl hilft. Durch das Abwägen verschiedener Kriterien kann man zu einer Entscheidung gelangen. Beim Kauf eines neuen Smartphones sind für dich vielleicht der Preis, die Handhabung, das Design, die Marke oder die Ausstattung die entscheidenden Kriterien.

INFO

Gewichtung

Indem du in der Tabelle deine Punkte verteilst und addierst, kommst du zu einer Reihung. Es stellt sich aber die Frage, ob alle Einzelkriterien in ihrer Bedeutung auch gleich zu bewerten, zu „gewichten" sind. Vielleicht kommst du zu der Erkenntnis, dass ein bestimmtes Kriterium besonders wichtig ist und deshalb vielleicht doppelt gewichtet werden sollte.

Wie umweltverträglich ist die Energieumwandlung?
Hier geht es um Gesichtspunkte wie
- die Belastung unserer Luft und der Atmosphäre durch die Verbrennung von Energieträgern,
- den Verbrauch von Boden und Natur beim Bau von Kraftwerken oder bei der Gewinnung der Energie,
- die Verwendung von chemischen Stoffen, z.B. in wieder aufladbaren Speichern, den Akkumulatoren (Akkus). Besonders bei deren Entsorgung muss auf die Umwelt geachtet werden.

31.1 Kriterium Umweltverträglichkeit

Wie lange und wie leicht ist die Energie verfügbar?
Die Verfügbarkeit von einigen Energieträgern ist begrenzt. Sie werden irgendwann einmal verbraucht sein und nicht mehr zur Verfügung stehen.
Wichtig für die Einschätzung der Verfügbarkeit ist auch die Frage, wie groß der technische Aufwand ist, um die Energieträger zu erschließen und zu fördern. Je höher der Preis eines Rohstoffes steigt, umso eher lohnen sich technisch aufwendige und dadurch teure Methoden der Förderung. Manche Rohstoffe und Energieträger kommen bei uns nicht vor und müssen importiert werden.

31.2 Kriterium Verfügbarkeit

Wie gut lässt sich die Energie transportieren?
Energieträger, die bei uns nicht vorkommen oder in anderen Ländern günstiger gewonnen werden können, müssen zu uns transportiert werden. Bei dem Transport auf Schiffen, Lkw oder auch mit der Bahn wird bereits Energie verbraucht.
Noch schwieriger ist der Transport des Stroms. Er gelangt zwar über Stromtrassen zu uns, auf längeren Strecken kommt es allerdings zu bedeutenden Übertragungsverlusten.

31.3 Kriterium Transportfähigkeit

Wie gut lässt sich die Energie speichern?
Energie muss gespeichert bzw. gelagert werden, bis sie benötigt wird. Dabei sollte es bei der Speicherung auch über einen längeren Zeitraum hinweg möglichst zu keinen Verlusten kommen. Es gibt Energieträger, deren Lagerung bzw. Speicherung relativ leicht ist. Andere können nur mit großem Aufwand gespeichert werden. Besonders schwierig lässt sich Strom speichern. Forscher versuchen mit Nachdruck, die Speicherleistung von Akkus zu steigern.

31.4 Kriterium Speicherbarkeit

Wie wirksam lässt sich die Energie einsetzen?
Ein entscheidendes Kriterium bei der Einschätzung von Energieträgern ist ihre Effizienz. Energie kann vom Wirkungsgrad her nicht ohne Verluste in eine andere Energieform (z.B. Strom) umgewandelt werden. Verluste ergeben sich bei der Umwandlung, auf dem Transport oder bei der Lagerung durch die Entstehung von Wärme.
– Die Generatoren im Kraftwerk erzeugen nicht nur Strom, sondern es entsteht auch Wärme, die meist ohne weitere Nutzung abgeleitet werden muss.
– Der fließende Strom erwärmt die Leitungen. Diese Erwärmung führt gerade bei längeren Entfernungen zu erheblichen Übertragungsverlusten.
– Beim Aufladen eines Akkus entsteht bereits Wärme. Batterien/Akkus verlieren mit der Zeit an Leistung. Wärmeverluste verringern die Energieeffizienz bei der Verwendung von elektrischem Strom. Es wird versucht, die Verluste durch technische Weiterentwicklungen möglichst gering zu halten. Ein größtmöglicher Teil der eingesetzten Energie soll in die neue, gewünschte Energie umgewandelt werden.

31.5 Kriterium Wirksamkeit bzw. Effizienz

AUFGABEN

1 Erstelle ein Bewertungsschema wie in Abb. 30.1 mit einer Summenspalte.
2 Erkläre die einzelnen Kriterien in eigenen Worten und mit Beispielen, die dir bereits bekannt sind.
3 Die Energieeffizienz ist ein Kriterium, das die anderen Kriterien teilweise mit einschließt. Begründe.

Energiegewinnung aus der Kohle

Unter den Energieträgern gehört die Kohle weltweit immer noch zu den wichtigsten. Die chemische Energie der Kohle kann durch Verbrennung in Wärme und schließlich in Strom umgewandelt werden. Wie ist die Kohle entstanden?

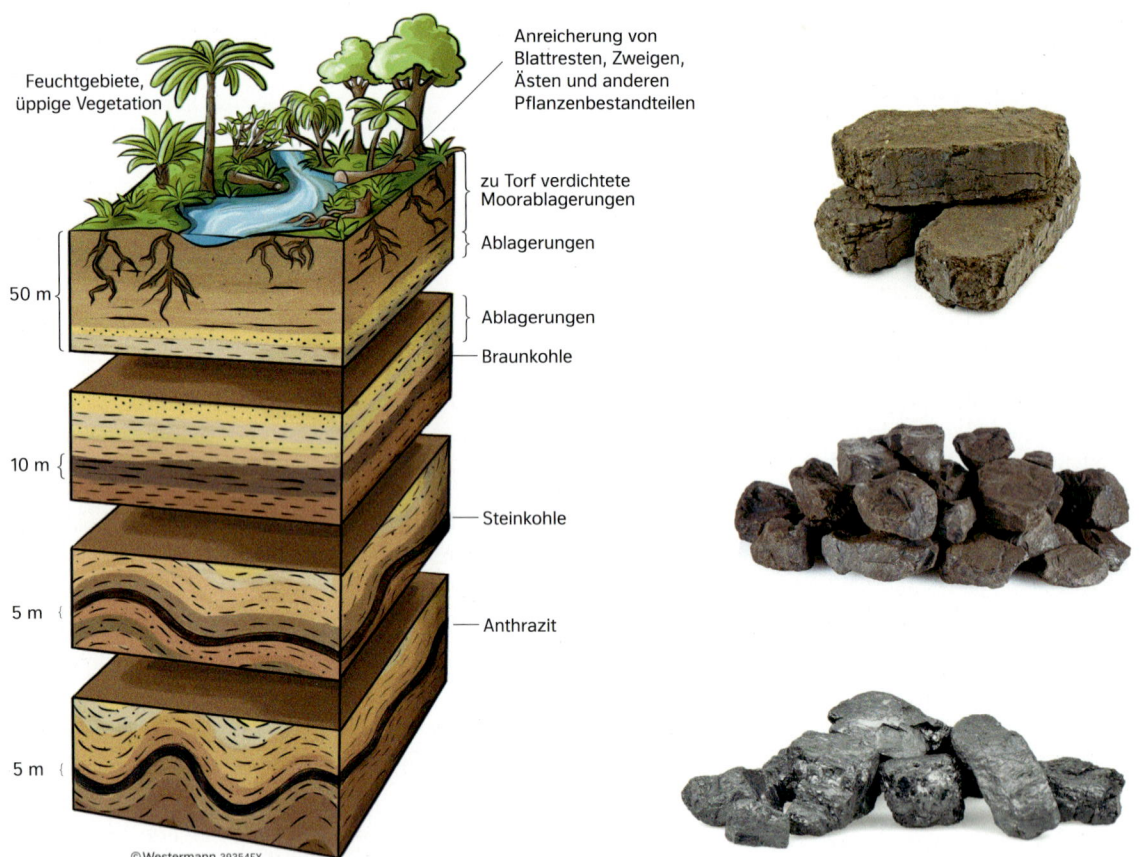

32.1 Der Prozess der Kohleentstehung

Von der Pflanze zur Kohle

Die natürliche Entstehung von Kohle aus Pflanzenmaterial geschieht im Prozess der Inkohlung. Er dauert Jahrmillionen und findet permanent statt. Aus abgestorbenen Pflanzenresten entsteht unter Luftabschluss in Sümpfen und Mooren zunächst Torf.
Da sich über der bodennahen Torfschicht immer mehr andere Materialien (Sedimente) ablagern, sinkt die Torfschicht in die Tiefe. Druck und Temperatur nehmen zu. Die Poren des Torfs werden zusammengepresst. Nun setzt der eigentliche Umwandlungsprozess ein. Aus Torf entsteht Braunkohle. Bei einer weiteren Absenkung wird die Braunkohle zu Steinkohle umgewandelt. Dabei spielt die Wärmezufuhr die wichtigste Rolle. Aus dem Material entweichen immer mehr Gas und Wasser. Kohlenstoff reichert sich an. Die Steinkohleflöze (Fachbegriff) entstanden im Erdzeitalter des Karbon (Fachbegriff). Während man im Torf noch pflanzliche Reste erkennt, ist Steinkohle fest und gesteinsartig. Mit dem Anteil des Kohlenstoffs steigt der Brennwert, er nimmt vom Torf zur Steinkohle zu.

FACHBEGRIFF

Flöz
Unter einem Flöz versteht man die großflächige Ablagerung eines Rohstoffs (z. B. Kohle) unter der Erde. Durch die Abtragung der darüber liegenden Gesteinsschichten kommen manche Flöze in bestimmten Regionen an der Erdoberfläche vor.

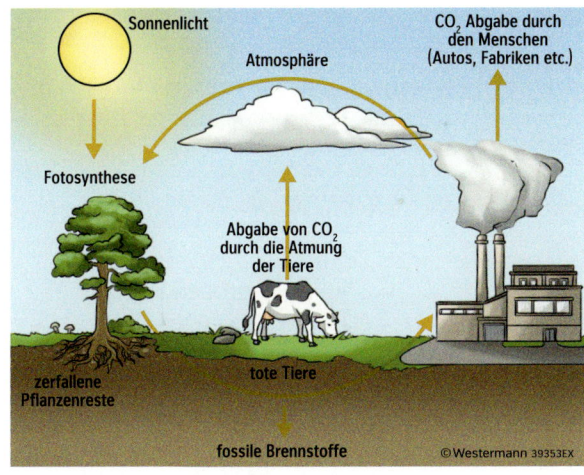

33.1 Schema: Ausschnitt aus dem Kohlenstoffkreislauf

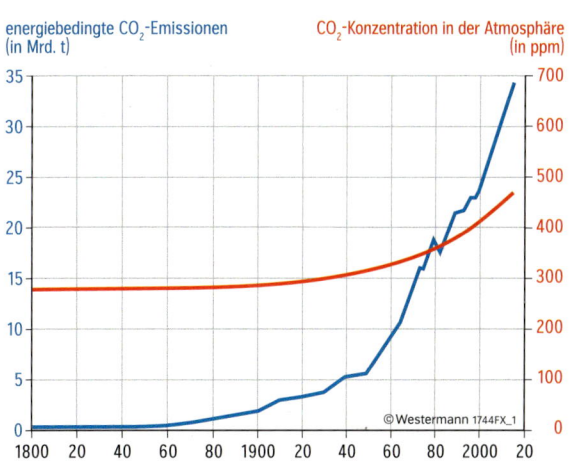

33.2 Entwicklung des CO_2-Anteils in der Atmosphäre

Der Kohlenstoffkreislauf

Alle Lebewesen bestehen zu einem großen Teil aus Kohlenstoff. Er ist neben Sauerstoff und Wasserstoff das bedeutendste Element für alles Leben.

Der auf der Erde vorhandene Kohlenstoff ist in einen festen Kreislauf eingebunden. In diesem werden die kohlenstoffhaltigen Verbindungen ständig umgebaut (33.1). Der größte Anteil des auf der Erde vorhandenen Kohlenstoffs ist in Kalkgestein gebunden. Kalkstein entsteht zumeist aus den Rückständen von Meerestieren (z. B. Muscheln, Korallen, Schnecken). In gelöster Form befindet er sich in allen Meeren, Seen, Flüssen und sogar im Trinkwasser.

Kohlenstoff ist aber auch in anderer Form unter der Erde gespeichert, z. B. in der Kohle, im Ölschiefer, im Erdöl und im Erdgas. In Nähe der Erdoberfläche findet sich Kohlenstoff im Boden, wo er als Humus für das Wachstum der Pflanzen sorgt.

Bei der Verbrennung von Kohlenstoff entsteht das Gas Kohlenstoffdioxid (CO_2). Das wiederum wird von Pflanzen und vom Meer aufgenommen.

In den letzten Jahrzehnten fördert der Mensch die fossilen Energieträger in immer größeren Mengen zu Tage. Durch deren Verbrennung nimmt der Anteil des Kohlenstoffs in der Atmosphäre ständig zu (33.2).

Im Kohlenstoffkreislauf wurden somit Teile des Kohlenstoffs von den unterirdischen Lagerstätten in die Atmosphäre verlagert. Diese Entwicklung wird heute als Hauptursache für den Klimawandel angesehen.

FACHBEGRIFF

Karbon
Das Karbon (dt. Kohle) ist ein Abschnitt der Erdgeschichte. Er begann vor 359 Mio. Jahren und dauerte 60 Mio. Jahre. In einem sehr feuchten und warmen Klima erreichten Wald- und Sumpfgebiete ihre größte Ausdehnung auf dem Urkontinent Gondwana.

FACHBEGRIFF

Emission
Emission (lat. emittere = wegschicken) bezeichnet den Ausstoß von Schadstoffen in die Umwelt, meist vom Menschen verstärkt. Durch Maßnahmen des Umweltschutzes soll die Entstehung von Schadstoff-Emissionen vermieden werden.

AUFGABEN

1. Beschreibe den Prozess der Inkohlung in eigenen Worten.
2. Beschreibe, wo der Kohlenstoff auf der Erde vorkommt.
3. Versuche, den Kohlenstoffkreislauf in einer Skizze auswendig aufzuzeichnen.
4. Erkläre, wie der Kohlenstoffkreislauf durch den Menschen beeinflusst wird.

Die Bedeutung der Kohle in Deutschland

Ohne die Energiegewinnung aus der Kohle wäre die industrielle Revolution nicht möglich gewesen. Durch ihre Verbrennung wurden die Dampfmaschinen angetrieben und das Eisen verhüttet. Welche Bedeutung hat die Kohle heute?

FACHBEGRIFF

unter Tage/über Tage
... sind Begriffe, die ausschließlich im Bergbau vorkommen. „Tag" wird hierbei nicht als Zeitspanne verwendet, sondern als Abkürzung für das Tageslicht. Rohstoffe werden „über Tage" an der Erdoberfläche, also bei Tageslicht abgebaut. „Unter Tage" meint dann den Abbau unter der Erdoberfläche in Stollen, in die kein Tageslicht vordringt.

34.1 Steinkohleabbau um 1400

34.2 Lagerstätten in Deutschland

um 1200 Beginn des Steinkohleabbaus im Gebiet des heutigen Deutschland

ab 1750 Intensivierung und Modernisierung des Bergbaus im Ruhrgebiet unter preußischer Verwaltung. Dadurch kam es zu einer Vervierfachung der Fördermenge von 1735 bis 1790.

1769 Die Erfindung der Dampfmaschine war ein Grund für die Industrialisierung Englands. Die sorgte für eine wachsende Nachfrage nach Kohle.

Mittelalter — Neuzeit — 1200 — 1700 — 1750 — 1800

ab etwa 1700 Beginn des intensiveren Braunkohleabbaus im Gebiet des heutigen Deutschland

Bereits im Mittelalter wurde neben Holz auf Steinkohle als Energiequelle zurückgegriffen. „Über Tage" (Fachbegriff) schürften die Menschen zunächst in Gruben nach diesem Energieträger. Mit der Zeit drang man beim Abbau der Kohleflöze in immer größere Tiefen vor, um 1350 war man im Ruhrgebiet bereits bei 120 m Tiefe angelangt. Die Arbeit „unter Tage" (Fachbegriff) war äußerst beschwerlich, denn die schwere Steinkohle musste in Eimern und über Seilwinden nach oben transportiert werden. Mit zunehmender Tiefe drang auch immer mehr Grundwasser in die Stollen ein. Es war äußerst aufwendig und mit der damaligen Technik kaum machbar, sie zu entwässern. Auch deshalb konnten zu dieser Zeit tiefer gelegene Flöze nicht erschlossen werden. Erst mit der Erfindung der Dampfmaschine 1769 ließ sich dieses Problem lösen. Tiefbauschächte konnten nun angelegt werden. Mit dieser technischen Entwicklung setzte in Europa die Industrialisierung ein. Dadurch stieg auch der Bedarf an Steinkohle, z. B. in der Stahlerzeugung. Die Kohleförderung stieg dadurch sprunghaft an.

34.3 Die Geschichte der Steinkohleförderung (Foto: Stollen in einem Kohlenbergwerk des Ruhrgebiets, 1880)

Energie

Im Ruhrgebiet liegen Steinkohleflöze und Eisenerzlagerstätten dicht beieinander. Ab Mitte des 19. Jahrhunderts wurde in den Hochöfen das Eisenerz zu Eisen und Stahl verarbeitet. Dazu benötigte man die Steinkohle. Während der Industrialisierung nahm die Zahl der Kohlebergwerke und Eisenwerke enorm zu. Viele Arbeitskräfte wurden benötigt. Unzählige Familien zogen ins Ruhrgebiet. Das gewaltige Bevölkerungswachstum führte zu dem heute dicht besiedelten und von zahlreichen zusammengewachsenen Großstädten geprägten Ruhrgebiet.

Aus verschiedenen Gründen geht der Steinkohleabbau in Deutschland ab den 1960er-Jahren rapide zurück:
- Deutsche Steinkohle wurde unter Tage gefördert. Das war sehr teuer. In anderen Gebieten auf der Welt, z. B. in Australien, kann Steinkohle im Tagebau und somit erheblich billiger gefördert werden.
- Die Nachfrage nach Kohle ließ nach. Diese wurde von anderen Energieträgern (z. B. Erdöl, Erdgas) abgelöst. Kunststoffe ersetzten zunehmend Metalle, zu deren Produktion Steinkohle benötigt worden war.

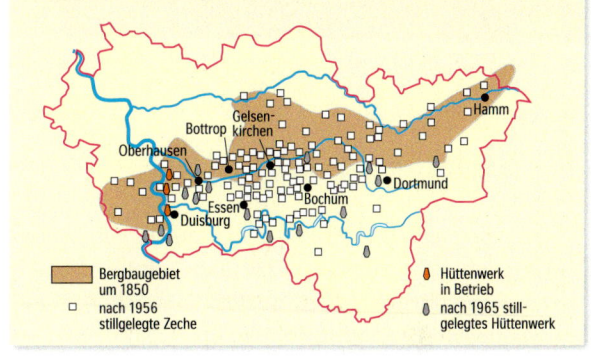

35.1 Das Ruhrgebiet (Stadt Essen um 1870)

35.2 Bedeutungsverlust der Steinkohle

ab etwa 1850
In Deutschland setzt die Industrialisierung ein. Die neuen Maschinen werden mit Steinkohle angetrieben. Auch Eisen wird ein gefragter Rohstoff. Für seine Herstellung wird neben Eisenerz ebenfalls Steinkohle benötigt. Durch den Bau der Eisenbahnen steigt der Bedarf an Eisenerz und Steinkohle weiter. Deutschland entwickelt sich immer mehr von einem Agrarland zu einem Industriestaat. Das Zentrum dieser Entwicklung ist das Ruhrgebiet.

1950er-Jahre
In den Zeiten des wirtschaftlichen Aufschwungs in den 1950er-Jahren erreicht der Steinkohleabbau in Deutschland mit über 500 000 Beschäftigten seinen Höhepunkt.

2018
Die zwei letzten Steinkohlebergwerke stellen die Förderung ein.

Industrialisierung Deutschlands | *Neueste Geschichte*

1850 — 1900 — 1950 — 2000

Aufgrund der großen Vorkommen entstehen in Deutschland drei große Abbaugebiete für Braunkohle: das Rheinische, das Mitteldeutsche und das Lausitzer Revier.

1954 Höhepunkt der Braunkohleförderung in Deutschland

2018 Das Ende der Braunkohleförderung in Deutschland für 2038 wurde beschlossen.

Braunkohle lässt sich relativ günstig im Tagebau gewinnen. Allerdings wird bei ihrer Verbrennung die Atmosphäre noch stärker belastet als bei der Steinkohle. Der Tagebau, in dem Braunkohle in Deutschland gefördert wird, führt des Weiteren zu einem riesigen Flächenverbrauch. Wälder wurden gerodet und ganze Ortschaften mussten umgesiedelt werden. Diese Nachteile führten zu großen Protesten in der Bevölkerung gegen die Nutzung der Braunkohle.

35.3 Proteste gegen den Braunkohleabbau

AUFGABEN

1. Suche die Kohlevorkommen (34.2) in deinem Atlas und benenne die Abbaugebiete.
2. Beschreibe die geschichtliche Entwicklung des Steinkohleabbaus in Deutschland.
3. Nenne Gründe, warum der Braunkohle-Tagebau besonders in Deutschland auf so viele Proteste stößt.

36.1 Abbau von Ölsanden (Gemenge aus Sand, Wasser und Erdöl) in Alberta, Kanada (2018)

Die Bedeutung des Erdöls

Unser Lebensstil ist abhängig vom Erdöl. Es wird vor allem zur Energiegewinnung eingesetzt. Letztlich begegnen uns aber Erdölprodukte in allen Lebensbereichen. Nur wenige Länder verfügen über große Erdölvorkommen. Teilweise lassen sich die Lagerstätten schwer erschließen. Das Erdöl wird über Bohrlöcher an Land oder offshore am Meeresgrund gewonnen. Die meisten Länder müssen ihren Bedarf über Importe aus Erdölförderländern decken. Mit Tankschiffen und über Rohrleitungen (Pipelines) wird das Erdöl zur Weiterverarbeitung in die Raffinerien transportiert. Bei der Gewinnung und dem Transport kommt es häufig zu Unfällen. Diese führen zu schwerwiegenden Schäden für die Umwelt (37.3). Aus Erdöl werden vor allem Kraftstoffe hergestellt. Aber auch zur Verstromung, zum Heizen und zur Herstellung von Kunststoffen, Medikamenten, Kosmetikartikeln, Textilien, Farben und Reinigungsmitteln wird Erdöl verwendet.

Wie lange das Erdöl noch reicht, ist umstritten. Entscheidend ist, ob weiterhin so viel Erdöl verbraucht wird wie gegenwärtig, aber auch, ob neue Erdöllagerstätten gefunden werden. Mit großem Aufwand werden auch die Vorkommen u. a. in Ölsanden abgebaut. Die Folgen für die Umwelt sind jedoch verheerend (36.1).

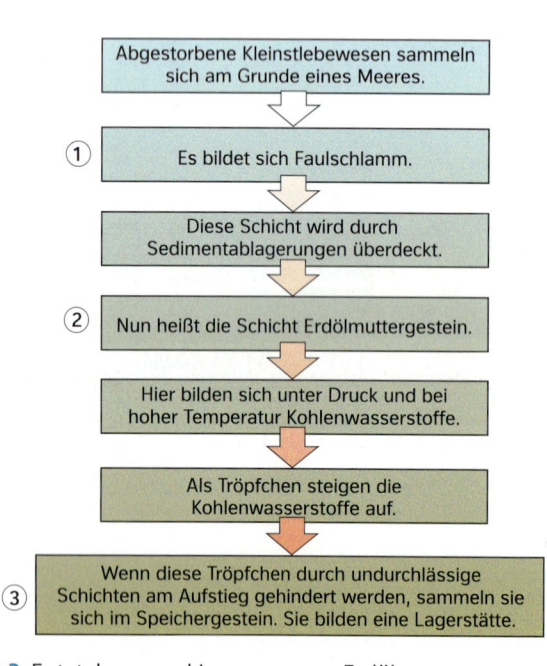

36.2 Entstehung und Lagerung von Erdöl

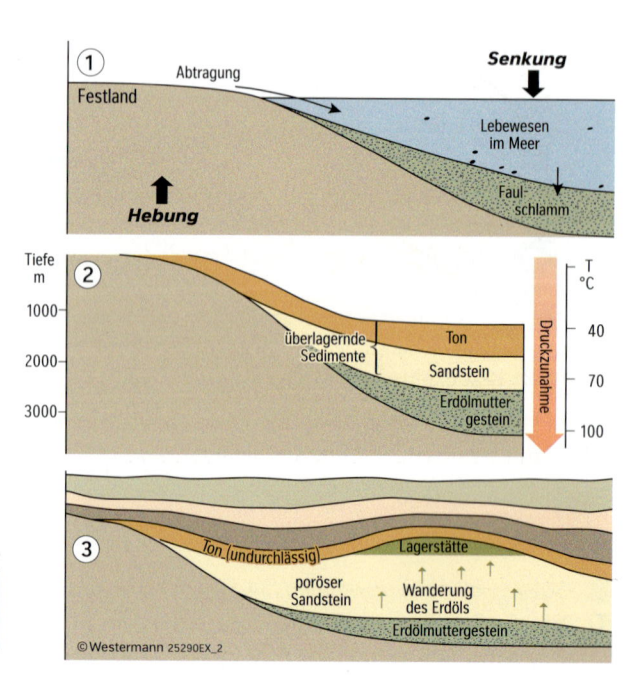

Gefahren durch Erdöl

Von der Bohrinsel „Deepwater Horizon" aus wurden Bohrungen am Meeresgrund in 1250 Meter Tiefe durchgeführt, um neue Erdölvorkommen zu entdecken. In dieser Meerestiefe herrscht am Bohrloch ein riesiger Druck. Im April 2010 kam es zu einer bis dahin unvorstellbaren Umweltkatastrophe.

20.4.2010:
Nach einem großen Druckanstieg treten Öl und Gas neben dem Bohrloch aus. Das Gas entzündet sich und die Bohrinsel explodiert. Elf Arbeiter kommen ums Leben. Herbeigeeilte Löschboote können das Feuer auf der Bohrinsel nicht eindämmen.

22.4.2010:
Die Bohrinsel versinkt im Meer. Das Bohrgestänge reißt ab und das Erdöl strömt ungehindert aus dem Bohrloch. Wegen des hohen Drucks kann dieses Ausströmen über 87 Tage hinweg nicht gestoppt werden. Der Ölteppich auf der Meeresoberfläche erreicht eine Ausbreitung von etwa 10 000 km^2.

29.4.2010:
Auch die Versuche, den Ölteppich einzugrenzen, misslingen und er erreicht die Küste der USA. Die gesamte Tier- und Pflanzenwelt an der Küste ist betroffen. Neben Fischen, Krustentieren, Meeresschildkröten und Delfinen sterben durch die Ölpest Küsten- und Meeresvögel.

16.7.2010:
Experten gelingt es, über dem Bohrloch eine Stahlglocke abzusetzen, das Ausströmen des Erdöls kann gestoppt werden. Nach Schätzungen sind insgesamt etwa 380 Mio. Liter Erdöl in das Meer gelangt. Das Öl hatte sich nicht nur an der Meeresoberfläche gesammelt, es trieb auch in kilometerlangen „Schadstoffwolken" durch das Meer, bevor es sich auf dem Meeresgrund ablagerte. Bis heute hat sich das Leben am Meeresgrund der betroffenen Gebiete nicht erholt. Von Kleinstlebewesen wurde das Erdöl aufgenommen und gelangt heute noch über die Fische in die Nahrungskette.

37.1 Ölkatastrophe im Golf von Mexiko

37.2 Spezialschiffe versuchen den Brand zu löschen.

37.3 Ölverschmierter Pelikan an der Küste (USA)

AUFGABEN

1. *Recherchiere, in welchen Produkten Erdöl enthalten ist. Ordne deine Ergebnisse nach Einsatzbereichen.*
2. *Beschreibe in eigenen Worten die Entstehung von Erdöl (36.2).*
3. *Ermittle im Internet Länder mit den größten Erdölreserven auf der Erde. Erstelle hierzu eine Tabelle.*
4. *Erläutere negative Folgen der Erdölförderung für die Umwelt.*

38.1 Bohrinsel Mittelplate im deutschen Wattenmeer

Erdöl aus der Nordsee

In Deutschland gibt es keine bedeutenden Erdölvorkommen. Einen Teil seines Bedarfs deckt Deutschland mit Erdöl, das in der Nordsee gefördert wird. Dort lagert das Erdöl tief im Meeresboden. Erdölförderung, die in der Nordsee im Offshore-Bereich durchgeführt wird, ist aufwendiger und damit auch teurer als Erdölförderung an Land (onshore). Um die Abhängigkeit vom Ausland (38.3) etwas zu mindern, lohnt es sich dennoch, das Nordseeöl zu fördern.

Heute gilt die Nordsee mit ihren vielen Bohrinseln als weltweit größtes Offshore-Fördergebiet. Unter den fünf angrenzenden Ländern haben Großbritannien und Norwegen mit weitem Abstand den größten Anteil an den Erdölfeldern. Die Nordsee ist ein relativ kleines Meer mit nahen Küsten. Im Fall einer Havarie (siehe S. 37) würde das auslaufende Erdöl die Küsten sehr schnell erreichen. Auch das einzigartige und ökologisch sehr empfindliche Wattenmeer wäre dann betroffen.

- erste Probebohrungen in den 1960er-Jahren
- in großem Ausmaß betriebene Förderung ab den 1970er-Jahren
- über 400 Bohrinseln
- ca. 10 000 km Pipelines am Boden der Nordsee
- Jährlich gelangen durch Lecks etwa 9000 l Rohöl in die Nordsee.
- ca. 80 000 Schiffsbewegungen im Jahr
- Die südliche Nordsee ist eine der meist befahrenen Schifffahrtsstraßen der Welt.
- Im deutschen Seegebiet gibt es eine einzige Bohrinsel: die „Mittelplate" am südlichen Rand des Nationalparks Schleswig-Holsteinisches Wattenmeer.

38.2 Fakten zur Erdölförderung in der Nordsee

	Land	in Mio. Tonnen
1.	Russland	31,0
2.	Norwegen	10,0
3.	Libyen	7,2
4.	Kasachstan	6,8
5.	Großbritannien	6,7
6.	Nigeria	5,5
7.	USA	3,9
8.	Aserbaidschan	3,1
9.	Irak	3,0
10.	Saudi-Arabien	1,4

38.3 Deutschlands Lieferländer für Erdöl (2018)

A

Trio-Arbeitsweise: Eine Präsentation erstellen

Es gibt Computerprogramme, mit denen sich Präsentationen erstellen lassen. Gute Präsentationen unterstützen dich bei einem Vortrag vor der Klasse. Einzelne Seiten einer Präsentation werden Folien genannt. An einem Beispiel wird dir gezeigt, worauf du bei der Erstellung einer Folie achten solltest.

Grundsätze bei der Gestaltung der Folien:
- Die Folien sollen auf den Betrachter übersichtlich und nicht verwirrend oder überladen wirken.
- Es kommt vor allem auf den Inhalt an. Verzichte daher auf überflüssige Effekte!

Grundsätze bei einem Vortrag mit Folien:
- Lasse die neu eingeblendete Folie erst einmal kurz beim Betrachter ohne Worte wirken.
- Lies auf keinen Fall die Folien ab! Die Folie dient nur als Ergänzung zu deinem Vortrag.

Beschränke dich auf ein einheitliches und ruhiges Design.

Für aussagekräftige Fotos sowie großen Karten oder Grafiken kannst du auch eine eigene Folie gestalten.

Bilder sagen mehr als 1000 Worte! Nutze deshalb neben Texten auch Bilder, Grafiken oder Karten.

Stelle pro Folie nur einen Inhalt oder einen Gedanken dar.

Unser Erdölverbrauch hat Auswirkungen auf die Zukunft

Auslaufendes Öl bei Unfällen und ständigen Lecks → Gefährdung der Lebewesen in der Nordsee und im Wattenmeer

Erdölfelder mit beschränkten Vorkommen → Endlichkeit der Erdölreserven

Benutze eine gut lesbare Schrift in einer Schriftgröße von 20 bis 32, Überschriften mit 40 bis 48 Punkt.

Vermeide kursiv geschriebene Wörter oder Unterstreichungen. Deine Folie wirkt sonst überladen.

Zu viel Text ermüdet, deshalb: Nutze kurze Aussagen und Schlüsselwörter.

Achte auf eine gleichmäßige Verteilung aller Elemente auf deiner Folie.

Stelle mit Pfeilen Zusammenhänge zwischen den einzelnen Textblöcken her.

AUFGABEN

1. Nenne die Länder, die an der Nordsee liegen (Atlas).
2. Leite aus den Fakten zur Erdölförderung in der Nordsee mögliche Gefahren für die Umwelt ab, insbesondere für das Wattenmeer.
3. Erstelle jeweils eine Präsentation zu den Themen:
    - Die Transportwege des Rohöls von der Nordsee nach Mitteleuropa
    - Umweltprobleme bei Förderung und Transport des Erdöls

40.1 Speichertanks für Erdgas in Nordrussland

Energiegewinnung aus Erdgas

Deutschland hat kaum eigene Erdgasvorkommen. Trotzdem soll in Deutschland Erdgas die Energierohstoffe Kohle und Erdöl zunehmend ersetzen. Wie soll dieses Vorhaben gelingen?

Erdgas als begehrter Brennstoff

Erdgas hat gegenüber den Energieträgern Kohle und Erdöl erhebliche Vorteile: Bei seiner Verbrennung kommt es im Vergleich zur Kohle und zum Erdöl zu einem erheblich geringeren CO_2-Ausstoß. Erdgas ist somit weniger klimaschädlich. Außerdem besitzt Erdgas eine höhere Energiedichte als Kohle und Erdöl. Das bedeutet, dass eine Tonne Erdgas mehr Energie enthält als eine Tonne Kohle oder Erdöl. Weitere Vorteile sind die gute Transport- und Lagerfähigkeit. In Pipelines wird das Erdgas mehrere Tausend Kilometer geleitet. Es wird auch in Form von Flüssiggas in speziell ausgestatteten Tankschiffen transportiert. Um Schwankungen bei der Lieferung ausgleichen zu können, wird Erdgas in großem Maße in Deutschland zwischengespeichert. Solche Speicherorte befinden sich in großen Tanks oder unter der Erde in Salzstöcken (Kavernen – ausgebauten Hohlräumen im Salz).

Derzeit deckt Erdgas etwa ein Viertel des Weltenergiebedarfs. Bis 2040 wird ein Anstieg auf ein Drittel erwartet. Daher ist die Reichweite des zur Verfügung stehenden Erdgases schwer vorhersehbar. Experten gehen von einer Verfügbarkeit von etwa 60 Jahren aus.

40.2 Verlegung der Erdgas-Pipeline durch die Ostsee

	Land	Mrd. m³
1.	Russland	47 700
2.	Iran	33 700
3.	Katar	23 900
4.	Turkmenistan	9 800
5.	Saudi-Arabien	8 000
6.	Vereinigte Arabische Emirate	5 900
7.	Venezuela	5 700
8.	Nigeria	5 200
9.	China	5 000
10.	Algerien	4 500

40.3 Länder mit den größten Erdgas-Reserven (2017)

Erdgas aus Russland

Russland verfügt über große Vorkommen an Erdgas, die den Bedarf im eigenen Land übersteigen. Das Land möchte möglichst viel Erdgas in andere Staaten exportieren. Für den russischen Staat ist dieser Rohstoff eine der wichtigsten Einnahmequellen. Deutschland ist der größte Abnehmer russischen Erdgases und deckt damit ein Drittel seines Energiebedarfs. Es wird erwartet, dass die Bedeutung des russischen Erdgases für Deutschland in Zukunft noch weiter zunimmt. Kritiker bemängeln, dass Deutschland dadurch von Russland immer abhängiger wird.

Bisher verliefen die Pipelines von Russland durch osteuropäische Länder (41.1). Sie erhielten für die Durchleitung des Erdgases Gebühren. Zwei neue Erdgas-Pipelines (Nord Stream) verlaufen durch die Ostsee (41.1). Russland leitet dadurch weniger Erdgas durch die alten Pipelines. Damit verlieren die bisherigen Durchgangsländer Einnahmen aus den Gebühren, die sie für die Durchleitung bekamen.

Die großen Gaslagerstätten befinden sich in Sibirien. Die natürliche Vegetation besteht hier aus Tundra und Taiga. Beide sind ökologisch äußerst empfindlich. Sie sind durch die Eingriffe bei der Erdgasförderung und dem Bau der Pipelines erheblich gefährdet.

Nord Stream
Länge **1224 km**
Transportleistung **55 Mrd. m³** pro Jahr
Baukosten **ca. 7,4 Mrd. €**

Die Energiegewinnung aus Erdgas ist sauberer als die aus Erdöl und Kohle.

Wir machen uns mit den Gasimporten völlig abhängig von den Energielieferungen aus Russland.

Die Erdgasfelder in Russland können uns auf lange Zeit mit Energie beliefern.

Erdgas lässt sich über Pipelines gut von Russland nach Deutschland transportieren.

Die Pipelines durch die Ostsee führen zu Konflikten mit anderen europäischen Staaten.

Erdgas ist grundsätzlich ein fossiler Energieträger, er wird irgendwann auch zu Ende gehen. Der Energieträger ist somit nicht nachhaltig.

41.1 Leitungen für russisches Erdgas nach Europa

41.2 Aussagen zur Frage „Russisches Erdgas für Deutschland?"

AUFGABEN

1. Nenne die Vorteile von Erdgas gegenüber der Kohle und dem Erdöl.
2. Führt eine Diskussion zu den Aussagen in 41.2 durch.
   - Versucht, die Aussagen zu klären. Informationen findet ihr im Text und im Internet.
   - Ordnet die Aussagen nach pro und kontra und entscheidet euch für eine Position.
   - Sucht euch Diskussionspartner in der Klasse, die eine andere Meinung haben.
   - Begründet eure Entscheidung.
   - Tauscht eure Argumente aus.
3. Erkläre, warum Kritiker vor einer zu hohen Abhängigkeit von russischen Erdgasimporten warnen.
4. a) Liste die Länder auf, durch die die Erdgasleitungen verlaufen (41.1).
   b) Erkläre, warum Erdgaslieferungen aus Russland zu politischen Spannungen zwischen europäischen Staaten führen.

Erneuerbare Energien

Bisher hast du in diesem Kapitel fossile Energieträger kennengelernt. Diese werden alle irgendwann zur Neige gehen. Ihre Nutzung ist klimaschädigend. Deshalb wird heute die Energiegewinnung aus Energieträgern gefördert, die erneuerbar sind und bei deren Nutzung keine CO_2-Belastung entsteht. Diesen Wechsel in der Energieversorgung fördert der Staat mit einem eigenen Gesetz zum Ausbau erneuerbarer Energien (Infokasten). Welche erneuerbaren Energiequellen sind für uns besonders wichtig?

Energie von der Sonne

Diese Energieform ist die einzige, die von außen der Erde zugeführt wird und unbegrenzt zur Verfügung steht. Bei der Umwandlung der Sonnenenergie, die auch als Solarenergie bezeichnet wird, werden außerdem keine Schadstoffe ausgestoßen. Vom Menschen wird die Sonnenenergie in mehrfacher Form zur Energiegewinnung genutzt (42.1 bis 42.3).

Für die Umwandlung von Sonnenenergie wird relativ viel Fläche von den dafür benötigten Anlagen gebraucht. Man kann aber nicht von einem schlechten Wirkungsgrad sprechen, da Sonnenenergie auch zur Verfügung steht, ohne dass sie genutzt wird. Sie wird im Gegensatz zu Kohle, Erdöl oder Erdgas nicht „verbraucht".

Es gibt jedoch auch bei dieser sauberen Energiegewinnung verschiedene Nachteile: Die großen Flächen, die für die Fotovoltaikanlagen benötigt werden, können nicht mehr landwirtschaftlich genutzt werden.

Die Sonneneinstrahlung ist in Deutschland unterschiedlich (43.1). Hinzu kommt, dass die Einstrahlung der Sonne erheblichen tages- und jahreszeitlichen Schwan-

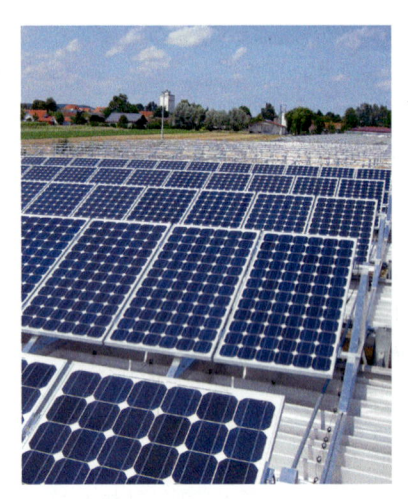

42.1 Fotovoltaikanlage

42.2 Solaranlage auf einem Hausdach

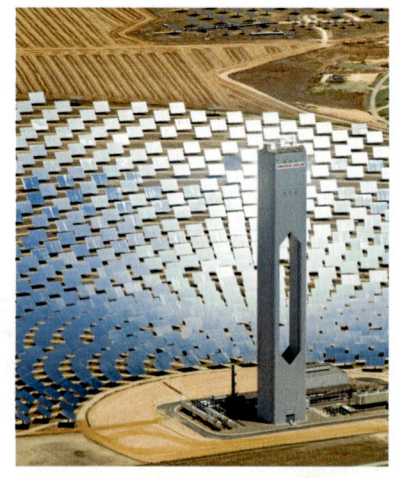

42.3 Solarthermisches Kraftwerk in der Wüste

Photovoltaik	**Sonnenkollektoren**	**Solarthermisches Kraftwerk**
Technik: Mit bestimmten Zellen kann Sonnenlicht direkt in Strom umgewandelt werden. Der Strom wird zumeist in das Stromnetz eingespeist.	Die Sonnenenergie erwärmt Flüssigkeit in Röhren. Die so entstandene Wärmeenergie wird z. B. für das Heizen oder Warmwasser verwendet.	Die Sonnenenergie wird von Spiegeln auf ein Zentrum gerichtet. Mit den gebündelten Strahlen wird eine Flüssigkeit erhitzt.
Speichermöglichkeit: Speicherung des Stroms in Akkus	Lagerung in Warmwasserspeichern, Aufbewahrung der Energie über mehrere Tage	Umwandlung der Wärmeenergie in Gas (Infokasten)

kungen unterliegt. Im Verlauf eines Jahres steht in den Sommermonaten die meiste Sonnenenergie zur Verfügung. Im Tagesverlauf ist das während der Mittagszeit der Fall. Das sind aber nicht die Zeiten, in denen der meiste Strom verbraucht wird. Mit der Sonnenenergie allein kann somit keine Versorgungssicherheit erreicht werden, sie ist aufgrund der Schwankungen nicht grundlastfähig (Info). Es bedarf immer der Ergänzung durch weitere Energiequellen oder einer Speichermöglichkeit.

INFO

Gesetz für den Ausbau erneuerbarer Energien
... kurz: „Erneuerbare-Energien-Gesetz" (EEG)
Mit diesem Gesetz soll der Ausbau der erneuerbaren Energien in Deutschland vorangetrieben werden. Unsere Energieversorgung soll nachhaltiger werden, indem zunehmend auf fossile Energieträger verzichtet werden soll. Durch das EEG erhalten alle Stromerzeuger (auch Privathaushalte) einen Zuschuss für Strom, der aus erneuerbaren Energieträgern gewonnen wurde. Die großen Stromanbieter sind gesetzlich verpflichtet, diesen Strom abzukaufen.

durchschnittliche Sonnenscheindauer in Stunden pro Jahr:
- über 1800
- 1700–1800
- 1600–1700
- 1500–1600
- 1400–1500
- unter 1400

43.1 Verteilung der Sonneneinstrahlung in Deutschland

INFO

Grundlastfähigkeit
Darunter versteht man die Fähigkeit eines Kraftwerks, dauerhaft und zuverlässig einen „Grundstock" an elektrischer Energie zu liefern. Hierzu zählen in erster Linie Kernkraft-, Erdöl- und Kohlekraftwerke. An bestimmten Tagesereignissen kommt es zu einem zusätzlichen und kurzfristigen Energiebedarf, einer sog. Bedarfsspitze. Solch eine Spitzenlast wird aufgefangen durch den Rückgriff auf einen Energiespeicher oder das Zuschalten weiterer Spitzenlast-Kraftwerke. Es handelt sich dabei um Kraftwerke, die in Minutenschnelle hohe Leistungen zur Verfügung stellen können, z. B. Wasserkraftwerke.

INFO

Umwandlung von Sonnenenergie in Gas
Mit der Energie von solarthermischen Kraftwerken lässt sich Wasser in seine Bestandteile Sauerstoff und Wasserstoff aufspalten. Das so gewonnene Gas Wasserstoff ist gut speicher- und transportfähig. Sogenannte Brennstoffzellen könnten in Autos den herkömmlichen Verbrennungsmotor ersetzen. In Brennstoffzellen wird das Wasserstoff-Gas verbrannt und in Bewegungsenergie umgewandelt. Diese Technik könnte in Zukunft dazu führen, dass die Energie der Sonne bei Bedarf genutzt werden kann, auch wenn die Sonne gerade nicht scheint.

AUFGABEN

1 Beschreibe die drei Möglichkeiten der Umwandlung und Nutzung von Solarenergie.
2 Warum hat bei der Nutzung von Sonnenenergie der Wirkungsgrad keine Bedeutung?
3 Erkläre die Bedeutung des Gesetzes für den Ausbau erneuerbarer Energien (EEG).

44.1 Offshore-Windpark in der Nordsee

Energie aus Windkraft

Nutzung der Windenergie

Bei der Nutzung der Windenergie werden durch die Windkraft Rotorblätter angetrieben. Aus dieser Drehbewegung wird in einem Generator elektrischer Strom erzeugt.

Die zeitliche Verteilung des Windaufkommens in Deutschland passt sehr gut zum Energieverbrauch: Die Windstärke und das Windaufkommen steigen in den Wintermonaten, genau dann, wenn auch mehr Energie, unter anderem zum Heizen, benötigt wird. Auch tagsüber nimmt der Wind generell zu. Flauten herrschen überwiegend in der Nacht.

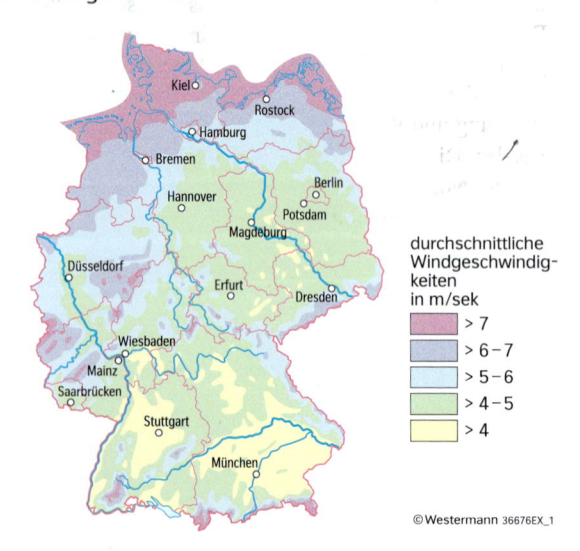

Standorte von Windkraftanlagen

Der geeignete Standort für die Errichtung von Windkraftanlagen orientiert sich an den Windverhältnissen und den zu erwartenden Windgeschwindigkeiten (44.2). Es werden drei Regionen unterschieden, die von den Windverhältnissen her für den Betrieb von Windkraftanlagen geeignet sind:
– Die Küstengebiete mit besonders regelmäßigem und hohem Windaufkommen,
– die Norddeutsche Tiefebene und
– die Mittelgebirge.

Große Windkraftparks entstehen zunehmend im Offshore-Bereich (44.1). Im deutschen Teil der Nordsee werden sie weit vor der Küste in tieferem Wasser gebaut, um den Schutzbereich des Wattenmeeres einzuhalten. Beim Bau und der Wartung entstehen erheblich höhere Kosten als bei Anlagen an Land. Trotzdem lohnen sich die Offshore-Anlagen, da über der Meeresoberfläche der Wind ohne Ablenkung durch Hindernisse gleichmäßiger und stärker weht als an Land.

44.2 Windgeschwindigkeiten, gemessen in 10 m Höhe

44.3 Protestplakat

Energie

45.1 Offshore-Windkraftanlagen sind in deutschen Gewässern hauptsächlich in der Nordsee geplant.

Entwicklung der Windkraftanlagen

Mit zunehmender Höhe nimmt die Windgeschwindigkeit zu. Größere Rotorblätter sorgen außerdem für eine bessere Ausnutzung des Windes. Deshalb werden immer höhere Windkraftanlagen entwickelt und sowohl offshore als auch an Land aufgestellt (45.2).
Bei Windkraftanlagen an Land sorgen die kreisenden Rotorblätter für Unmut bei Anwohnern (44.3). Sie führen zu einem ständig sich wiederholenden Schattenwurf und zu teilweise erheblichen Windgeräuschen.

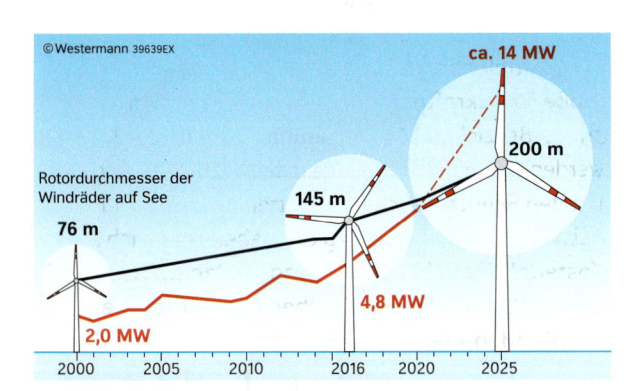

INFO

Die Nordsee als „Energiefeld der Zukunft" – eine länderübergreifende Energieplanung

Vier an die Nordsee grenzende Staaten, Großbritannien, Niederlande, Dänemark und Deutschland betreiben bereits seit Jahren den Ausbau der Windkraftparks in der Nordsee. Bisher liefert jeder Windkraftpark seine Energie mit einer eigens verlegten Stromleitung auf das Festland. Nun wollen sich europäische Netzbetreiber zu einem einzigen Stromverteilungsnetz zusammenschließen. Nach den Plänen der Netzbetreiber soll eine künstliche Insel inmitten der Nordsee als Knotenpunkt geschaffen werden. An diesem sind die einzelnen Windparks angeschlossen. Die von den Windrädern erzeugte Energie wird hier gebündelt und in die einzelnen Staaten verteilt. So soll in der Nordsee ein europäisches System zur Gewinnung und Verteilung der Windenergie geschaffen werden. Diesen Planungen nach könnte ein großer Teil des Nordwestens Europas mit nachhaltig gewonnener Energie aus Windkraft versorgt werden.

45.2 Die Windkraftanlagen werden immer größer.

AUFGABEN

1. Erkläre die Vorteile der Nutzung von Windenergie in Deutschland.
2. Beschreibe anhand der Karte 45.1 Standorte von Offshore-Windkraftanlagen.
3. Welche Vorteile haben Offshore-Anlagen gegenüber Windkraftanlagen an Land?
4. Recherchiere, aus welchen Ländern Deutschland Strom aus erneuerbaren Energien bezieht. Stelle deine Ergebnisse der Klasse vor.

Biomasse

Gewinnung von Biogas

In einer Biogasanlage wird unter Luftabschluss Biomasse der Gärung zugeführt. Gut abbaubare Biomasse besteht aus den Ausscheidungen der Tiere, der Gülle, und dem Mist. Es eignen sich aber für die Vergärung ebenso Bioabfälle und speziell angebaute Energiepflanzen (Fachbegriff). Das bei der Gärung entstandene Gas wird zur Umwandlung in Strom und Wärmeenergie verwendet oder auch in das Erdgasnetz eingespeist.

Bei dieser Art der Energiegewinnung können Bioabfälle verwertet werden, die bisher nahezu ungenutzt blieben.

Es wird nur das CO_2 freigesetzt, welches zuvor durch die Pflanzen der Atmosphäre entzogen und umgewandelt worden ist.

Der Strom kann regelmäßig und gleichbleibend gewonnen werden, die Energiegewinnung aus Biomasse ist damit grundlastfähig (siehe S. 43).

Kritiker bemängeln das Betreiben der Biogasanlagen mit Energiepflanzen. Auf begrenzten Anbauflächen nehmen sie der Erzeugung von Nahrungspflanzen den Platz. Außerdem führen sie zu einem eintönigen Landschaftsbild.

FACHBEGRIFF

Energiepflanzen
… sind landwirtschaftliche Nutzpflanzen, bei uns hauptsächlich Mais und Raps, die ausschließlich zur Energiegewinnung angebaut werden. Es gibt auch spezielle Züchtungen wie den „Energiemais". Energiepflanzen werden u.a. genutzt zur Beigabe in Biokraftstoffe oder zur Erzeugung von Biogas. Aus anderen Erdteilen stammen Energiepflanzen wie Soja, Zuckerrohr oder Ölpalmen.

46.1 Biogasanlage

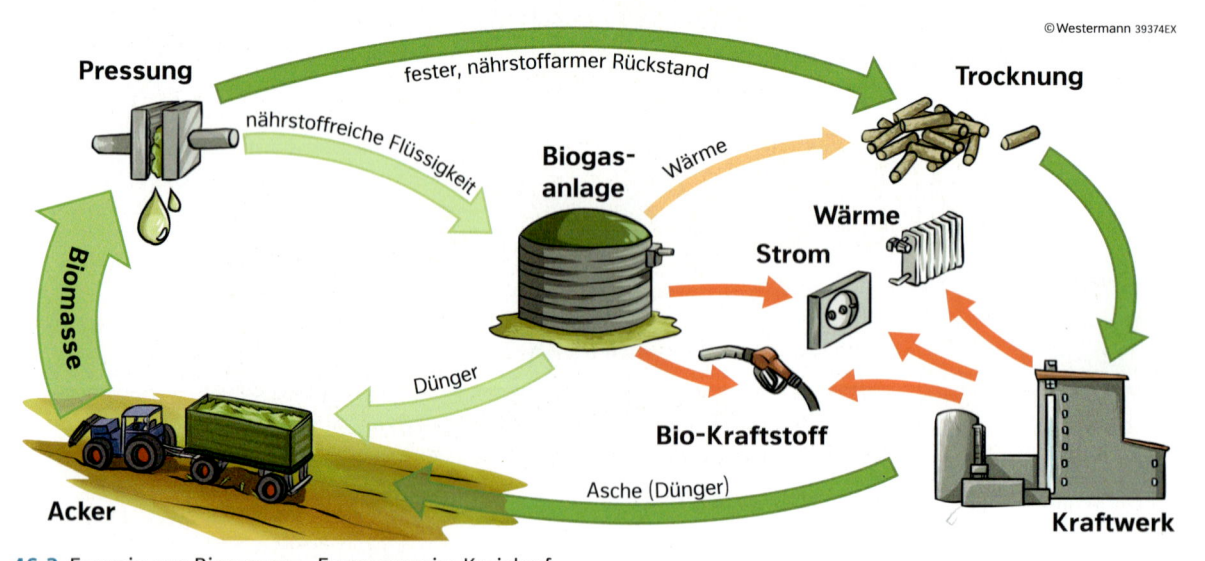

46.2 Energie aus Biomasse – Erzeugung im Kreislauf

AUFGABEN

1. Beschreibe den Kreislauf der Energieerzeugung aus Biomasse.
2. Erstelle eine Tabelle, in der du die Vor- und Nachteile der Energieerzeugung aus Biomasse gegenüberstellst.
3. Vergleiche die erneuerbaren Energieträger Sonne, Wind und Biomasse hinsichtlich der Grundlastfähigkeit.

Wasserkraft

Energiegewinnung aus Wasserkraft

Wasser gewinnt seine Energie aus der Höhenlage (Lageenergie). Wenn das Wasser nach unten fließt, wird die Lageenergie in Bewegungsenergie umgewandelt. Früher wurden damit Mühlen und Sägewerke angetrieben. Heute werden damit Generatoren zur Stromgewinnung angetrieben. Die Lageenergie des Wassers kann in höher gelegenen Becken oder Stauseen gespeichert werden. Eine besondere Rolle bei der Zwischenlagerung von Strom erfüllen Pumpspeicherkraftwerke (47.1).

Kritik an Pumpspeicherkraftwerken

Das Wasser wird in Pumpspeicherkraftwerken sowohl in natürlichen Seen als auch in extra angelegten Stauseen gespeichert. Diese künstlich geschaffenen Speicherseen bedeuten einen erheblichen Eingriff in die Natur. Aufgrund der Beanspruchung durch die ständig wechselnden Wasserstände müssen die Ränder betoniert oder asphaltiert werden. Diese Versiegelung der Uferregionen lässt keinen Bewuchs zu. Die Speicherseen bleiben somit kahl und verändern weithin das Landschaftsbild.

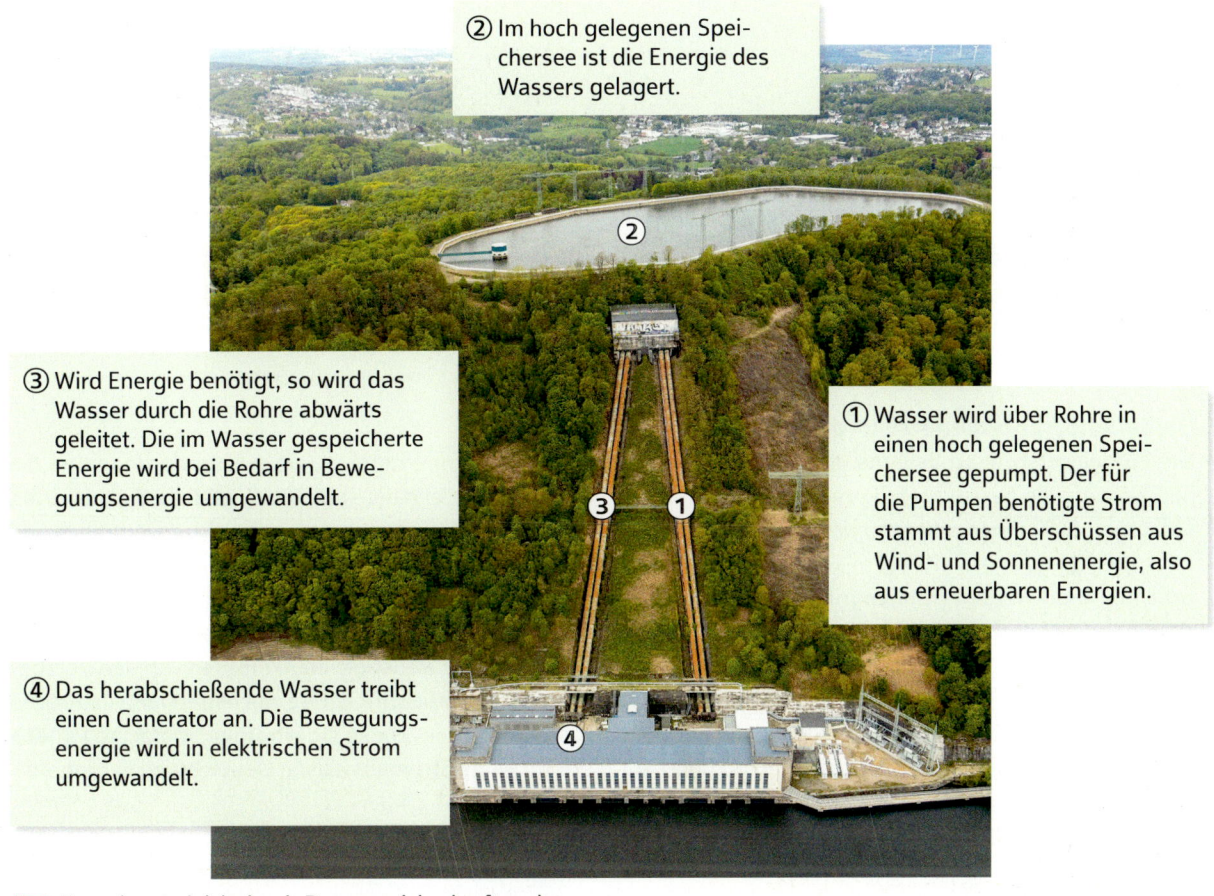

② Im hoch gelegenen Speichersee ist die Energie des Wassers gelagert.

③ Wird Energie benötigt, so wird das Wasser durch die Rohre abwärts geleitet. Die im Wasser gespeicherte Energie wird bei Bedarf in Bewegungsenergie umgewandelt.

① Wasser wird über Rohre in einen hoch gelegenen Speichersee gepumpt. Der für die Pumpen benötigte Strom stammt aus Überschüssen aus Wind- und Sonnenenergie, also aus erneuerbaren Energien.

④ Das herabschießende Wasser treibt einen Generator an. Die Bewegungsenergie wird in elektrischen Strom umgewandelt.

47.1 Energieausgleich durch Pumpspeicherkraftwerke

AUFGABEN

1. *Erkläre, wie die Energie des fließenden Wassers früher genutzt wurde und heute genutzt wird.*
2. *Pumpspeicherkraftwerke verbrauchen mehr Energie, als sie erzeugen. Warum sind sie trotzdem sinnvoll?*
3. *Wo liegt der Unterschied zwischen der Energiegewinnung in einem Flusskraftwerk und einem Pumpspeicherkraftwerk?*
4. *Beurteile die Bedeutung der Pumpspeicherkraftwerke für den Ausbau der regenerativen Energiequellen.*

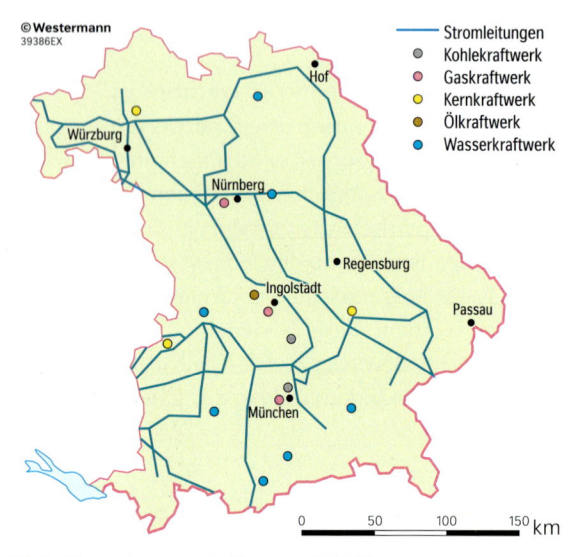

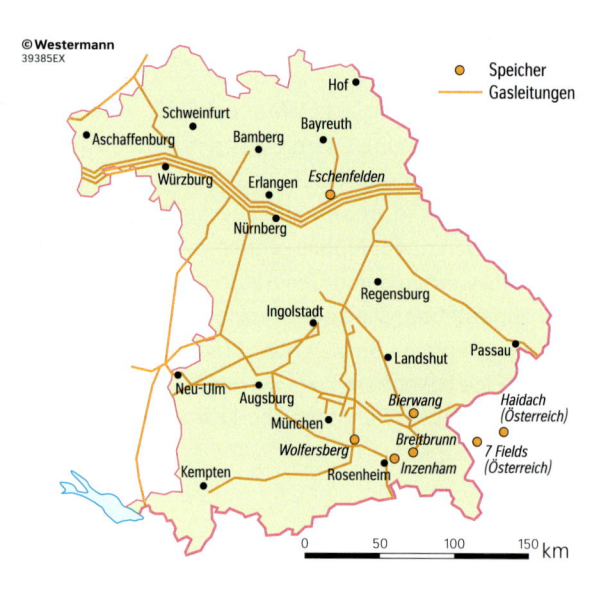

48.1 Energienetze in Bayern (2018)

Der Ausbau der Energienetze

Früher gab es in Bayern nur einige Standorte von Großkraftwerken. Sie wurden mit fossilen Energieträgern oder Atomkraft betrieben. Mit dem Ausbau der erneuerbaren Energien gibt es nun verschiedenste kleinere Standorte, an denen Energie produziert wird. Was bedeutet diese Verlagerung der Energieproduktion für die Stromnetze?

Bestehende Energienetze und ihr Ausbau

Die Energieversorgung Bayerns ist durch verschiedene Energienetze gesichert. Erdgas- und Erdölpipelines versorgen Raffinerien und Kraftwerke. Der Strom wird über das Energienetz in Bayern verteilt und von den örtlichen Stadtwerken (Fachbegriff) an die einzelnen Haushalte geliefert.

Die Standorte von Großkraftwerken findet man vor allem in der Nähe der Ballungszentren. Durch die Verteilung der Stromproduktion auf viele kleinere Standorte, z. B. einzelne Windräder oder Photovoltaikanlagen auf Hausdächern, entstehen neue Anforderungen an die Energienetze und die Stadtwerke. Mithilfe digitalisierter, „intelligenter" Energienetze sollen Stromverbrauch und -angebot besser aneinander angepasst werden.

Ein Großteil des Stroms wird in Zukunft in Norddeutschland mit Windkraft erzeugt. Um diesen Strom auch in den Süden zu transportieren, müssen von den Netzbetreibern (Fachbegriff) große Hochspannungsleitungen gebaut werden. Diese Übertragungsnetze sollen das Risiko eines Stromausfalls in Deutschland verringern.

> **FACHBEGRIFF**
>
> **Stadtwerke**
> Ihre Hauptaufgabe besteht in der Gewährleistung der Grundversorgung mit Strom, Gas und Wasser. Häufig übernehmen sie weitere Dienstleistungen wie die Abwasser-Entsorgung, den öffentlichen Nahverkehr, die Müllentsorgung oder das Betreiben der Schwimmbäder. Der Umstieg auf erneuerbare Energieträger wird hauptsächlich von Stadtwerken getragen.

> **FACHBEGRIFF**
>
> **Netzbetreiber**
> In Deutschland sind bei der Stromversorgung die Aufgaben aufgeteilt zwischen der Stromerzeugung durch die Kraftwerksbetreiber und dem Stromtransport durch die Netzbetreiber. Sie verteilen den Strom über große Entfernungen. Vor Ort wird dann der Strom von lokalen Energiegesellschaften, darunter auch den Stadtwerken, zum Verbraucher weitergeleitet.

Energie M

49.1 Stromtrasse in einer Ortschaft; rechts: Bürgerproteste in München

Proteste gegen den Ausbau der Energienetze

Drei Trassen sind geplant, die als große „Stromautobahnen" längs durch Deutschland den Strom von Nord nach Süd transportieren sollen. In Bayern sind die Südlink- und Südostlink-Trasse, hauptsächlich in den betroffenen Regionen, äußerst umstritten (49.2). Die Anwohner wehren sich gegen einen Trassen-Ausbau mit Strommasten, die die bisher bestehenden (49.1) noch überragen werden. Dabei werden zum einen Umweltaspekte angeführt, insbesondere die Veränderung des Landschaftsbildes, zum anderen befürchten die Hausbesitzer entlang der Trassen einen Wertverlust ihrer Immobilien.

Eine andere Möglichkeit ist das Verlegen von Erdkabeln. Aber auch diese Lösung hat große Nachteile: Sie ist erheblich teurer als der Bau von Freileitungen. Die abstrahlende Wärme beeinflusst Lebewesen im Boden und das Grundwasser. Die Böden im Umfeld der Erdkabel könnten austrocknen. Beim Verlegen der Kabel entstehen ebenfalls Schneisen durch die Landschaft.

49.2 Mögliche Stromtrassen durch Deutschland

AUFGABEN

1 Erstelle eine Skizze zur Aufgabenverteilung bei der Stromversorgung in Deutschland.
2 Beschreibe Maßnahmen, mit denen die Übertragungsnetze modernisiert werden sollen.
3 Aus welchen Gründen gibt es Protestaktionen gegen den Ausbau der Stromtrassen (49.1)?
4 „Der Erfolg der erneuerbaren Energien wird erheblich vom Ausbau der Energienetze in Deutschland abhängen."
   Erläutere die Aussage eines Experten.

Wie können wir selbst energiebewusster leben?

Einmal im Jahr werden alle Haushalte über ihren Energieverbrauch im abgelaufenen Jahr informiert. Auch Familie Huber bekommt die Abrechnungen und der Vater ist überrascht über den Energieverbrauch und die Höhe der Kosten. Familie Huber ist sich einig, dass die Energiekosten gesenkt werden müssen. Der Vater meint hierzu: „Es überlegt sich nun jeder in unserer Familie, wo wir Energie sparen könnten."

50.1 Gerät zum Erfassen des Energieverbrauchs beim Heizen

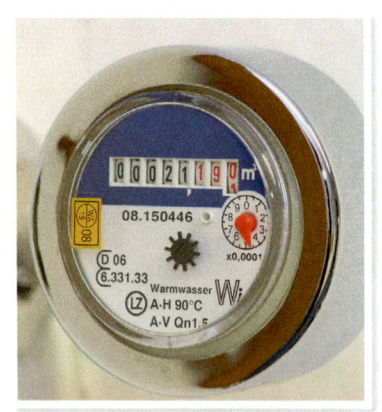

50.2 Zähler zum Ablesen des Verbrauchs an Warmwasser

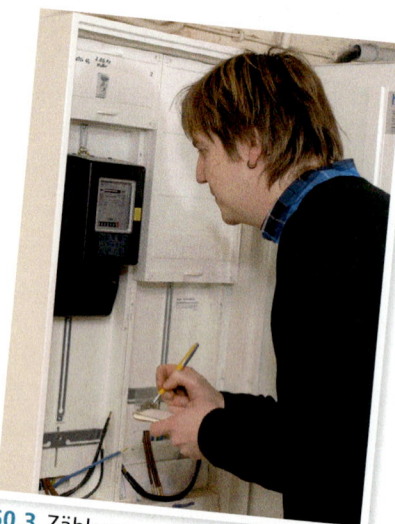

50.3 Zähler zum Ablesen des Stromverbrauchs

> Mir fällt abends immer auf, wie viele Lichter in unserer Wohnung noch leuchten, obwohl alle Geräte nicht mehr gebraucht werden bzw. eigentlich ja ausgeschaltet sind.

INFO

Standby-Betrieb
Im Standby-Betrieb sind Geräte nicht ganz ausgeschaltet, sondern befinden sich in Bereitschaft. Der Fernseher oder PC kann so ohne große Wartezeit und ohne Vorbereitung sofort wieder gestartet werden. Zu solchen Stromspar-Schaltungen gehört auch, dass sich Bildschirme nach einer bestimmten Zeit verdunkeln. Da jedoch nahezu alle elektronischen Geräte nicht mehr ganz ausgeschaltet werden, wird geschätzt, dass allein in Deutschland ein Großkraftwerk nur dazu laufen muss, um den Bedarf des Standby-Betriebes in deutschen Haushalten abzudecken.

> Bei uns ist es manchmal in den Zimmern viel zu warm. Ich finde, wir könnten die Heizung durchaus 2–3 °C zurückdrehen oder in den Übergangszeiten die Heizung ganz ausstellen. Dann muss man halt abends einmal einen Pullover anziehen.

Energie

Manchmal glaube ich, Tim und Hanna gehen zum Aufwärmen unter die Dusche. Da läuft das warme Wasser bis zu 15 Minuten, es wird nicht einmal während des Einseifens ausgemacht.

Wir haben uns letztes Jahr einen neuen Kühlschrank für die Küche gekauft. Da haben wir extra auf die höchste Energiesparklasse geachtet. Jetzt steht aber der alte Kühlschrank im Keller, hängt am Stromnetz und ist meist fast leer.

INFO

Rebound-Effekt
(engl. für Abprall- oder Rückschlageffekt)
Damit sind die Effekte gemeint, die bewirken, dass Energie-Einsparungen nicht effizient genug verwirklicht werden. In der Autoindustrie wurden z. B. Motoren entwickelt, die mit weniger Treibstoff auskommen. Mit dieser Entwicklung wäre eigentlich der Treibstoffverbrauch der Autos insgesamt zurückgegangen. Gleichzeitig jedoch wurden nun zunehmend größere und schwerere Autos gebaut. Die Entwicklung zur Sparsamkeit wurde durch größere Motoren wieder aufgehoben. Die Chance zum Benzinsparen wurde letztendlich nicht genutzt.
Ein weiteres Beispiel für diesen Effekt: In den Haushalten wird darauf geachtet, dass bei der Beleuchtung Energiesparlampen zum Einsatz kommen. Gleichzeitig werden zur Weihnachtszeit die Häuser üppig mit Lichterketten geschmückt.

Mit einer Wärmebildkamera lässt sich die Wärme sichtbar machen, die von einer Oberfläche abstrahlt. Je intensiver die Rottöne, desto mehr Wärme wird abgestrahlt. Auf solchen Bildern einer Hausfront lässt sich genau sehen, in welchen Bereichen viel Wärme aus dem Inneren des Hauses entweicht. Hier lohnt es sich ganz besonders, die Hauswand zu dämmen oder besser isolierende Fenster und Haustüren einzusetzen. Nach solchen Renovierungen wird ein großer Teil der Heizungsenergie eingespart, man spricht daher auch von einer „wärme-energetischen Sanierung".

51.1 Das größte Potenzial zum Energiesparen hat die Wärmedämmung des Hauses.

AUFGABEN

1. *Überlege dir, wie die einzelnen Familienmitglieder Energie sparen könnten.*
2. *Erkläre den Rebound-Effekt und suche ein weiteres Beispiel.*
3. *Erkundige dich nach Ablesegeräten zum Energieverbrauch in deinem Haushalt und lasse sie dir erklären.*
4. *Lies an den Geräten den täglichen Verbrauch ab und protokolliere ihn jeweils für eine Woche innerhalb eines Winter- und eines Sommermonats. Veranschauliche deine Ergebnisse in einem Säulendiagramm.*

Trio-Kompakt: Energie

Energieträger
Ordne die Begriffe und Wortgruppen den einzelnen Energiequellen zu. Begründe.

- gute Transportfähigkeit
- Grundlastfähigkeit
- CO_2 wird freigesetzt
- Umweltkatastrophen nicht auszuschließen
- unbegrenzte Verfügbarkeit
- gute Speicherbarkeit
- fossiler Energieträger
- erneuerbare Energien
- Verbrauch landwirtschaftlicher Nutzflächen

In der Schule

Stellt fest, an welchen Stellen in eurem Schulhaus Energie verbraucht wird. Überlegt euch, wie ihr sparsamer damit umgehen könntet. Gestaltet mit euren Ergebnissen ein Plakat und stellt es den anderen Klassen vor.

Beispielproblem:
Es werden alle Lichtreihen im Klassenzimmer eingeschaltet, obwohl nur an der Tafel Licht benötigt wird.

Abhilfe/Verbesserung:
Die Lichtschalter werden beschriftet.

Staatenübergreifende Energieversorgung

Du hast mit der Versorgung durch Erdgas und der Energiegewinnung mit Windkraft in der Nordsee zwei Beispiele für staatenübergreifende Energieversorgung kennengelernt.

a) Beschreibe nochmals, warum es sich hierbei jeweils um staatenübergreifende Energieversorgung handelt.
b) Erkläre, welches der beiden Beispiele sich eher an einer nachhaltigen Energiepolitik ausrichtet.

Offenes Arbeiten

Hier beschäftigst du dich selbstständig mit einem Thema des Kapitels. Wie du das Ergebnis darstellst, entscheidest du.

> **In diesem Kapitel hast du gelernt, dass ...**
> - Energie unser Leben bestimmt.
> - es unterschiedliche Energiequellen gibt.
> - wir mit Energie sparsam umgehen müssen.

1. Wähle eine der Aussagen oben aus.
2. Notiere dazu Begriffe und Gedanken.
3. Was gehört zusammen? Ordne.
4. Erstelle daraus: Mindmap, Bild, Skizze, Text, Plakat, Tabelle oder wähle eine andere Darstellungsform.
5. Vergleicht und ergänzt eure Ergebnisse.
6. Schau auf die Schritte 1 bis 5 zurück. Wo hattest du Schwierigkeiten? Was ist dir gut gelungen?

PRÜFE DICH NUN SELBST! DU KANNST ...

- ✓ ... begründen, warum nahezu die gesamte Energie auf der Erde von der Sonne kommt (S. 28/29, 32/33).
- ✓ ... die Begriffe fossile Energie und erneuerbare Energie erklären (S. 28).
- ✓ ... einzelne Energieträger den fossilen bzw. erneuerbaren Energien zuordnen (S. 28/29).
- ✓ ... die Bedeutung verschiedener Energieträger für unsere Energieversorgung erklären (S. 34 – 37, 40 – 47).
- ✓ ... die Vor- und Nachteile der einzelnen Energieträger benennen (S. 34 – 38, 40 – 47).
- ✓ ... anhand verschiedener Kriterien die Effizienz von Energieträgern beschreiben und bewerten (S. 30/31).
- ✓ ... Beispiele für eine staatenübergreifende Energieversorgung beschreiben und diese im Hinblick auf eine nachhaltige Energiepolitik bewerten (S. 44/45).
- ✓ ... den Begriff „Grundlastfähigkeit" erklären (S. 42/43).
- ✓ ... begründen, warum die Nutzung der Sonnenenergie auf den Ausbau von Speichermöglichkeiten angewiesen ist (S. 42/43).

Deutschland – ein Sozialstaat

54.1 Beim Arztbesuch

Deutschland – ein Sozialstaat

In diesem Kapitel erfährst du, ...
- dass jeder einen Beitrag zum Sozialstaat leistet.
- wie der Sozialstaat für jeden einzelnen Bürger sorgt.
- dass der Sozialstaat vor Herausforderungen steht.

56.1 Sarah spricht mit Herrn Bergmann.

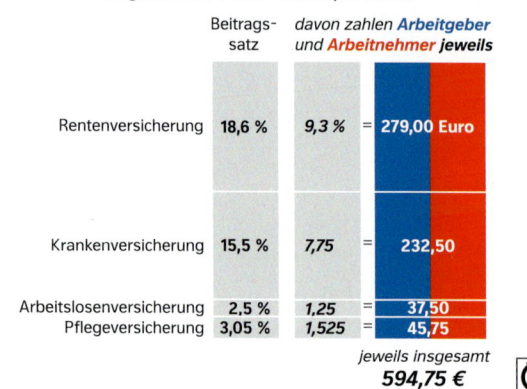

56.2 Die Sozialversicherungsbeiträge an einem Beispiel

Das erste Gehalt

Sarah hat eine Lehre als Konditorin begonnen. Am Ende des Monats bekommt sie endlich ihren ersten Lohn und eine Gehaltsabrechnung. Zuerst liest sie 670 € als Verdienst und dann bemerkt sie, dass sie nur 535,82 € ausbezahlt bekommt. Erstaunt wendet sie sich an ihren Chef Herrn Bergmann.

Sarah spricht mit ihrem Chef

Sarah: Herr Bergmann, können Sie mir bitte erklären, wie das zustande kommt. Eigentlich verdiene ich doch viel mehr, als mir schließlich ausgezahlt wird.
Herr Bergmann: Das kann ich dir erklären. 670 € sind der Bruttolohn (57.1). Das ist der Betrag vor dem Abzug aller möglichen Beiträge und Steuern. Was nach den Abzügen übrig bleibt, ist der Nettolohn (57.1). Und der ist immer deutlich geringer. Du brauchst noch keine Einkommensteuer bezahlen, weil du zu wenig verdienst. Aber Sozialabgaben werden immer abgezogen. Das sind die Beiträge zu den Sozialversicherungen (Fachbegriff). Außer man verdient weniger als 450 € im Monat. Dann ist man von Sozialabgaben befreit.
Sarah: Sozialabgaben? Abgesichert? Wozu das alles?

Herr Bergmann: Du brauchst sicher mal einen Arzt oder musst ins Krankenhaus. Deine Behandlung kostet dann Geld. Oder du wirst mal arbeitslos, dann brauchst du auch Geld. Und wenn du in den Ruhestand gehst, bekommst du Rente. Das alles muss bezahlt werden. Deshalb zieht dir der Staat die Sozialabgaben vom Lohn ab. Alle Menschen, die in Deutschland angestellt sind, müssen Sozialabgaben leisten. Auch ich leiste einen Beitrag für dich. Das ist der Arbeitgeberanteil (56.2).
Sarah: Und wenn ich nicht krank werde, bekomme ich das Geld dann zurück?
Herr Bergmann: Nein, das Geld aller Beitragszahler fließt in Töpfe, aus denen dann im Bedarfsfall die Leistungen für alle bezahlt werden.

> **FACHBEGRIFF**
>
> **Sozialversicherungsbeiträge (Sozialabgaben)**
> Für den Anspruch auf Leistungen aus der Sozialversicherung zahlen Arbeitnehmer und Arbeitgeber Sozialversicherungsbeiträge (Sozialabgaben). Damit sind die Beschäftigten gegen gewisse Risiken abgesichert. Dazu zählen Krankheit, Arbeitslosigkeit und Pflegebedürftigkeit. Auch die Rentenzahlungen im Ruhestand werden über Sozialversicherungsbeiträge finanziert. Folgen durch Unfälle am Arbeitsplatz werden durch die gesetzliche Unfallversicherung abgedeckt. Diese muss nur der Arbeitgeber bezahlen.

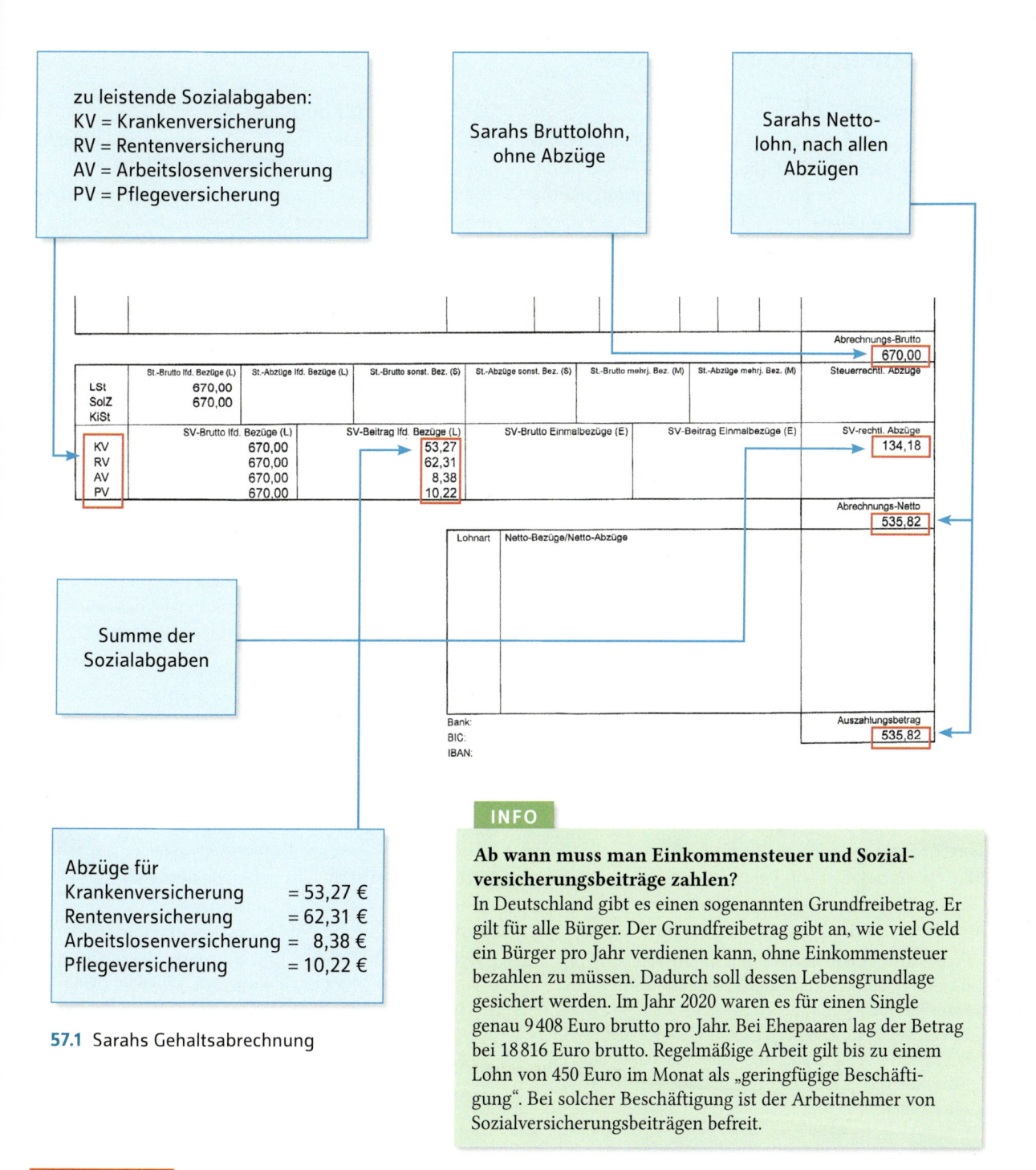

Deutschland – ein Sozialstaat

zu leistende Sozialabgaben:
KV = Krankenversicherung
RV = Rentenversicherung
AV = Arbeitslosenversicherung
PV = Pflegeversicherung

Sarahs Bruttolohn, ohne Abzüge

Sarahs Nettolohn, nach allen Abzügen

	St.-Brutto lfd. Bezüge (L)	St.-Abzüge lfd. Bezüge (L)	St.-Brutto sonst. Bez. (S)	St.-Abzüge sonst. Bez. (S)	St.-Brutto mehrj. Bez. (M)	St.-Abzüge mehrj. Bez. (M)	Steuerrechtl. Abzüge
LSt	670,00						
SolZ	670,00						
KiSt							

Abrechnungs-Brutto: **670,00**

	SV-Brutto lfd. Bezüge (L)	SV-Beitrag lfd. Bezüge (L)	SV-Brutto Einmalbezüge (E)	SV-Beitrag Einmalbezüge (E)	SV-rechtl. Abzüge
KV	670,00	53,27			134,18
RV	670,00	62,31			
AV	670,00	8,38			
PV	670,00	10,22			

Abrechnungs-Netto: **535,82**

Auszahlungsbetrag: **535,82**

Summe der Sozialabgaben

Abzüge für
Krankenversicherung = 53,27 €
Rentenversicherung = 62,31 €
Arbeitslosenversicherung = 8,38 €
Pflegeversicherung = 10,22 €

57.1 Sarahs Gehaltsabrechnung

INFO

Ab wann muss man Einkommensteuer und Sozialversicherungsbeiträge zahlen?

In Deutschland gibt es einen sogenannten Grundfreibetrag. Er gilt für alle Bürger. Der Grundfreibetrag gibt an, wie viel Geld ein Bürger pro Jahr verdienen kann, ohne Einkommensteuer bezahlen zu müssen. Dadurch soll dessen Lebensgrundlage gesichert werden. Im Jahr 2020 waren es für einen Single genau 9408 Euro brutto pro Jahr. Bei Ehepaaren lag der Betrag bei 18816 Euro brutto. Regelmäßige Arbeit gilt bis zu einem Lohn von 450 Euro im Monat als „geringfügige Beschäftigung". Bei solcher Beschäftigung ist der Arbeitnehmer von Sozialversicherungsbeiträgen befreit.

AUFGABEN

1 Erläutere den Aufbau eines Gehaltszettels:
  a) Erkläre den Unterschied von brutto und netto beim Lohn.
  b) Welche Steuern werden abgezogen?
  c) Welche Sozialabgaben werden abgezogen?

2 „Ich finde es ungerecht, dass mir so viel abgezogen wird. Ich gehe sehr selten zum Arzt." Was würdest du Sarah antworten?

Deutschland ist ein Sozialstaat

Der Sozialstaat früher

Die Idee von einem Staat, der sich fürsorglich um seine Bürger kümmert, ist nicht neu. Bereits im antiken Griechenland gab es Versuche der Herrschenden, die Not der Untertanen zu lindern. So glaubte man, Aufstände und Unruhen verhindern zu können.

Auch der moderne Sozialstaat geht auf solche Überlegungen zurück. Im 19. Jahrhundert, im Zeitalter der Industrialisierung, lebten viele Fabrikarbeiter unter schwierigen Bedingungen. Der damalige Reichskanzler Otto von Bismarck war überzeugt, dass eine Kranken- und Unfallversicherung die Not der Fabrikarbeiter lindern könne. Auch er wollte so Unruhen verhindern.

Der Sozialstaat heute

Das Grundgesetz legt fest, dass Deutschland ein „sozialer Bundesstaat" ist. Doch was bedeutet das?

Der Sozialstaat wirkt wie ein Netz, das allen Bürgerinnen und Bürgern ein menschenwürdiges Leben ermöglicht und sie in Notlagen auffängt. Alle Gesetze, die den Sozialstaat betreffen, sind im Sozialgesetzbuch geregelt (59.1).

Die Sozialversicherungsbeiträge (siehe Info S. 56 und 59.2) decken einen großen Teil der im SGB geregelten Sozialausgaben ab.

Lara B. ist Schülerin der 8. Klasse und hat sich im Sportunterricht den Knöchel gebrochen.
Lara ist als Minderjährige in der Krankenkasse ihrer Eltern kostenfrei familienversichert. Sie hat den gleichen Anspruch auf alle medizinisch notwendigen Leistungen wie alle anderen Versicherten auch.

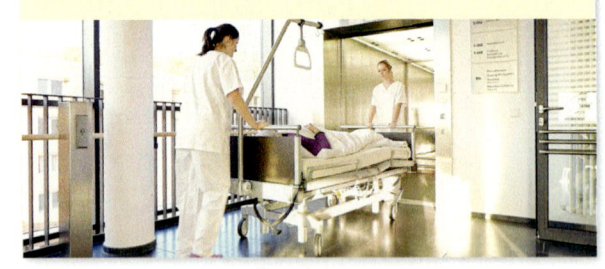

58.1 Der Sozialstaat hilft bei Krankheit.

Herr Max T. ist nach zehn Jahren arbeitslos geworden. Er hat Anspruch auf die Zahlung von Arbeitslosengeld I (12 Monate). Er muss sich aber sofort um eine neue Arbeitsstelle bemühen. Findet er nach 12 Monaten keine Arbeit, kann er bei Bedürftigkeit das deutlich niedrigere Arbeitslosengeld II (ALG II) beantragen.

58.2 Der Sozialstaat hilft bei Arbeitslosigkeit.

Frau Maria J. ist Rentnerin. Seit ihrer Hüftoperation ist sie auf den Rollstuhl angewiesen und kann ihren Haushalt nicht mehr alleine führen.
Frau J. bekommt von der sozialen Pflegeversicherung bei Bedarf eine Haushaltshilfe oder einen ambulanten Pflegedienst bezahlt, damit sie in ihrer eigenen Wohnung leben kann und nicht ins Heim muss.

58.3 Der Sozialstaat hilft im Pflegebedarf.

Herr Dieter E. (75 Jahre) und seine Frau Margit (73 Jahre) wollen in der Rente ihr Leben genießen. Beide erhalten eine Altersrente aus der gesetzlichen Rentenversicherung. Die Rente richtet sich nach der Höhe der Beiträge, die sie während ihrer Arbeitszeit in die Rentenversicherung einbezahlt haben.

58.4 Der Sozialstaat hilft im Alter.

Deutschland – ein Sozialstaat

Das Sozialgesetzbuch (SGB)
... umfasst alle Gesetze, die die staatlichen Sozialleistungen regeln. Dazu zählen unter anderem die Unterstützung bei Arbeitslosigkeit, die Kranken-, Unfall-, Pflege- und Rentenversicherung, Wohngeld, Kinder- und Elterngeld, Grundsicherung für Arbeitsuchende, Jugendhilfe und Sozialhilfe. Aber auch die Ausbildungsförderung wird im SGB geregelt.

59.1 Das Sozialgesetzbuch

INFO

Aufgaben des Sozialgesetzbuchs (SGB I, Buch 1, § 1, Abs. 1)
Das Recht des Sozialgesetzbuchs soll zur Verwirklichung sozialer Gerechtigkeit und sozialer Sicherheit Sozialleistungen [...] gestalten. Es soll dazu beitragen,
– ein menschenwürdiges Dasein zu sichern,
– gleiche Voraussetzungen für die freie Entfaltung der Persönlichkeit, insbesondere auch für junge Menschen, zu schaffen,
– die Familie zu schützen und zu fördern,
– den Erwerb des Lebensunterhalts durch eine frei gewählte Tätigkeit zu ermöglichen und
– besondere Belastungen des Lebens, auch durch Hilfe zur Selbsthilfe, abzuwenden oder auszugleichen.

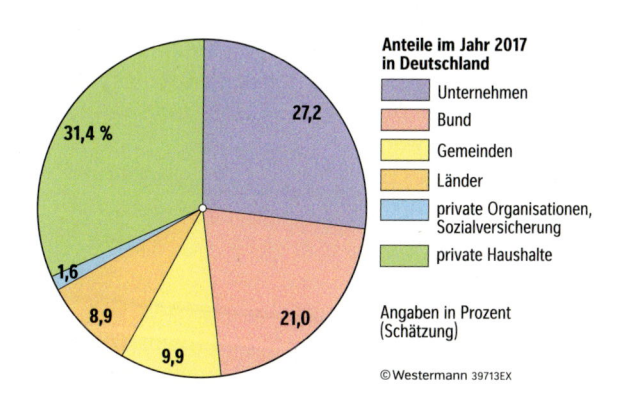

Anteile im Jahr 2017 in Deutschland
- Unternehmen: 27,2
- Bund: 21,0
- Gemeinden: 9,9
- Länder: 8,9
- private Organisationen, Sozialversicherung: 1,6
- private Haushalte: 31,4 %

Angaben in Prozent (Schätzung)

59.2 Wer finanziert den Sozialstaat?

59.3 Das soziale Netz bei Arbeitslosigkeit

AUFGABEN

1. Erkläre, wie die Idee des Sozialstaates entstanden ist.
2. Nenne Bereiche, die durch das Sozialgesetzbuch geregelt sind.
3. Erläutere 58.1 – 58.4 mit eigenen Worten.
4. Werte 59.2 aus.
5. a) Erläutere die Bezeichnung „soziales Netz" (59.3).
   b) Das soziale Netz ist eigentlich ein Buch. Erkläre (59.1).

Der Generationenvertrag

Jeder Arbeiter und Angestellte in Deutschland muss Sozialabgaben leisten. Von diesen Zahlungen wird auch die Rente (Fachbegriff) der älteren Menschen bezahlt, die im Ruhestand sind. Doch durch den demographischen Wandel (Fachbegriff) nimmt der Anteil der älteren Menschen in der Gesellschaft zu. Welche Folgen hat das?

Leona: Du, Opa, du hast mir 50 € zum Geburtstag geschenkt. Hast du gespart? Du verdienst doch gar nichts mehr.
Opa: Ich habe 45 Jahre gearbeitet und jetzt bekomme ich Rente. Da springt schon mal ein Geburtstagsgeschenk raus.
Leona: Und woher kommt das Geld?
Opa: Das bekomme ich vom Staat. Jeder Person, die arbeitet, wird ein kleiner Teil für die Alterssicherung abgezogen. Aus diesem Topf erhalte ich meine Rente.
Leona: Heißt das, dass die jüngeren Menschen, die jetzt arbeiten, die Rente für die Alten zahlen?
Opa: Genau, das Geld für die Rente kommt dadurch zustande, dass jeder Mensch während seines Arbeitslebens einen bestimmten Rentenbeitrag zahlen muss. Bevor man also eine Rente bekommt, zahlt man zunächst selbst ein, um den Menschen, die in Rente sind, ihren Ruhestand zu ermöglichen. Wenn man selbst das Rentenalter erreicht hat, zahlen andere Menschen in die Rentenversicherung ein. Dieses Grundprinzip nennt man Generationenvertrag (61.1). Die Personen, die arbeiten gehen, kommen jeweils für den Lebensunterhalt der älteren Menschen in einer Gesellschaft auf. So wird die Unterstützung der älteren Menschen von einer Generation (Fachbegriff) zur nächsten weitergegeben. Eigentlich ist das aber gar kein echter Vertrag, den alle Menschen unterschrieben haben, sondern vielmehr eine Idee, die bis heute funktioniert.
Leona: War das schon immer so?
Opa: Früher war das noch anders. Da war der Generationenvertrag ein Abkommen innerhalb der Familie. Ihre Mitglieder sorgten füreinander. Die Jüngeren unterstützten alte Familienangehörige, die nicht mehr arbeiten konnten. Eltern sorgten durch Geld, Erziehung und Ausbildung für ihre Kinder. Diese besuchten die Schule und halfen beim Arbeiten. Später versorgten sie dann ihre Eltern, wenn diese zu alt zum Arbeiten waren.

FACHBEGRIFF

Rente
… ist ein regelmäßiger, monatlicher Geldbetrag, den der Staat Menschen überweist, die das Rentenalter erreicht haben.

FACHBEGRIFF

Generation
Eine Generation ist die Gesamtheit aller Personen, die ungefähr das gleiche Alter haben. Ein anderes Wort für Generation ist Altersgruppe.

FACHBEGRIFF

Demographischer Wandel
… beschreibt eine sich ändernde Zusammensetzung der Bevölkerung eines bestimmten Raumes. Häufig fällt dieser Begriff im Zusammenhang mit der überalternden Gesellschaft in Deutschland. Früher bekamen die Menschen viele Kinder. Die Lebenserwartung der Menschen war deutlich geringer als heute. Sie wurden also nicht sehr alt. Deshalb kamen auf einen alten Menschen viele junge Menschen, die ihn im Alter versorgten. Heute bekommen die Menschen wenige Kinder und die Lebenserwartung ist deutlich höher als früher. Auf einen alten Menschen kommen somit immer weniger junge Menschen. Die Versorgung der älteren Personen gerät in Gefahr.

Deutschland – ein Sozialstaat

Der Generationenvertrag wankt

Die Menschen in Deutschland werden immer älter. Dafür gibt es mehrere Ursachen. Die Hauptgründe: steigender Wohlstand, medizinischer Fortschritt, meist bessere Arbeitsbedingungen, eine gesündere Lebensweise, staatliche Fürsorge, verbesserte Hygiene und ein höheres Bildungsniveau.

Im Jahr 1900 lag die Lebenserwartung eines Neugeborenen in Deutschland bei etwa 45 Jahren. Kinder, die 2019 geboren wurden, erreichen statistisch ein Alter von etwa 82 Jahren. Von 1900 bis 2019 sank die durchschnittliche Anzahl der Kinder pro Frau in Deutschland von 4,1 auf 1,57. Somit erhöht sich die Zahl der Rentner, während die Anzahl der Erwerbstätigen, die in die Rentenkasse einzahlen, geringer wird (61.2).

Schon heute ist absehbar, dass die gesetzliche Rente in den kommenden Jahrzehnten für Millionen Deutsche nicht mehr ausreichen wird, um im Alter den gewohnten Lebensstil zu finanzieren.

Politik und Regierung reagierten bislang mit verschiedenen Maßnahmen auf den sich abzeichnenden Wandel: Zum einen wurde das Renteneintrittsalter schrittweise erhöht. Zum anderen wurden die Zahlungen aus der gesetzlichen Rentenversicherung für kommende Rentnergenerationen deutlich abgesenkt. Nicht zuletzt wurden die Arbeitnehmer aufgefordert, zusätzlich zur Zahlung ihrer Rentenversicherungsbeiträge privat vorzusorgen, also für das Alter zu sparen. Es wird auch darüber diskutiert, die zusätzliche private Vorsorge für alle Erwerbstätigen zur Pflicht zu machen.

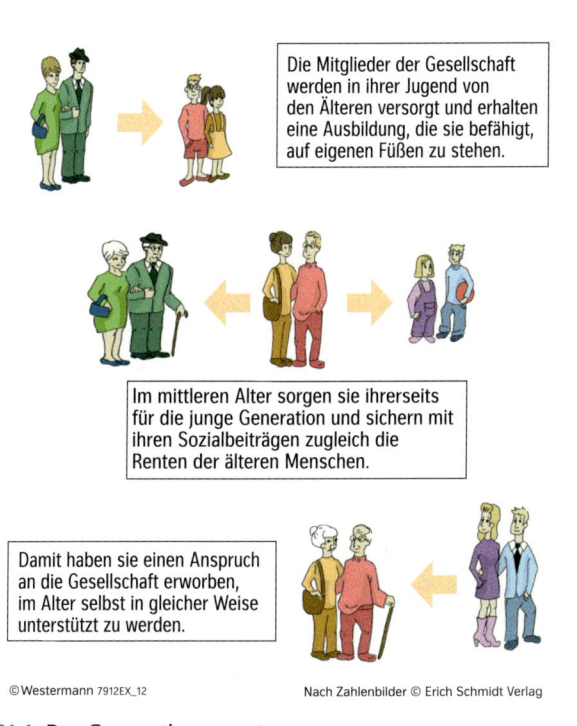

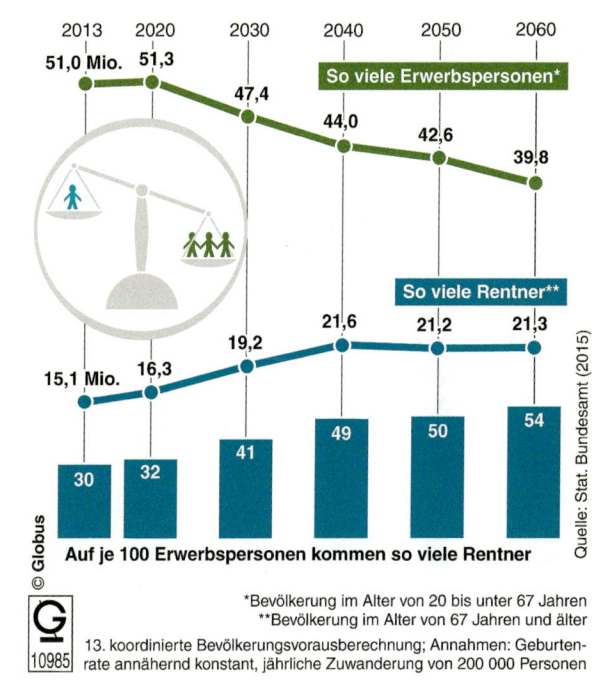

61.1 Der Generationenvertrag

61.2 Der Generationenvertrag ist in Gefahr.

AUFGABEN

1. Erkläre, woher das Geld für die staatliche Rentenzahlung kommt.
2. Erläutere, wie der Generationenvertrag früher funktionierte und wie er heute organisiert ist.
3. Erläutere die Bedeutung des Generationenvertrages.
4. „Der Generationenvertrag wankt." Erkläre diese Aussage (Text, 61.2).
5. Erläutere, warum Politiker fordern, dass Arbeitnehmer in Deutschland private Rentenversicherungen abschließen sollen, obwohl sie schon in die gesetzliche Rentenversicherung einzahlen.

Der Sozialstaat unterstützt auch Kinder und Jugendliche

Der Sozialstaat unterstützt nicht nur Rentner, Kranke und Menschen, die von Arbeitslosigkeit betroffen sind. Auch ihr profitiert häufig von den Leistungen des Sozialstaates. Die verschiedenen Leistungen des Sozialstaates für Bildung und Teilhabe (Fachbegriff) helfen, den Bedarf (Fachbegriff) Kinder und Jugendlicher und junger Erwachsener bis 25 Jahre zu sichern. Mit diesen Leistungen kann ein Kind zum Beispiel Angebote in Schule und Freizeit nutzen. Diese Leistungen des Sozialstaates sind kein Geschenk, sondern das Recht des Betroffenen.

62.1 Leistungen des Sozialstaates im Bereich Bildung und Teilhabe

Jenny (32):
„Ich bin alleinerziehend und muss auf das Geld achten. Ich habe zwei Kinder, eins in der zweiten und eins in der vierten Klasse. Ich bekomme pro Schuljahr einen Zuschuss von 100 Euro pro Kind für den Schulbedarf. Mit dem Zuschuss kann ich jedem die Ausstattung für die Schule kaufen, zum Beispiel Sportzeug, Stifte, Füller, Hefte, Taschenrechner oder Bastelmaterial. Wenn ein neuer Ranzen gekauft werden muss, reicht das Geld nicht aus."

Jonas (15):
„Ich besuche die neunte Klasse der Mittelschule. Mein Papa ist arbeitslos geworden. Das Geld ist zurzeit sehr knapp. Und ausgerechnet dieses Halbjahr steht eine Klassenfahrt an. Die Kosten für mich erhält die Schule vom Staat. Ich bin sehr froh darüber, dass ich mitfahren kann. Mein Bruder spielt Fußball im Verein. Den Vereinsbeitrag muss meine Mutter nicht bezahlen. Das Geld bekommt der Verein direkt vom Staat."

Klara (14):
„Ich weiß aber noch nicht genau, welcher Beruf für mich geeignet ist. Die Berufsberatung bei der Arbeitsagentur ist kostenlos. Meine Berufsberaterin hat sich viel Zeit für mich genommen. Sie meinte auch, dass ich Betriebspraktika oder ein Berufsorientierungscamp besuchen könnte. Es gibt aber noch mehr Maßnahmen. Die wichtigste war aber das persönliche Gespräch. Später kann ich auch Angebote zur Weiterbildung oder Umschulung kostenlos nutzen."

62.2 Der Sozialstaat unterstützt junge Menschen – Beispiele.

FACHBEGRIFF

Teilhabe
… bedeutet, dass Menschen aktiv am politischen, kulturellen und sozialen Leben eines Landes teilnehmen. Der Sozialstaat trägt dazu bei, die Teilhabe möglichst allen Menschen zu ermöglichen.

FACHBEGRIFF

Bedarf (im Sozialrecht)
… sind Mittel zur Befriedigung von Bedürfnissen, auf die ein Hilfebedürftiger einen Anspruch gegenüber dem Staat hat. Dazu zählen z. B. Wohnraum, Heizung, Geld für Essen, ärztliche Hilfe und Teilhabe.

Deutschland – ein Sozialstaat

A

Trio-Arbeitsweise: Einen Podcast zur Altersvorsorge erstellen

Ein Podcast ist ein von dir geschriebener Text, den du mit einem Smartphone oder einem Tablet aufnimmst. Dazu benutzt du die Diktierfunktion des Aufnahmegerätes. Den aufgenommenen Text kannst du ganz einfach deinen Mitschülerinnen und Mitschülern zur Verfügung stellen. Folgende Tipps helfen dir, einen Podcast zu erstellen.

1. Schritt: Technische Vorbereitung
- Mache dich mit der Diktierfunktion deines Smartphones oder Tablets vertraut.
- Teste mit Textbeispielen die Aufnahme- und Stoppfunktion.
- Achte auf den richtigen Abstand zwischen dir und dem Aufnahmegerät.

2. Schritt: Sammle Informationen zum Thema
Sammle stichpunktartig die Informationen, die du für deinen Podcast brauchst (Mindmap, Tabelle …).

Sozialabgaben, Rentenversicherung, Krankenversicherung, Generationenvertrag

3. Schritt: Erstelle einen Text
- Erstelle aus den Stichpunkten einen zusammenhängenden Text, den du als Podcast aufnehmen kannst.
- Notiere den Text handschriftlich oder mit dem PC.
- Erkläre Fremdwörter, verfasse kurze Sätze.
- Unterstreiche Wörter, die du besonders betonen möchtest.

Im Folgenden will ich euch erklären, warum auch wir schon an eine Altersvorsorge denken sollten. Sicher wundert ihr euch, warum vom Bruttolohn so viel abgezogen wird. Das hat verschiedene Gründe. …

4. Schritt: Nimm den Podcast auf
- Suche dir einen ruhigen Raum.
- Lies langsam und deutlich.
- Prüfe, ob die Aufnahme verständlich ist.
- Überarbeite den Text, falls dir das Einsprechen schwerfällt (falls z. B. Sätze noch zu lang sind).
- Beachte: Selten ist die erste Aufnahme perfekt!

5. Schritt: Präsentiere deinen Podcast
- Spiele den Podcast der Klasse vor.
- Lasse dich von der Klasse beraten.
- Bereite Fragen zum Podcast für die Klasse vor (Fragen – richtig oder falsch?, Ankreuzfragen …).

Tipp: Sammeln der Podcasts
- Legt eine Datenbank an, auf der ihr alle Podcasts sammelt.
- Die Dateien lassen sich problemlos auf dem Handy speichern.
- So kann man „jederzeit" und „überall" den Lernstoff hören und sich einmal anders auf einen Test oder eine Probe vorbereiten.

AUFGABEN

1. Beschreibe, wie der Sozialstaat Kinder und Jugendliche unterstützt.
2. Begründe, warum der Sozialstaat umfangreiche Hilfen im Bereich Bildung und Teilhabe leistet.
3. Erstelle einen Podcast, der erklärt, wie der Sozialstaat funktioniert. Beziehe dazu die vorherigen Seiten ein.

Armut – ein schwieriger Begriff

Sehr viele Menschen in Deutschland denken beim Begriff Armut zuerst an die große Armut, unter der viele Menschen in Entwicklungsländern leiden. Die menschlichen Grundbedürfnisse (Fachbegriff) werden dort oft nicht befriedigt. In Deutschland gibt es eine andere Form der Armut. Was sind ihre Merkmale?

Was ist Armut?

Armut zu definieren ist schwierig. Internationale Organisationen nutzen dafür oft das Einkommen eines Menschen. Hinzu kommen Definitionen, die Armut unterscheiden in absolute und relative Armut. Absolute Armut bedeutet, dass jemand gerade einmal das Nötigste zum Überleben hat. Die Grundbedürfnisse der Betroffenen werden nicht befriedigt. Dieses Form der Armut ist typisch für arme Menschen in Entwicklungsländern.

FACHBEGRIFF

Grundbedürfnisse
Die Menschen brauchen für die Bewältigung des Lebens bestimmte Voraussetzungen: Dazu zählt die Befriedigung grundlegender Bedürfnisse wie Wohnen, Kleidung, Zugang zu Nahrung und Trinkwasser oder ärztliche Versorgung. Aber auch Arbeiten, Bildung, mobil zu sein, die Erholung und in Gemeinschaft zu leben sind Grundbedürfnisse.

Die Armut in Deutschland ist anders. Sie wird als relative Armut bezeichnet. Relativ bedeutet vergleichend. Wer von relativer Armut betroffen ist, hat im Vergleich zum Großteil der Bevölkerung ein geringeres Einkommen. Die grundlegenden Bedürfnisse wie Wohnen, Kleidung, Bildung oder ärztliche Versorgung sind gewährleistet. Die staatlichen Leistungen, die im Sozialgesetzbuch stehen, garantieren das (siehe S. 59).

Die Sozialleistungen bzw. die Einkommen reichen kaum aus. Der Lebensstandard der Betroffenen ist geringer als der der Mehrheit der Bevölkerung. Ihre Grundbedürfnisse können nur auf einem niedrigen Niveau befriedigt werden. Die Folgeprobleme sind schlechtere Zukunftschancen und weniger Möglichkeiten, am gesellschaftlichen Leben teilzuhaben. Der Sozialstaat versucht, diese Nachteile auszugleichen (siehe S. 62).

Diese Form der Armut ist typisch für Industrieländer. Seit den 1980er-Jahren hat sie sich laufend verstärkt. Deshalb wird sie auch als „Neue Armut" bezeichnet.

Anteil der Personen in Deutschland, die mit **weniger als 60 Prozent des mittleren Einkommens der Gesamtbevölkerung** auskommen müssen, in Prozent (= Armutsgefährdungsquote)

Jahr	in %
2005	12,2
2007	15,2
2009	15,5
2011	15,8
2013	16,1
2015	16,7

Armutsgefährdungsquote 2015
in diesen Haushalten:

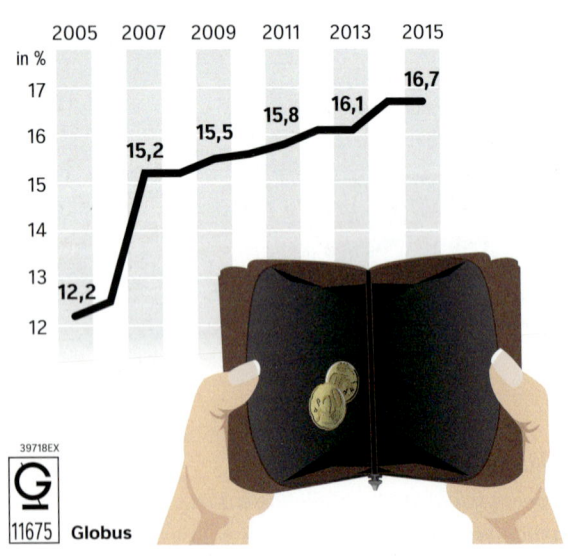

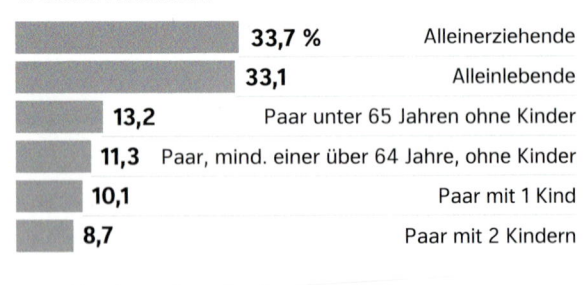

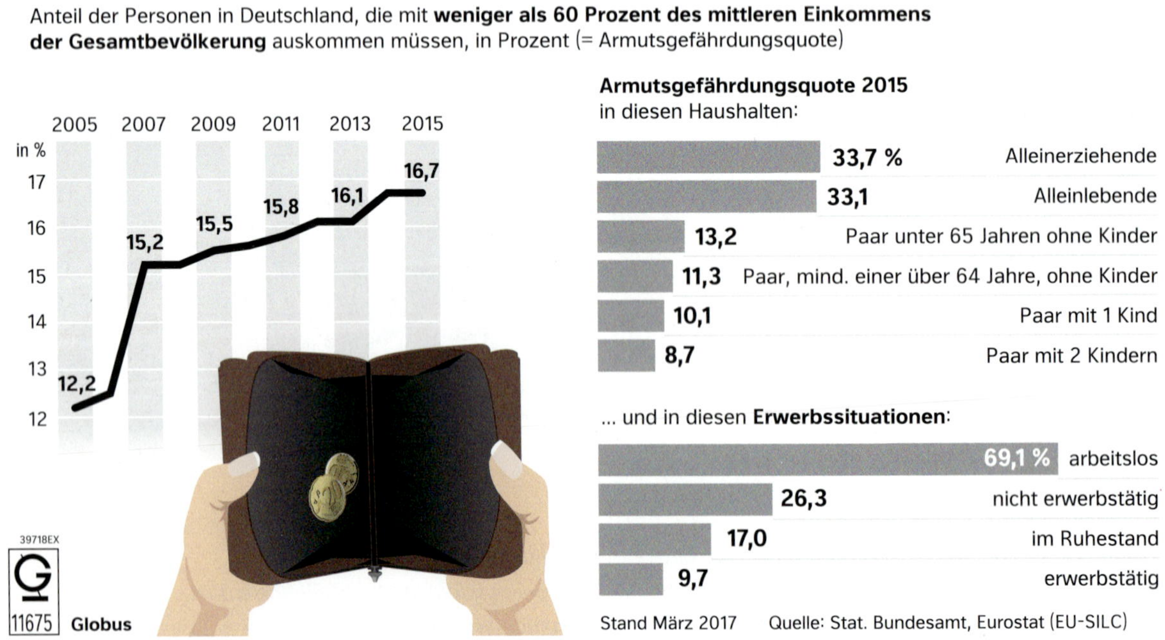

%	
33,7 %	Alleinerziehende
33,1	Alleinlebende
13,2	Paar unter 65 Jahren ohne Kinder
11,3	Paar, mind. einer über 64 Jahre, ohne Kinder
10,1	Paar mit 1 Kind
8,7	Paar mit 2 Kindern

... und in diesen **Erwerbssituationen**:

%	
69,1 %	arbeitslos
26,3	nicht erwerbstätig
17,0	im Ruhestand
9,7	erwerbstätig

Stand März 2017 Quelle: Stat. Bundesamt, Eurostat (EU-SILC)

64.1 Armutsgefährdung

Deutschland – ein Sozialstaat

Die Zivilgesellschaft unterstützt den Staat – das Beispiel der Tafeln

Die Tafeln in Deutschland sammeln Lebensmittel und geben sie an Bedürftige weiter. Sie sind Teil der Zivilgesellschaft (Fachbegriff).
Im Jahr 1993 wurde die erste Tafel in Deutschland gegründet. Inzwischen gibt es über 900 Tafeln (65.1) und 60 000 überwiegend ehrenamtliche Unterstützer arbeiten täglich daran, eine Brücke zwischen Überfluss und Mangel zu bauen. Die Tafeln haben sich seit Beginn ihrer Arbeit der Lebensmittelrettung und der Linderung von Armut verschrieben.

Die Tafeln werden durch Wohlfahrtsverbände unterstützt. Das sind zum Beispiel Arbeiterwohlfahrt, Caritas, das Deutsche Rote Kreuz und die Diakonie. Sie tragen mit ihren Angeboten, Diensten und Einrichtungen dazu bei, von Armut betroffene Menschen zu unterstützen. Unter Freier Wohlfahrtspflege werden alle Dienste und Einrichtungen verstanden, die sich in organisierter Form im sozialen Bereich und im Gesundheitswesen betätigen. Die Freie Wohlfahrtspflege wird vom Staat unterstützt.

Frage: Frau Riedl, wie helfen Sie den Menschen?
Frau Riedl: Wir geben im Einzelhandel übrig gebliebene Lebensmittel an Bedürftige weiter. Nahezu alle Lebensmittelgeschäfte im Umkreis, ob Discounter oder kleinere Lebensmittelläden, helfen uns. Es ist wichtig zu sagen, dass alle Produkte einwandfrei und noch nicht abgelaufen sind.
Frage: Wer kommt denn zu Ihnen?
Frau Riedl: Alle Altersgruppen. Alte Menschen, die nur eine kleine Rente bekommen, und viele jüngere, arbeitslose Menschen, die staatliche Hilfen beziehen. Aber auch Alleinerziehende und Migranten. Wir haben viele Stammkunden, die schon seit Jahren zu uns kommen.
Frage: Wie viel kostet denn der Einkauf bei Ihnen?
Frau Riedl: Pro Einkaufskorb verlangen wir zwei Euro, egal wie groß die Familie ist. Die Berechtigung erhält unsere Kundschaft vom Landratsamt.
Frage: Wofür verwenden Sie das Geld?
Frau Riedl: Das verwenden wir für die Finanzierung unseres Fahrzeuges, mit dem wir auch zwei Außenstellen beliefern. Deshalb bin ich ja auch weiteren ehrenamtlichen Mitarbeitern sowie unseren Unterstützern und Spendern sehr dankbar. Ohne deren Hilfe wäre unsere Tafel nicht machbar. Staatliche Unterstützung bekommen wir nicht.

65.1 Die Tafeln helfen – Interview mit Frau Anni Riedl, ehrenamtliche Helferin der Tafel Mitterteich.

FACHBEGRIFF

Zivilgesellschaft
Unter dem Begriff Zivilgesellschaft fasst man alle freiwilligen Zusammenschlüsse von Menschen und Organisationen zusammen, die sich für ein Ziel einsetzen, das dem Allgemeinwohl dient. Das sind zum Beispiel Vereine, die armen Menschen helfen oder die sich für den Kinder-, Umwelt- oder Tierschutz einsetzen. Die Zivilgesellschaft handelt unabhängig vom Staat oder der Privatwirtschaft.

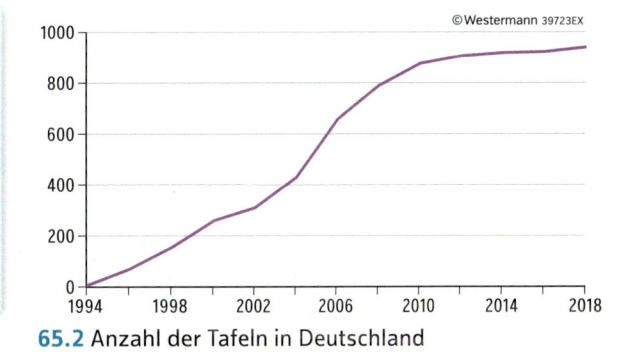

65.2 Anzahl der Tafeln in Deutschland

AUFGABEN

1. a) Erkläre den Unterschied zwischen absoluter Armut und relativer Armut.
   b) Ordne die Aussage „Armut im Reichtum" der absoluten Armut oder der relativen Armut zu. Begründe deine Zuordnung.
2. a) Erkläre, warum die Tafeln zur Zivilgesellschaft gehören (Fachbegriff, 65.1).
   b) Schildere Aufgaben und Funktion der Tafel.
3. Beschreibe in eigenen Worten, wie die Tafel den Menschen hilft.
4. Trotz des sozialen Netzes (siehe S. 58/59) gibt es Organisationen wie die Tafel. Diskutiert diese Feststellung.

Trio-Kompakt: Deutschland – ein Sozialstaat

Die Sozialabgaben
a) Erkläre, welche Sozialversicherungsbeiträge (Sozialabgaben) geleistet werden müssen und wofür diese Beiträge verwendet werden.
b) Gib wieder, wer Sozialversicherungsbeiträge bezahlen muss.
c) Stelle den Unterschied zwischen Bruttolohn und Nettolohn dar.

Wichtige Begriffe
a) Ordne die Fachbegriffe (gelbe Kästchen) den blauen Überschriften zu.
b) Überprüfe, welche Fachbegriffe du nicht erklären kannst. Lies diese auf den entsprechenden Seiten in diesem Kapitel noch einmal nach.

- Das erste Gehalt • Der Generationenvertrag
- Der Sozialstaat unterstützt auch Kinder und Jugendliche • Armut – ein schwieriger Begriff

- demographischer Wandel
- Grundbedürfnisse
- Generation
- Bedarf
- Rente
- Teilhabe
- Zivilgesellschaft
- Sozialversicherungsbeiträge

Karikatur
a) Werte die Karikatur aus.
b) Zu welchem Thema in diesem Kapitel passt sie? Begründe.

Der deutsche Rentenzahler 2050 — Horst Haitzinger

Deutschland – ein Sozialstaat

Offenes Arbeiten

Hier beschäftigst du dich selbstständig mit einem Thema des Kapitels. Wie du das Ergebnis darstellst, entscheidest du.

> **In diesem Kapitel hast du gelernt, ...**
> - dass jeder einen Beitrag zum Sozialstaat leistet.
> - wie der Sozialstaat für jeden einzelnen Bürger sorgt.
> - dass der Sozialstaat vor Herausforderungen steht.

1. Wähle eine der Aussagen oben aus.
2. Notiere dazu Begriffe und Gedanken.
3. Was gehört zusammen? Ordne.
4. Erstelle daraus: Mindmap, Bild, Skizze, Text, Plakat, Tabelle oder wähle eine andere Darstellungsform.
5. Vergleicht und ergänzt eure Ergebnisse.
6. Schau auf die Schritte 1 bis 5 zurück. Wo hattest du Schwierigkeiten? Was ist dir gut gelungen?

Prüfe dich nun selbst! Du kannst ...

- ✓ ... die Sozialversicherungsbeiträge nennen und erläutern, wofür sie genutzt werden (S. 56 – 59).
- ✓ ... die Bedeutung des Sozialgesetzbuches (SGB) für die Bürger erläutern (S. 59, 62).
- ✓ ... erklären, was unter dem Generationenvertrag zu verstehen ist und begründen, warum er in Gefahr ist (S. 60/61).
- ✓ ... den Begriff Armut in seinen unterschiedlichen Formen erläutern (S. 64).
- ✓ ... die Bedeutung von zivilgesellschaftlichen Organisationen für die Gesellschaft bewerten (S. 65).

Die Zeit des Nationalsozialismus

68.1 Reichstagswahl und Abstimmung im Großdeutschen Reichstag über den Anschluss Österreichs (10.4.1938)

In diesem Kapitel erfährst du, ...
- wie die Nationalsozialisten ihre Macht sicherten.
- dass die Nationalsozialisten Millionen Menschen ermordeten.
- dass mutige Menschen Widerstand leisteten.
- dass Deutschland einen Weltkrieg begann.

Die Zeit des Nationalsozialismus in Deutschland

Während der Novemberrevolution 1918 wurde der letzte deutsche Kaiser gestürzt. Mit der Weimarer Republik entstand die erste Demokratie in Deutschland. Vor allem wirtschaftliche Probleme führten dazu, dass die Mehrheit der Bevölkerung immer unzufriedener wurde. Das nutzte der Führer der NSDAP, Adolf Hitler, aus und riss die Macht an sich. Damit begann eine Zeit, die oft als das „dunkelste Kapitel der deutschen Geschichte" bezeichnet wird.

30.1.1933
Hitler wird Reichskanzler in Deutschland, dadurch übernahmen die Nationalsozialisten die Macht in Deutschland.

27./28.2.1933
Der Reichstag brennt. Hitler behauptete, die Kommunisten seien schuld. Er erließ „Notverordnungen" und setzte die Grundrechte außer Kraft.

12.3.1938
Der Anschluss Österreichs an das Deutsche Reich sorgte bei vielen Österreichern für Jubel.

1933 bis 1945 – Zeit des

1933 1934 1935 1936 1937 1938

1.4.1933
Boykott jüdischer Geschäfte

13.3.1933
erstes Konzentrationslager in Bayern bei Dachau

15.9.1935
„Nürnberger Gesetze": Ausschluss jüdischer Bürger aus der Gesellschaft

9.11.1938
„Reichskristallnacht" Zerstörung von Synagogen und jüdischen Geschäften

FACHBEGRIFF

Drittes Reich

Die Nationalsozialisten bezeichneten das nationalsozialistische Deutschland auch als „Drittes Reich". In dieser Zählung war das „Erstes Reich" das „Heilige Römische Reich Deutscher Nation" (962–1806), das „Zweite Reich" umfasste das „Deutsche Kaiserreich" (1871–1918). Ab 1939 wurde auf Anweisung Hitlers der Begriff „Großdeutsches Reich" statt „Drittes Reich" benutzt. Die Nationalsozialisten sprachen auch vom „Tausendjährigen Reich".
Auch heute noch wird der Begriff „Drittes Reich" für die Zeit der nationalsozialistischen Herrschaft in Deutschland verwendet.

Die Zeit des Nationalsozialismus

1.9.1939
Überfall auf Polen, Ausbruch des Zweiten Weltkrieges

Dezember 1941
Kriegseintritt der USA

Winter 1942/43
Niederlage der 6. Armee in Stalingrad

6.6.1944
Landung der alliierten Truppen in Nordfrankreich

8.5.1945
bedingungslose Kapitulation Deutschlands

6. und 9.8.1945
Atombomben auf Japan; am 2.9.1945 Ende des Zweiten Weltkrieges

1939 bis 1945 – Zweiter Weltkrieg

Nationalsozialismus in Deutschland

1939 — 1940 — 1941 — 1942 — 1943 — 1944 — 1945

1.9.1941
Anweisung, dass Judensterne „sichtbar auf der linken Brustseite zu tragen" sind

20.1.1942
„Wannsee-Konferenz": Beschluss zur Massenvernichtung der Juden Europas

20.7.1944
Attentat auf Hitler durch Stauffenberg und andere

27.1.1945
Befreiung des Vernichtungslagers Auschwitz-Birkenau durch die sowjetische Armee (Rote Armee)

AUFGABEN

1. Berechne, wie lange die Herrschaft der Nationalsozialisten in Deutschland gedauert hat.
2. Erkläre anhand der Ereignisse in der Zeitleiste, warum die Zeit des Nationalsozialismus oft als das „dunkelste Kapitel der deutschen Geschichte" bezeichnet wird.
3. Betrachte die Auswahl der Ereignisse in der oberen und in der unteren Reihe der Zeitleiste.
    a) Beschreibe, was dir auffällt.
    b) Erkläre die thematische Trennung.

Die Machtergreifung der Nationalsozialisten

Am 23.3.1933 trat das deutsche Parlament ein letztes Mal zusammen, bevor es entmachtet wurde. Unter Drohungen und Einschüchterungen der Nationalsozialisten wurde über das „Ermächtigungsgesetz" abgestimmt. Die Rede des SPD-Politikers Otto Wels (72.2) war für lange Zeit das letzte öffentliche Bekenntnis zur Demokratie in Deutschland.

Hitler kam an die Macht

Am 30.1.1933 wurde Adolf Hitler zum Reichskanzler ernannt. Bereits am 1.2.1933 löste er das Parlament auf. Daraufhin wurden Neuwahlen angesetzt.
Eine Woche vor dieser Wahl, am 27.2.1933, brannte der Reichstag in Berlin (72.1). Die Nationalsozialisten machten dafür einen Kommunisten verantwortlich, der rechtsstaatswidrig zum Tode verurteilt wurde. In der folgenden Woche trat die „Reichstagsbrandverordnung" (73.3) in Kraft, mit der man die Grundrechte im Deutschen Reich weitgehend ausschaltete. Die SA (Fachbegriff) verschleppte über 10 000 Mitglieder der SPD und der KPD. Nur wenige Bürger protestierten dagegen.
Am 23.3.1933 stimmte der Reichstag unter dem Druck der Nationalsozialisten dem „Ermächtigungsgesetz" zu. Die KPD-Abgeordneten durften nicht an der Abstimmung teilnehmen. Das Gesetz hob die Gewaltenteilung auf. Hitler hatte die uneingeschränkte Macht.

72.1 Reichstagsbrand am 27.2.1933

> Noch niemals, seit es einen Deutschen Reichstag gibt, wurden die gewählten Vertreter des Volkes so in ihrer politischen Arbeit eingeschränkt wie jetzt. Sie können die öffentlichen Angelegenheiten kaum noch kontrollieren. Das neue Ermächtigungsgesetz wird diesen Zustand noch verschlimmern. Die Allmacht der Regierung wirkt sich umso schwerer aus, da auch die Presse in ihrer Arbeit behindert wird.

72.2 Otto Wels´ Rede am 23.3.1933 (Text vereinfacht, Foto von 1932)

FACHBEGRIFF

SA (Sturmabteilung)
Die SA wurde bereits 1921 gegründet und war eine militärisch organisierte Abteilung der NSDAP. Dieser Kampfverband war als Schlägertrupp gefürchtet und spielte beim Aufstieg der NSDAP eine wichtige Rolle. 1934 gehörten dieser Massenorganisation etwa 4,5 Mio. Mitglieder an.
Die SA verlor in der Folge zugunsten der SS immer mehr an Bedeutung im Dritten Reich. Dennoch blieb sie bis 1945 erhalten.

FACHBEGRIFF

SS (Schutzstaffel)
Die SS entwickelte sich 1925 aus der SA und war die Elite- und Terroreinheit im Dritten Reich. In der Geheimen Staatspolizei (Gestapo) waren nur SS-Angehörige. Die SS war Adolf Hitler treu ergeben und sicherte seine Macht. Sie war für die Verfolgung und Vernichtung politischer Gegner und aller „Feinde" des NS-Regimes verantwortlich. Die SS stellte auch die Leibgarde Hitlers und leitete die Konzentrations- und Vernichtungslager. Im Zweiten Weltkrieg übernahmen SS-Einheiten auch militärische Aufgaben.

Die Zeit des Nationalsozialismus

73.1 Verhaftung kommunistischer Politiker durch die SA in Berlin am 23.3.1933

73.2 Die SA rückte als „Saalschutz" in das Gebäude ein, in dem die letzte Sitzung des Parlaments stattfand (23.3.1933).

Ab August 1934: Hitler ist nun Führer des Deutschen Reiches und Volkes (alleiniger Gesetzgeber, Chef der Wehrmacht, oberster Richter).	
August 1934: Tod Hindenburgs	Nach dem Tod des Reichspräsidenten übernahm Hitler auch dieses Amt; von nun an war er „Führer des Deutschen Reiches und Volkes".
Juli 1933: Gesetz gegen die Neubildung von Parteien	Es gab danach nur noch eine Partei im Deutschen Reich: die NSDAP.
Juni 1933: Verbot anderer Parteien	Auflösung aller Parteien außer der NSDAP
Mai 1933: Verbot der Gewerkschaften	Führende Gewerkschafter wurden verhaftet. Gründung der Deutschen Arbeitsfront, die mit der NSDAP verbunden war.
April 1933: Gesetz zur Gleichschaltung der Länder mit dem Reich	Die Landtage wurden aufgelöst. Politisch andersdenkende Beamte wurden entlassen. Alle Entscheidungen wurden nun von Berlin aus getroffen.
März 1933: Notverordnung und Ermächtigungsgesetz	Mit der „Notverordnung zum Schutz von Volk und Staat" (Reichstagsbrandverordnung) wurden alle Grundrechte (z. B. Meinungsfreiheit, Versammlungsfreiheit, Pressefreiheit) außer Kraft gesetzt; Terror der NSDAP gegen Feinde ihrer Politik. Das „Ermächtigungsgesetz" erlaubte es Hitler, ohne den Reichstag Gesetze zu beschließen (Aufhebung der Gewaltenteilung).
Januar 1933: Hitler wird Reichskanzler.	Auflösung des Reichstags und Neuwahlen, bei denen die NSDAP die absolute Mehrheit anstrebte, was ihr jedoch nicht gelang.

73.3 Hitler auf dem Weg zur absoluten Macht: Gegenüberstellung von Ereignis und dessen Folge

AUFGABEN

1. Nenne Gründe, warum die Weimarer Republik scheiterte (siehe S. 18/19).
2. Erläutere, wie Hitler den Brand des Reichstages (72.1) für seine Ziele nutzte.
3. Beschreibe die Stufen auf dem Weg zur Diktatur (73.3). Warum gelang es den Nazis, diesen Weg zu gehen?
4. Begründet welche der Stufen (73.3) für die vollständige Machtübernahme am wichtigsten war.
5. Stelle dir vor, du bist ein Politiker der SPD. Verfasse einen Brief, in dem du die Auswirkungen der Machtübernahme der Nationalsozialisten auf dein (politisches) Leben beschreibst.

Hitler festigte seine Macht

Durch die Reichstagsbrandverordnung und das Ermächtigungsgesetz hatte Hitler die alleinige politische Macht in Deutschland übernommen. Um diese Macht dauerhaft zu sichern, wurden weitere Maßnahmen ergriffen. So wurden alle Bereiche des politischen, wirtschaftlichen und gesellschaftlichen Lebens auf die Ziele der NSDAP ausgerichtet. Wie gingen Hitler und die NSDAP dabei vor?

Parteienverbot
Im Juli 1933 lösten sich die Parteien auf. Am 14.7.1933 verkündete die Reichsregierung: „In Deutschland besteht als einzige politische Partei die Nationalsozialistische Deutsche Arbeiterpartei".

Verbot der Gewerkschaften
Am 2.5.1933 wurden alle Gewerkschaften verboten. Nun gehörten alle Arbeiter der nationalsozialistischen „Deutschen Arbeitsfront" (DAF) an. Durch diese Zwangsorganisation war nun kein Streik der Arbeiter mehr möglich.

Auflösung der Länder
Alle 18 Länder der Weimarer Republik wurden im Januar 1934 aufgelöst. Nun wurde Deutschland von Berlin aus zentral verwaltet und regiert.

Verbot der freien Presse
Alle Zeitungen und Bücher, die den Nationalsozialisten nicht gefielen, wurden verboten. Es gab nur noch Zeitungen, die kontrolliert die Informationen der Nationalsozialisten verbreiteten.

Verflechtung von Staat und Partei
Die NSDAP kontrollierte alle Bereiche des Staates (75.2). Alle wichtigen Ämter wurden von deren Mitgliedern besetzt. Die Partei besitzt die gesamte Macht im Staat, es gibt keine Gewaltenteilung.

Anpassung von Kunst und Literatur
Die Werke vieler Künstler und Autoren wurden verboten, weil sie nicht zum Idealbild der Nationalsozialisten passten: ein kräftiger Mensch, der sich willenlos in die Volksgemeinschaft einordnet. Die Einhaltung wurde durch die Reichskulturkammer überwacht, der jeder Künstler angehören musste.

FACHBEGRIFF

Gleichschaltung
Alle Einrichtungen des Staates wurden auf Hitler und die NSDAP ausgerichtet. Unabhängige Organisationen wurden verboten. Wo Vielfalt herrschte, wurde nun alles von der Führung vorgegeben. Jeder Bürger und alle Organisationen mussten sich dem nationalsozialistischen System unterordnen. Die Gewaltenteilung wurde aufgehoben und alle Macht lag bei Hitler und der NSDAP.

INFO

Nazisymbolik
Rechtsextreme in vielen Ländern der Welt gebrauchen dieselben Zeichen (z. B. Hakenkreuz), Gesten (Hitlergruß) oder Zahlencodes. Dies führt zu einem schnellen Wiedererkennen von Codes und damit derselben rechtsgerichteten Denkweise. In Deutschland steht ein Gebrauch solcher Abzeichen oder Gesten in der Öffentlichkeit unter Strafe. In einigen Ländern darf ein Hakenkreuz öffentlich getragen werden.

Die Zeit des Nationalsozialismus

75.1 Bücherverbrennung am 10.5.1933 in Berlin

„Die Gleichschaltung [...] ist die revolutionäre Umgestaltung des Staates, der Republik, der Partei, der Interessensverbände. [...] Das sind die Konturen eines Zustandes, der einmal der Normalzustand in Deutschland sein wird, dass es in Deutschland nur eine Meinung, eine Partei, eine Überzeugung gibt, dass diese Meinung, dieses Volk, diese Überzeugung sich nicht gegen den Staat richten darf, dass der Staat die oberste Organisation des öffentlichen wie des privaten Lebens ist, [...].
Wir müssen hinter unsere Idee das ganze Volk stellen. [...] Wir werden erst zufrieden sein, wenn wir das Volk besitzen."
(Quelle: Josef Becker / Ruth Becker (Hrsg.): Hitlers Machtergreifung 1933. Deutscher Taschenbuch Verlag, München 1983, 340f.)

75.2 Aus einer Rede des Reichspropagandaministers Goebbels vom 12.6.1933

Folgen der Gleichschaltung

Das Verbot von unabhängigen Organisationen sorgte dafür, dass es öffentlich keine andere Meinung gab als die der Nationalsozialisten. Durch die Gleichschaltung (Fachbegriff, S. 74) durchdrang die Ideologie der Nationalsozialisten den ganzen Staat. Jeder Einzelne war damit permanent konfrontiert. Dadurch schaffte es Hitler, dass der Großteil der Deutschen ihm bedingungslos folgte. Durch die verpflichtende Mitgliedschaft der Kinder, Jugendlichen und Erwachsenen in nationalsozialistischen Organisationen wurde sichergestellt, dass niemand der Gleichschaltung entkam.
Bereits ab 1933 wehten in allen deutschen Städten massenhaft Hakenkreuzfahnen. Der Hitlergruß, verbunden mit „Heil Hitler!", wurde zum üblichen Gruß. Wer diesen Gruß verweigerte, machte sich verdächtig und musste mit Konsequenzen rechnen.

AUFGABEN

1. a) Zähle die wichtigsten Bausteine bei der Gleichschaltung auf.
   b) Beschreibe den Begriff „Gleichschaltung" mit eigenen Worten.
   c) Vervollständige folgenden Satzanfang: „Die Gleichschaltung festigte Adolf Hitlers Macht, weil ... ."
2. Arbeite anhand der Rede 75.2 die Ziele der Gleichschaltung heraus.
3. Diskutiert, welche Auswirkungen Gleichschaltung auf das Leben der Bürger hat.

76.1 Propagandaveranstaltung der NSDAP

Weltanschauung des Nationalsozialismus

Die Sicht der Nationalsozialisten auf die Welt war sehr einfach: Wer nicht für sie war, war gegen sie und damit ein Feind. Wer sich ihnen aber anschloss, profitierte davon. Viele Deutsche ließen sich darauf ein, andere leisteten Widerstand. Wie aber gelang es Hitler und seiner Partei schließlich, die Mehrheit für ihre Ziele zu gewinnen?

Die Bevölkerung wird manipuliert

Nach der Machtergreifung in Deutschland und der Beseitigung aller demokratischen Einrichtungen gingen die Nationalsozialisten an die Verwirklichung ihrer außenpolitischen Ziele. Diese bestanden letztlich darin, die uneingeschränkte Vorherrschaft Deutschlands in Europa und möglichst sogar in der Welt durchzusetzen. Jedem musste klar sein, dass die Verwirklichung dieser Vorstellungen nur über einen Krieg führen konnte. Während die militärische Aufrüstung insgeheim angekurbelt wurde, redete Hitler gegenüber der Öffentlichkeit stets von der Erhaltung des Friedens. Denn nach der Niederlage und den Schrecken des Ersten Weltkrieges war die Bevölkerung für einen neuen Krieg nicht bereit.

Um die Menschen für ihre Ziele einzunehmen, eintwickelten die Nationalsozialisten eine Ideologie (Fachbegriff). Im Mittelpunkt stand die Rassentheorie (77.1). Sie richtete sich in erster Linie gegen die jüdische Bevölkerung (77.3). Die Rassentheorie wurde mit der sogenannten Blut-und-Boden-Theorie verbunden. Sie begründete den Anspruch der Deutschen auf Lebensraum außerhalb der bestehenden Grenzen. Diese Weltanschauung sollte die nationale Begeisterung entfachen und das Volk zusammenschweißen. Mit einer Mischung aus Größenwahn, Propaganda und Gewalt gelang es Hitler, die Massen für seine Ideen zu gewinnen. Doch wer nicht mitmachte, wurde von der „*Volksgemeinschaft*" verstoßen (77.4).

> **FACHBEGRIFF**
>
> **Politische Ideologie**
> Darunter versteht man eine Sicht auf die Welt, die vorgibt, was richtig und was falsch ist. Sie hat für alle Probleme passende Lösungen und dient der Rechtfertigung des eigenen Handelns. Ideologisch ausgerichtete Parteien versuchen, damit Wähler zu gewinnen und Machtpositionen zu besetzen.

76.2 Personenkult um Hitler

Die Zeit des Nationalsozialismus

Der Begriff der „Rasse" war für die Nationalsozialisten zentral: Menschen wurden in verschiedene „Rassen" eingeteilt. Die „arische Rasse", der die Deutschen angehören, sei anderen überlegen und daher zum Herrschen über sie bestimmt, behaupteten die Nationalsozialisten. Wissenschaftler sollten dies beweisen.

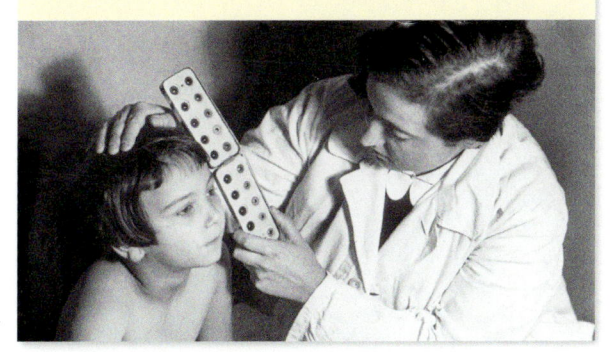

„Volk ohne Raum" ist der Titel eines Buches von 1926. Daraus leiteten die Nationalsozialisten das Recht ab, für die deutsche Bevölkerung im Osten Europas neuen Lebensraum zu erobern. Durch die Rassenlehre (77.1) war vorgegeben, dass Polen, Russen und andere osteuropäische Völker minderwertig seien. Daher dürfe man ihnen ihr eigenes Land wegnehmen.

77.1 Untersuchung der Augenfarbe bei einem jüdischen Mädchen

77.2 Volk ohne Raum (Foto: Plakat zu einer Ausstellung in Berlin 1936)

Feindschaft gegen jüdische Bürger gab es in ganz Europa seit dem Mittelalter. Man unterstellte ihnen Profitgier, Unehrlichkeit und Machtstreben. Die Nationalsozialisten behaupteten, dass Juden hinter Verschwörungen stecken würden. Sie wurden als „minderwertige Rasse" und „Feinde des Volkes" bezeichnet. Für die Nationalsozialisten war ihre Unterdrückung und Ausbeutung die legitime Handlung der „überlegenen arischen Rasse".

Die Nationalsozialisten wollten eine deutsche „Volksgemeinschaft" aufbauen, in der jeder seinen Platz und seinen Wert hat. Der Einzelne sollte sich völlig dieser Gemeinschaft unterordnen und ihre Werte bedingungslos mittragen. Wer das nicht tat, wurde als Feind angesehen. Ihm drohten Haft im Gefängnis oder Konzentrationslager sowie öffentliche Ausgrenzung. Das Foto zeigt die öffentliche Demütigung von Frauen, die Beziehungen zu jüdischen Männern hatten.

77.3 Antisemitismus

77.4 Volksgemeinschaft (Foto: Auf den Schildern steht „Ich bin aus der Volksgemeinschaft ausgestoßen")

AUFGABEN

1. Erkläre den Begriff „Ideologie" mit eigenen Worten.
2. Erläutere Methoden und Mittel der Nationalsozialisten, um die Bevölkerung im Sinne ihrer Ideologie zu formen.
3. Nenne die „Bausteine" der nationalsozialistischen Ideologie.
4. Erkläre, warum die Frauen in 77.4 öffentlich bestraft wurden.
5. Erstelle einen Tagebucheintrag einer überzeugten Demokratin, die sich gegen die Ideologie der Nationalsozialisten stellt.

Jugend im Nationalsozialismus

„Nicht früh genug kann die deutsche Jugend dazu erzogen werden, sich zu allererst deutsch zu fühlen", sagte Hitler 1932. Wie schafften es die Nationalsozialisten, Kinder von klein auf für ihre Ziele zu begeistern?

Hitlerjugend und Bund Deutscher Mädel

Bereits mit sechs Jahren wurden die Kinder an die NS-Ideologie herangeführt. Alle Jungen und Mädchen sollten in nationalsozialistischen Kinder- und Jugendorganisationen erfasst werden. Andere Organisationen wurden nach und nach verboten. Ab 1936 war die Mitgliedschaft Pflicht. 1939 waren 98 Prozent aller Jugendlichen Mitglied in einer NS-Jugendorganisation. Aus „rassischen Gründen" konnte man ausgeschlossen werden.

Die Hitlerjugend (HJ) traf sich zweimal pro Woche zum „Dienst": Schießübungen, Geländespiele, Exerzieren oder Vorträge über die NS-Ideologie waren üblich. Außerdem gab es Sportfeste, Feiern, Abendveranstaltungen oder Sammlungen von Wertstoffen. Jungen wurden zu bedingungslosem Gehorsam erzogen. Sie sollten später als Soldaten im Krieg alle Befehle ausführen. Mädchen wurden beim Bund Deutscher Mädel (BDM) auf ihre Rolle als Hausfrau und Mutter vorbereitet. Sie sollten der Kern jeder deutschen Familie sein und möglichst viele Kinder zur Welt bringen.

78.1 oben: Wehrübung der HJ; unten: Propagandaplakat (um 1940)

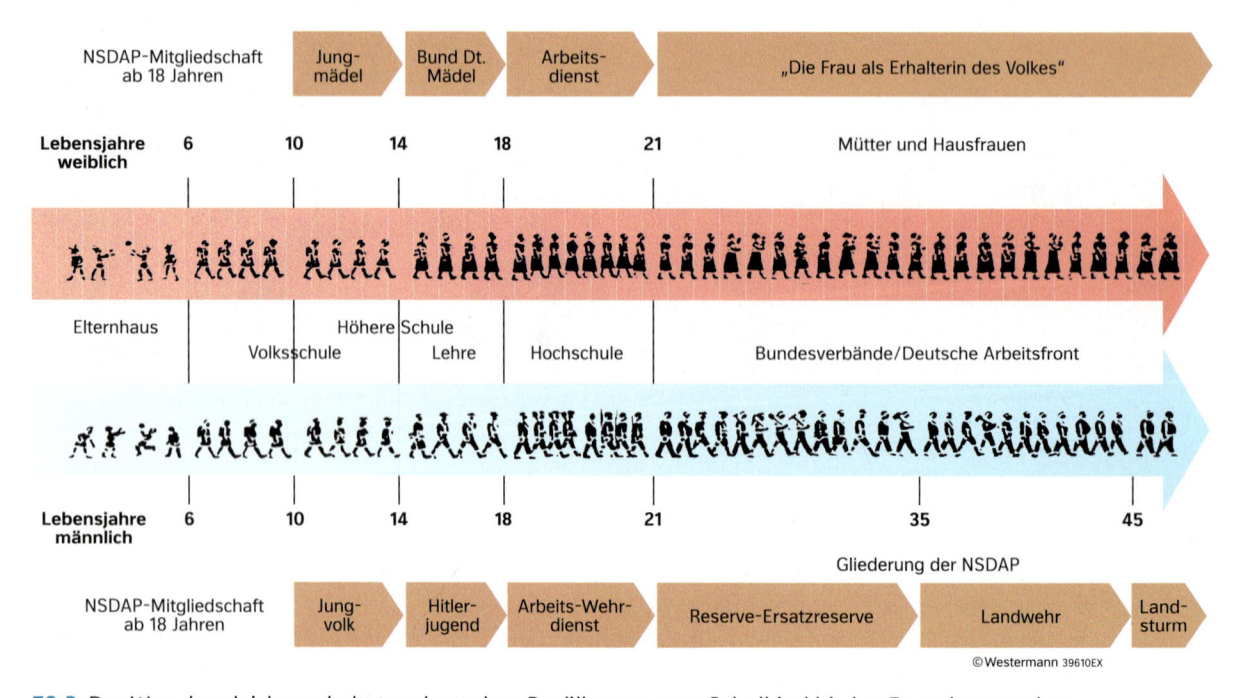

78.2 Der Weg der gleichgeschalteten deutschen Bevölkerung vom Schulkind bis ins Erwachsenenalter

Die Zeit des Nationalsozialismus

Schule im Nationalsozialismus

Bald nach der Übernahme der Macht wurden auf Drängen der Nationalsozialisten viele politisch Andersdenkende und alle jüdischen Lehrer entlassen. Die übrigen Lehrer mussten sich dem System anpassen. Kritik am Nationalsozialismus oder an Adolf Hitler war gefährlich. Wer Kritik äußerte, wurde entlassen oder sogar verhaftet.

In jedem Klassenzimmer hing ein Bild Adolf Hitlers, jede Schulstunde musste mit dem Hitlergruß beginnen. Im Schulalltag waren Fahnenappelle, Morgenfeiern oder Gedenkstunden, z. B. zum Geburtstag des „Führers", an der Tagesordnung. Die nationalsozialistische Ideologie (siehe S. 76/77) wurde in die einzelnen Fächer eingeflochten. Dazu zählte auch der Hass auf Juden (77.3), also auch auf die jüdischen Mitschüler. Diese mussten schließlich auf eigene jüdische Schulen gehen.

> „Wir waren mit Leib und Seele dabei. […] War es nicht großartig, mit jungen Menschen plötzlich etwas Gemeinsames und Verbindendes zu haben, denen man sonst vielleicht nie nähergekommen wäre? Wir trafen uns zu den Heimabenden, es wurde vorgelesen und gesungen oder wir machten Spiele oder Bastelarbeiten. Wir hörten, dass wir für eine große Sache leben sollten. Wir wurden ernst genommen. […] Wir glaubten, Mitglieder einer großen, wohl gegliederten Organisation zu sein."
> (Quelle: Herbert Krieger / Wolfgang Kleinknecht (Hrsg.): Handbuch des Geschichtsunterrichts. Die neueste Zeit 1850 – 1945. Band 5, Verlag Moritz Diesterweg, Frankfurt a. Main 1980, S. 264)

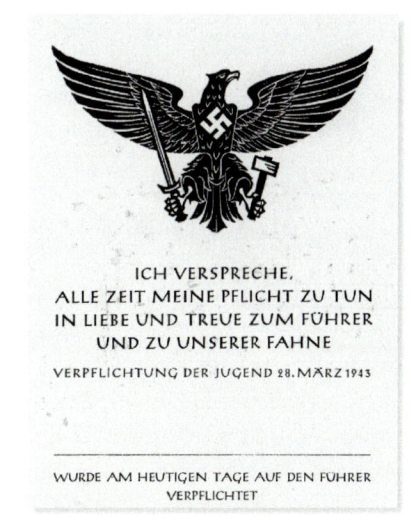

79.1 Beim Eintritt in eine Jugendorganisation musste man einen Eid auf den Führer schwören. Dieser Schwur stand auch im HJ-Leistungsbuch, das jeder Jugendliche führen musste.

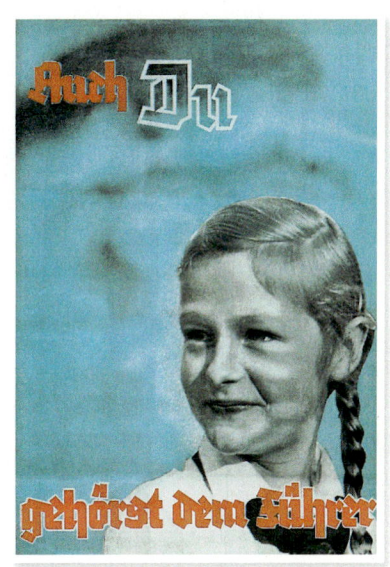

79.2 Eine Zeitzeugin erinnerte sich.

79.3 Propagandaplakat

AUFGABEN

1. *Welche Ziele verfolgten die Nationalsozialisten mit der Pflichtmitgliedschaft aller Kinder in HJ und BDM?*
2. *Erläutere, warum Jugendliche in der Regel gerne Mitglied der HJ und des BDM waren.*
3. *Erkläre, warum die Nationalsozialisten daran interessiert waren, dass deutsche Frauen möglichst viele Kinder zur Welt brachten.*
4. *Hitler selbst sagte einmal: „Die Jugendlichen werden nicht mehr frei, ihr ganzes Leben." Nimm dazu Stellung.*

80.1 Propagandaminister Joseph Goebbels (1934)

Machtsicherung durch Propaganda

Um die Bevölkerung für die nationalsozialistische Ideologie zu gewinnen, arbeitete man mit Verführung und Abschreckung. Dafür wurde 1933 das „Ministerium für Volksaufklärung und Propaganda" (kurz: Propagandaministerium) gegründet. Mit welchen Mitteln arbeitete die Propaganda?

Propagandamittel Rundfunk

Für Hitler galt der Rundfunk als Hauptmittel der Propaganda, da man einen Großteil der Bevölkerung damit erreichen konnte. Mit der Machtergreifung 1933 übernahm die NSDAP die Kontrolle über den Rundfunk und die Presse. Das Propagandaministerium unterstand Joseph Goebbels (80.1). Alle freien Radiosender wurden aufgelöst und verboten. Fortan gab es nur noch einen staatlich kontrollierten Sender.

Das Rundfunkprogramm wurde im Propagandaministerium zusammengestellt. Neben politischer Propaganda versuchten die Nationalsozialisten, die Hörer mit musikalischen und heiteren Programminhalten an den neuen Reichssender zu binden. Die Reden Hitlers wurden stets als Höhepunkte der Rundfunkübertragungen inszeniert. Um die Rundfunkpropaganda flächendeckend einsetzen zu können, bauten die Nationalsozialisten die Sende- und Empfangsmöglichkeiten aus. Der Preis für das neue Radio „Volksempfänger" wurde um 75 Prozent gesenkt. Die Zahl der Haushalte mit Radio stieg von 25 Prozent im Jahr 1933 auf 70 Prozent 1939. Wichtige Reden und Meldungen mussten im sogenannten Gemeinschaftsempfang gehört werden (80.4). Das Hören ausländischer Sender war strengstens verboten.

80.2 Der Volksempfänger – er sollte in jedem Haushalt stehen.

80.3 Geschäfte mussten schließen, damit alle wichtige Reden gemeinsam hören konnten.

80.4 Mitarbeiter eines Kaufhauses beim Gemeinschaftsempfang (1937)

Weitere Formen der Propaganda

Nachdem die Presse gleichgeschaltet war (siehe S. 74), berichtete sie nur noch im Sinne der Nationalsozialisten. Das Fernsehen war zu dieser Zeit noch nicht verbreitet. In Kinos konnte man Nachrichten in Form der „Deutschen Wochenschau" ansehen. Sie musste von 1940 bis 1945 in allen deutschen Kinos vor dem Hauptfilm gezeigt werden. Die Besucher wurden darin über den Kriegsverlauf und andere aktuelle Entwicklungen informiert, alles im Sinne der NS-Propaganda. Straßen und Plätze wurden nach Nazi-Größen umbenannt.

Außerdem errichtete man in Nürnberg ein eigenes Gelände mit riesigen Bauwerken, auf dem sich Aufmärsche mit Tausenden von Menschen abhalten ließen. Auf diesem „Reichsparteitagsgelände" wurden regelmäßig an nationalsozialistischen Feiertagen Massenveranstaltungen abgehalten. Im Anblick der riesigen Menschenmassen sollte sich der Einzelne als Teil einer starken Volksgemeinschaft fühlen.

> „Gerade darin liegt die Kunst der Propaganda, dass sie, die gefühlsmäßige Vorstellungswelt der großen Masse begreifend, in psychologisch richtiger Form den Weg der Aufmerksamkeit und weiter zum Herzen der breiten Masse findet. [...]
> Aus diesen Tatsachen heraus hat sich jede wirkungsvolle Propaganda auf nur sehr wenige Punkte zu beschränken und diese schlagwortartig so lange zu vertreten, bis auch bestimmt der Letzte unter einem solchen Worte das Gewollte sich vorzustellen vermag."

81.1 Adolf Hitler über „Propaganda"

81.2 Vom Fackelzug anlässlich der Machtübernahme am 30.1.1933 durch das Brandenburger Tor gab es nur verwackelte Aufnahmen. Daher wurde diese Szene für einen Film im August 1933 extra nachgestellt.

AUFGABEN

1. a) Erkläre den Begriff „Propaganda".
   b) Auf welchen Wegen verbreiteten die Nationalsozialisten ihre Propaganda?
2. Welches Ziel wurde damit verfolgt, dass sogar ein eigenes Ministerium geschaffen wurde?
3. Vergleiche den „Volksempfänger" mit einem modernen Informationsmedium von heute.
4. Fasse Hitlers Aussage mit eigenen Worten zusammen (81.1).

A

Trio-Arbeitsweise: Ein Foto als geschichtliche Quelle auswerten

Fotos begegnen dir oft im Alltag: in Zeitungen, Schulbüchern oder auf dem Smartphone. Darauf erkennst du einen kleinen Ausschnitt der Wirklichkeit. Wie andere geschichtliche Quellen können auch Fotos entschlüsselt werden. Was du auf dem Bild sehen kannst, hat der Fotograf oft aus einem bestimmten Grund so aufgenommen. Um diesen Grund zu erkennen, musst du das Foto auswerten.

82.1 Foto vom Reichsparteitag 1935 in Nürnberg. Die Bildunterschrift lautete in einem Bericht über die Reichsparteitage: „Standarteneinmarsch beim gewaltigen SA-Appell in der Luitpoldarena".

Schritt 1: Beschreibe das Foto
Sieh dir das Foto genau an. Beschreibe es in allen Details. Achte auch auf die Seitenränder sowie den Hintergrund und Vordergrund.
Von welchem Standort aus hat der Fotograf die Aufnahme gemacht?

Schritt 2: Ordne das Foto ein
Wann ist das Foto gemacht worden?
Kannst du eine Person mit Namen benennen?
Was war das für ein Ereignis (zufällig oder geplant)?
Lies dazu auch die Abbildungsunterschrift.
Welches Ereignis ist dargestellt?

Schritt 3: Analysiere das Foto
Ist dieses Foto zufällig entstanden?
Hat der Fotograf ganz bewusst diesen Bildausschnitt gewählt?
Welche Wirkung hat das Foto auf dich als Betrachter?

Schritt 4: Interpretiere das Foto
Überlege dir, aus welchem Grund dieses Bild so aufgenommen worden ist.
Welche Wirkung wollte der Fotograf damit erzielen?
Was sollte man beim Ansehen des Bildes denken?

Die Zeit des Nationalsozialismus

83.1 Aufmarsch der SA und der SS auf dem „Reichsparteitagsgelände" in Nürnberg 1934. Der Parteitag trug die Bezeichnung „Der Parteitag der Macht". Links: Der Blickwinkel auf das Gelände ist erhöht.

83.2 Fahnenappell in einem Zeltlager der Hitlerjugend

83.3 Rede Hitlers zum Anschluss Österreichs an das Deutsche Reich am 15.3.1938 von einem Balkon in Wien

INFO

Die Macht der Bilder
Ein Großteil der nationalsozialistischen Fotografien ist inszeniert. Die Nationalsozialisten wussten, dass man mit Bildern Menschen beeindrucken und beeinflussen kann. Dabei spielen die Aussagekraft und der Inhalt der Bilder eine wichtige Rolle. Oft gelten Bilder als objektive Geschichtsquellen, doch in der Zeit des Nationalsozialismus handelt es sich beim Großteil der Fotos nicht um „Schnappschüsse". Einige Bilder wurden nachträglich absichtlich geändert (retuschiert), andere wurden nachgestellt (81.2) oder es wurden nur Bildausschnitte verwendet. Viele Bilder wurden von Hitler selbst überprüft und freigegeben.

AUFGABEN

1. Werte das Foto 82.1 nach den vorgegebenen Schritten aus.
2. Suche dir ein Bild (83.1 bis 83.3) aus und werte es nach diesen Schritten aus.
3. Erkläre, warum Propagandafotos der Nationalsozialisten eine verführerische Macht hatten.

Umgang mit politischen Gegnern

Die Nationalsozialisten wollten eine deutsche Volksgemeinschaft aufbauen. Wer nicht dazu bereit war, sich in diese Volksgemeinschaft einzuordnen, wurde als Gegner angesehen. Was passierte mit diesen Menschen?

Verfolgung politisch Andersdenkender

Alle Organisationen, die nicht in die nationalsozialistische Vorstellung passten, wurden verboten. Missliebige Personen wurden verfolgt und verhaftet. Das betraf Tausende, vor allem aber Politiker der SPD und der KPD, die sich gegen die Nazis stellten. Als gesetzliche Grundlage dieser Verhaftungen diente die „Notverordnung zum Schutz von Volk und Staat" vom Februar 1933 (siehe S. 73). Einer dieser Gegner der Nazis war zum Beispiel Hans Beimler (Info).

Beimlers erste Vernehmung im Polizeirevier:
„Darauf das nächste Kommando: „Hose runterlassen!" Nun sollte ich mich über den Tisch legen. [...] Er blieb gleich am Kopfende stehen und klemmte meinen Kopf unter den rechten Arm, wobei er mir zugleich mit der linken Hand den Mund zuhielt. [...] Und nun schlugen die braunen Kapitalsknechte solange auf meinem Körper herum [...], bis ich keinen Laut mehr von mir gab. Ob es 60 oder 70 oder noch mehr Schläge mit dem Gummiknüppel waren – ich weiß es nicht, denn sie hatten mich bewußtlos geprügelt." [...] „Während ich meine Jacke anzog, fragte der ‚Kopfhalter', ob ich mir auch jetzt noch ‚einbilde', daß ich Reichstagsabgeordneter bin, worauf ich erwiderte: ‚Deshalb habt ihr mich so geschlagen?'

‚Das war noch viel zu wenig!' schrie einer [...]. Im nächsten Augenblick lag ich wieder auf dem Tisch, und nochmals prügelten sie auf mich ein – solange, bis kein Laut mehr von mir zu hören war."
Nach 14 Tagen im Polizeigefängnis wurde Beimler in das Konzentrationslager Dachau gebracht.
„Das Urteil über mich war schon gefällt, als ich noch gar nicht in Dachau, sondern noch in Polizeihaft war. Für die braunen Henker war schon klar, daß ich, wie sie selbst in den folgenden Tagen dutzendmal ganz offen zu mir sagten, das Lager nicht mehr lebendig verlassen werde."

(Quelle: Hans Beimler: Im Mörderlager Dachau. Herausgegeben, kommentiert und um eine biographische Skizze ergänzt von Friedbert Mühldorfer. PapyRossa Verlag, Köln 2012)

84.1 Auszug aus dem Buch „Im Mörderlager Dachau"

84.2 SPD-Politiker und andere politische Gegner im KZ Sachsenhausen nahe Berlin (August 1933)

INFO

Hans Beimler
- geboren 2.7.1895 in München
- im Ersten Weltkrieg Matrose auf Schiffen
- 1919 Eintritt in die KPD
- ab Dezember 1929 im Augsburger Stadtrat
- April 1932 Wahl in den Bayerischen Landtag
- Juli 1932 Wahl in den Reichstag in Berlin
- 11.4.1933 Festnahme in München
- 25.4.1933 Konzentrationslager Dachau
- 8./9.5.1933 Flucht aus Dachau
- Verstecke in München, dann Flucht nach Paris, Prag und Zürich, Unterstützung der verbotenen KPD in München
- August 1933 Veröffentlichung „Im Mörderlager Dachau", in mehrere Sprachen übersetzt
- 1.12.1936 Tod in Madrid (Spanien)

Die Zeit des Nationalsozialismus

85.1 Das Konzentrationslager Dachau bei München war das erste in Deutschland. Heute ist es eine Gedenkstätte.

Aufbau von Konzentrationslagern

Die Nationalsozialisten sperrten ihre Gegner vor allem in Konzentrationslagern (KZ) ein. In Dachau (85.1) wurde das erste bereits im März 1933 errichtet. Bis Juli 1933 wurden landesweit etwa 50 KZ eingerichtet, in denen über 60 000 Menschen, darunter viele politische Gegner der Nazis, in „Schutzhaft" waren. 1934 übernahm die SS (siehe S. 72) die Leitung der KZ. Die Häftlinge waren in diesen Lagern schutzlos der Gewalt und Willkür der SS-Bewacher ausgeliefert. Schläge, Demütigungen und Hunger gehörten zum Alltag. Kleinste Vergehen wurden hart bestraft.

Flucht aus Deutschland

Seit 1933 flohen etwa 40 000 politisch Verfolgte aus Deutschland. Auch berühmte Künstler und Wissenschaftler wie Albert Einstein verließen ihre Heimat. Viele von ihnen reisten in die USA. Geflohene Politiker hofften auf eine baldige Rückkehr nach Deutschland und gingen deshalb nach Frankreich oder Großbritannien, in die Tschechoslowakei, die Schweiz oder die Niederlande. In Prag trafen sich viele SPD-Politiker. Sie hielten den Kontakt zu Parteifreunden in Deutschland, schickten ihnen Bücher und halfen einigen davon bei einer späteren Flucht aus Deutschland.

AUFGABEN

1. a) Warum verließen viele Politiker, die keine Nationalsozialisten waren, das Land?
   b) Beschreibe für Deutschland die Folgen dieser Auswanderung.
2. Erkläre, warum die Nationalsozialisten Menschen wie Hans Beimler verfolgten.
3. Begründe, warum die Nationalsozialisten innerhalb kurzer Zeit so viele Konzentrationslager errichtet haben.

Ausgrenzung der Juden

Nach der Machtergreifung der Nationalsozialisten nahmen die Hetze und die Propaganda gegen Juden zu. Der Hass gegen diese Bevölkerungsgruppe sollte die Deutschen zusammenschweißen. Welchen Verlauf nahm die Entrechtung und Verfolgung der Juden?

Beginn der Ausgrenzung

Bereits am 1.4.1933 organisierte die NSDAP die erste Aktion gegen Juden. Vor Geschäften postierten sich SA-Leute, die Schilder trugen (86.1). Außerdem wurden Schaufenster mit „Jude" und dem Davidstern beschmiert. Jüdische Beamte wurden entlassen, Ärzte, Rechtsanwälte und Professoren durften ihren Beruf nicht mehr ausüben. Juden wurden immer mehr aus dem öffentlichen Leben verdrängt.

86.1 Jüdisches Geschäft am 1.4.1933

Die „Nürnberger Rassengesetze"

1935 verschärfte sich die Diskriminierung jüdischer Bürger nochmals. Die Nürnberger Gesetze zum „Schutz des deutschen Blutes", verabschiedet am 15.9.1935, verboten Eheschließungen und außerehelichen Geschlechtsverkehr zwischen Juden und Nichtjuden. Verstöße gegen dieses Gesetz wurden als „Rassenschande" bezeichnet und mit Gefängnis bestraft. Öffentliche Demütigungen waren in den Städten normal geworden (87.4). Außerdem wurde jüdischen Bürgern im „Reichsbürgergesetz" das Wahlrecht aberkannt; sie waren jetzt keine deutschen Staatsbürger mehr.

86.2 Umsetzung der Nürnberger Gesetze (1935)

Schicksalsjahr 1938

In der Nacht vom 9. auf den 10. November 1938 brannten im gesamten Deutschen Reich die jüdischen Gotteshäuser (Synagogen, 86.3) und viele jüdische Geschäfte. In dieser sogenannten Reichspogromnacht zogen Schlägertrupps der Nationalsozialisten durch die Städte und misshandelten Tausende Juden. Man wollte Juden nicht mehr nur ausgrenzen, sie sollten freiwillig aus Deutschland auswandern. In der Folgezeit kamen weitere Maßnahmen hinzu: Juden durften keine Kinos mehr besuchen und keine Radios besitzen. Das Fahren von Autos und der Besitz eines Führerscheins waren verboten. Seit 1941 musste jeder Jude ab sechs Jahre auf seiner Kleidung deutlich sichtbar einen Judenstern tragen, wenn er seine Wohnung verließ.

86.3 Brennende Synagoge in Eberswalde

Die Zeit des Nationalsozialismus

87.1 Warnschild (1935)

87.2 Flugblatt (1942)

87.3 Propaganda (1934)

Reaktionen der deutschen Bevölkerung

Eine antijüdische Haltung gab es seit dem Mittelalter bei einem Großteil der deutschen Bevölkerung (siehe S. 88/89). Viele Deutsche sahen die Maßnahmen gegen die jüdischen Mitbürger als gerechtfertigt an. Zahlreiche Orte rühmten sich, „judenrein" zu sein (87.1).
Es gab aber auch viele Menschen, die mit den Maßnahmen der Nationalsozialisten gegen Juden nicht einverstanden waren. Die Mehrheit hatte aber nicht den Mut, sich offen gegen die Nationalsozialisten zu stellen. Zu groß war die Angst vor einer Bestrafung. Es gab jedoch viele Menschen, die jüdische Mitbürger heimlich unterstützten.

87.4 Öffentliche Demütigung – jüdische Bürger wurden gezwungen, die Straße zu reinigen (Wien, 1938).

Letzte Hoffnung

Seit 1933 stellten sich viele Juden die Frage: Bleiben oder Deutschland verlassen? Deutschland war ihre Heimat, hier waren sie geboren. Aber die Situation wurde für sie immer gefährlicher. Die Nationalsozialisten verlangten eine „Reichsfluchtsteuer", die viele nicht bezahlen konnten. Außerdem war die Überfahrt auf einem Schiff, etwa nach Amerika, sehr teuer. Von den ehemals etwa 540 000 Juden verließen bis 1938 etwa 350 000 ihre Heimat Deutschland (87.5).

Jahr	Anzahl	Jahr	Anzahl
1933	63 400	1938	49 000
1934	45 000	1939	68 000
1935	35 500	1940	21 000
1936	34 000	1941	6 000*
1937	25 500		(*bis 31.10)

87.5 Jüdische Auswanderungen

AUFGABEN

1 a) Erstelle mit den im Text genannten Ereignissen und Daten eine eigene Zeitleiste.
   b) Schreibe in Rot Adjektive an die Zeitleiste, welche die Gefühle der jüdischen Bürger treffend beschreiben.
   c) Versetze dich in die Lage eines Bürgers oder einer Bürgerin jüdischen Glaubens, deren Familie schon seit Generationen in Deutschland lebt. Begründe anhand der Zeitleiste, wann du aus Deutschland ausgereist wärst.

2 Stelle dir vor, es ist der 9.11.1938, du bist ein ausländischer Journalist und beobachtest eine brennende Synagoge. Schreibe dazu einen kurzen Zeitungsartikel.

3 Beschreibe das Foto 87.4. Gehe auch auf mögliche Gedanken der abgebildeten Personen ein.

Jüdisches Leben in Bayern – Beispiel Regensburg

Während der Herrschaft der Nationalsozialisten wurden jüdische Bürger als Feinde angesehen, die dem deutschen Volk schaden. Bereits kurz nach der Machtübernahme 1933 begann man mit der „gesetzlichen Bekämpfung und Beseitigung der Vorrechte der Juden". Und das, obwohl Menschen jüdischen Glaubens bereits mehr als 1500 Jahre in Deutschland lebten.

Ankunft der Juden

In der Zeit des Römischen Reiches kamen viele Juden in das Gebiet des heutigen Deutschland. Für die Stadt Köln sind jüdische Einwohner durch eine Urkunde des römischen Kaisers Konstantin für das Jahr 321 belegt. Auch in den Siedlungen um die Standorte der römischen Legionen im heutigen Bayern (z. B. Regensburg) dürften in dieser Zeit bereits Juden gelebt haben.

Der weltliche und geistige Adel förderte die Ansiedlung jüdischer Kaufleute seit dem 9. Jahrhundert im Gebiet des heutigen Deutschland. Sie erhofften sich dadurch einen wirtschaftlichen Aufschwung.

Juden im mittelalterlichen Regensburg

300 bis 500 Juden lebten um das Jahr 1000 in einem eigenen Viertel, in dessen Zentrum eine Synagoge stand. Es gab auch eine jüdische Schule und ein Gerichtsgebäude. Später kamen noch ein Hospital, ein Gemeindehaus und ein Friedhof hinzu.

Ab Ende des 10. Jahrhunderts nahm die Abneigung unter den Regensburger Bürgern zu. Die Juden wurden für die Ermordung von Jesus Christus verantwortlich gemacht. Außerdem durften Juden im Gegensatz zu Christen Geld verleihen, wofür sie Zinsen verlangten. Auch die religiösen Praktiken und die Kleidung der Juden waren für die christlichen Bürger befremdlich und stießen auf Abneigung. Bei unerklärlichen Problemen oder Seuchen wie der Pest wurden Sündenböcke gesucht. Christliche Hetzer machten die jüdische Minderheit dafür verantwortlich. Obwohl die Ausgrenzung zunahm, blieben gewaltsame Übergriffe, wie es sie in anderen süddeutschen Städten im Mittelalter gab, vorerst aus.

88.1 Unten: Innenansicht der mittelalterlichen Synagoge in Regensburg (Radierung, 1519); oben: Juden mussten im Mittelalter oft einen Spitzhut oder einen Ring auf ihrer Kleidung tragen.

88.2 Bei Ausgrabungen wurden Reste der mittelalterlichen Synagoge entdeckt. Darüber wurde ein Denkmal errichtet. Es zeigt den Grundriss der Synagoge.

Die Zeit des Nationalsozialismus

Juden in der Neuzeit

Nach dem Tod des deutschen Kaisers Maximilian I. im Januar 1519 beschloss der Regensburger Rat, dass alle 600 Juden Regensburg innerhalb von 24 Stunden verlassen müssen. Das jüdische Wohnviertel und die Synagoge wurden zerstört. Erst über 150 Jahre später kehrten Juden nach Regensburg zurück.

1912 wurde eine neue Synagoge eingeweiht. Sie wurde in der Reichspogromnacht (siehe S. 86) vollständig niedergebrannt. In der Folge wurde jüdisches Vermögen erfasst und nach und nach in deutsches Eigentum übertragen. 233 jüdische Bürger flohen aus Regensburg, etwa 250 weitere wurden ermordet.

89.1 Regensburger Synagoge 1912

Nach 1945

Da Regensburg im Krieg kaum zerstört worden war, gab es ausreichend Wohnraum.
Aus den Konzentrationslagern befreite Juden kamen nach Regensburg, einige von ihnen blieben. Die jüdische Gemeinde wurde 1950 wieder belebt, heute zählt sie etwa 1000 Mitglieder.
2016 wurde mit dem Bau einer neuen Synagoge begonnen – an der Stelle des Gebetshauses, das die Nationalsozialisten am 9.11.1938 zerstört hatten. Im März 2019 wurde sie schließlich eingeweiht (89.3).

89.2 Regensburger Juden werden zum Bahnhof geführt (10.11.1938).

> Hier stand die Synagoge
> Das Gotteshaus der jüdischen Gemeinde Regensburg
> Erbaut 1912, zerstört am 9. November 1938 durch die Nationalsozialisten.
> Am 10. November 1938 wurden jüdische Bürger in einem beispiellosen Schandmarsch durch die Stadt getrieben.
> Am 2. April 1942 wurden hier auf dem Platz der abgebrannten Synagoge 106 jüdische Bürger zusammengetrieben und in die Konzentrationslager deportiert.
> Am 15. Juli und 23. September 1942 folgten weitere Opfer dem Leidensweg von Millionen Juden, die wegen ihres Glaubens litten und starben.
> Noch in den letzten Kriegstagen fanden Deportationen von Regensburg aus statt.

89.3 Die neue Synagoge in Regensburg (2019)

AUFGABEN

1. *Berechne, seit wie vielen Jahren Menschen jüdischen Glaubens schon in Deutschland bzw. in Regensburg leben.*
2. *„In der Geschichte der Juden in Regensburg gibt es ein Auf und Ab." Erläutere diese Aussage.*
3. *Recherchiere im Internet zur jüdischen Geschichte in deiner Heimat bzw. einer größeren Stadt in der Nähe. Stelle deine Ergebnisse der Klasse vor.*

90.1 Einmarsch deutscher Truppen ins Sudetenland (1.10.1938)

Kriegsvorbereitungen und Annexionen

Die Eroberung des „Lebensraumes im Osten" war von Beginn an ein wichtiges Ziel der Nationalsozialisten. Hitler sprach zwar immer vom Frieden und versuchte, die europäischen Mächte zu beruhigen, doch sein eigentliches Ziel, einen Krieg, verfolgte er seit der Machtergreifung 1933 unbeirrt.

Hitler versprach Frieden …

Um die Vorherrschaft in Europa zu erringen, mussten nach Vorstellung der Nationalsozialisten drei Ziele erreicht werden: die Aufhebung des Versailler Vertrages, die Errichtung eines Großdeutschen Reiches und die Gewinnung von Lebensraum im Osten. Während Hitler in der Öffentlichkeit immer wieder seinen Willen zum Frieden bekundete, rüstete er insgeheim auf (90.3).

Zunächst sollten die infolge des Ersten Weltkrieges abgetretenen Gebiete mit deutscher Bevölkerung dem Deutschen Reich eingegliedert werden. Besonderes Augenmerk lag dabei auf dem sogenannten Sudetenland. Diese Grenzgebiete waren wirtschaftlich hoch entwickelt und militärisch stark befestigt und gehörten zur Tschechoslowakei.

90.2 US-amerikanische Karikatur (1933)

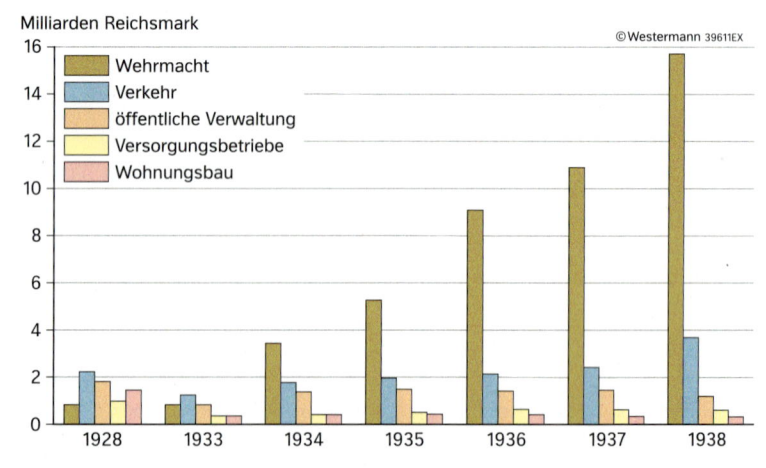

90.3 Investitionen in Milliarden Reichsmark

Die Zeit des Nationalsozialismus

... bereitete stattdessen aber den Krieg vor

Die deutschen Truppen konnten nicht in das Staatsgebiet eines anderen Landes eindringen, ohne einen Krieg zu provozieren. Großbritannien und Frankreich wären als Schutzmächte verpflichtet gewesen, der Tschechoslowakei beizustehen. Da Deutschland 1938 noch nicht kriegsbereit war, lud man die Regierungschefs der beiden Schutzmächte nach München zu einer Konferenz ein. Gemeinsam mit Italien, Großbritannien und Frankreich unterschrieb Deutschland am 30. September 1938 das Münchner Abkommen. Darin wurde die Tschechoslowakei u. a. verpflichtet, das Sudetenland (91.1) an Deutschland abzutreten. Hitler erklärte im Gegenzug, keine weiteren Forderungen zu stellen.

Die Sudetengebiete wurden wenige Tage später von Deutschland in Besitz genommen (90.1). Frankreich und Großbritannien hofften, mit dieser Beschwichtigungspolitik (auch Appeasement-Politik) einen Krieg zu vermeiden. Doch das Gegenteil trat ein: Nur Monate später brach Hitler das Münchner Abkommen. Deutsche Truppen besetzten die restliche Tschechoslowakei. Auch der Anschluss Österreichs im März 1938 war völkerrechtswidrig erfolgt.

Hitler schmiedete nun in kürzester Zeit ein Bündnissystem (91.1), das ihm helfen sollte, seine Kriegsziele gegenüber Frankreich und Großbritannien zu erreichen. Nun war Deutschland kriegsbereit.

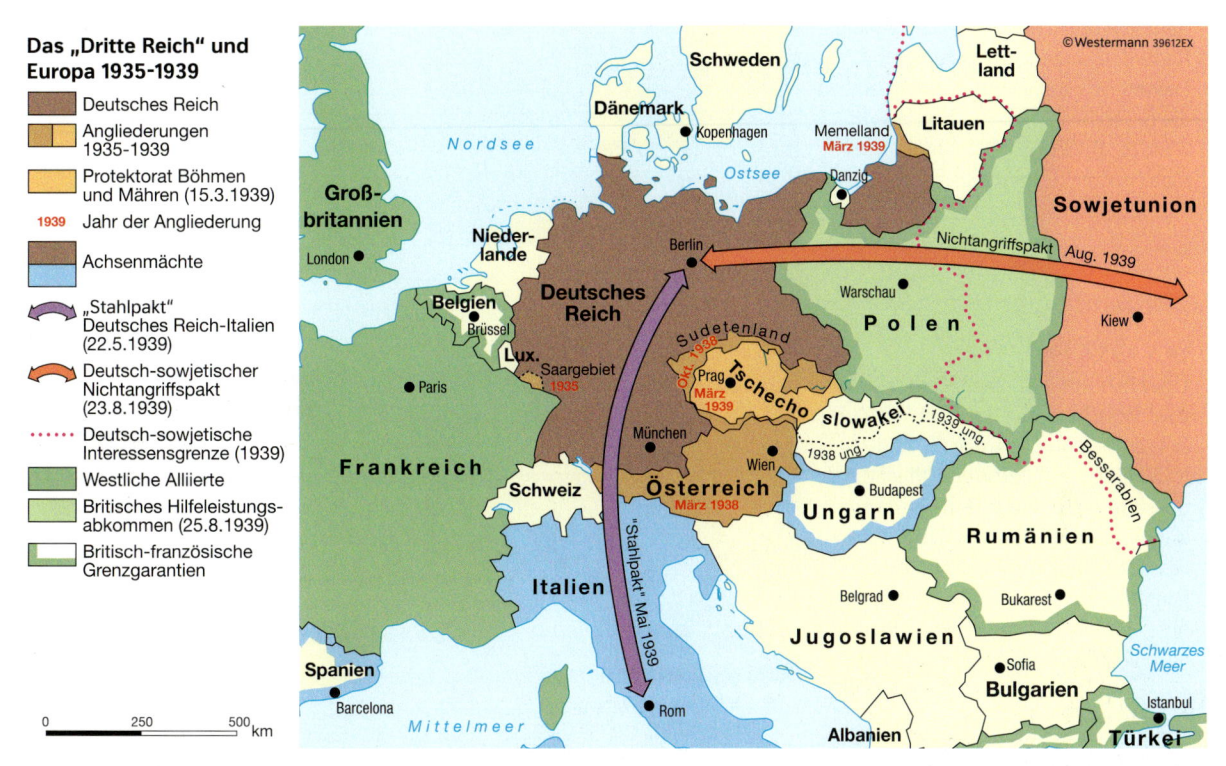

91.1 Nationalsozialistische Bestrebungen zur Ausdehnung des deutschen Herrschaftsbereiches und zur Vorbereitung eines Krieges

AUFGABEN

1. Erkläre, was unter dem Begriff „Appeasement-Politik" zu verstehen ist.
2. Begründe, warum die Appeasement-Politik zum Scheitern verurteilt war.
3. Vergleiche die Staatsausgaben mit den bekundeten Absichten Adolf Hitlers, den Frieden in Europa dauerhaft sichern zu wollen (90.3).
4. Erkläre die Karikatur 90.2 und formuliere einen Ausruf, der dazu passen würde.

Deutschlands Krieg gegen Europa

Aller Friedensbemühungen zum Trotz hielt das Münchner Abkommen (siehe S. 91) nicht lange. Nach dem Hitler-Stalin-Pakt war es nur eine Frage der Zeit, bis Hitler den nächsten Schritt gegen Polen unternahm. So kam es zum Zweiten Weltkrieg, der 65 Millionen Menschen das Leben kostete.

Sommer 1940 – 1941
Luftschlacht von England
Durch die gezielte Bombardierung Großbritanniens wollte die deutsche Wehrmacht die Eroberung der britischen Inseln vorbereiten. Massiv bombardierten deutsche Flieger britische Städte mit der klaren Absicht, möglichst viele Zivilisten zu töten und den Widerstand zu brechen. Jedoch hatte die britische Militärführung ein Radarnetz aufgebaut, das deutsche Luftangriffe rechtzeitig meldete, sodass die deutschen Angreifer beschossen wurden. Bis Ende 1941 wurde dieser Krieg aufrechterhalten.

9.4. – 10.6.1940
Überfall auf Dänemark und Norwegen
Hitler stellte den beiden neutralen Staaten ein Ultimatum: Sie behielten ihre politische Unabhängigkeit, falls sie sofort kapitulierten. Erst nach der Seeschlacht von Narvik (Norwegen) kapitulierte Norwegen. Deutschland hatte nun Zugriff auf die Eisenerzvorkommen in Skandinavien, die es für die Rüstungsindustrie benötigte.

10.5. – 25.6.1940
Überfall auf Belgien, Niederlande und Frankreich
In kürzester Zeit wurden die neutralen Staaten Belgien und Niederlande überrannt und Frankreich wurde zur Kapitulation gezwungen. Diese Form der Kriegsführung wird Blitzkrieg genannt. Für viele Deutsche war das die gelungene Rache für den Friedensabschluss nach dem Ersten Weltkrieg.

9.9.1940 – 13.5.1943
Afrikafeldzug
Verbündete italienische Truppen griffen die britische Armee in Ägypten an. Aufgrund einer drohenden Niederlage Italiens schickte Hitler deutsche Panzertruppen zur Verstärkung. Nach anfänglichen Erfolgen fehlte es an Nachschub. 1943 unterlag das deutsch-italienische Heer schließlich bei El-Alamein den Briten und Amerikanern.

© Westermann 39613EX

Die Zeit des Nationalsozialismus

1.9.1939 Überfall auf Polen
Deutsche SS-Männer in polnischen Uniformen überfielen den Radiosender der deutschen Stadt Gleiwitz. Dort verkündeten sie, dass der Sender nun polnisch wäre. Dieser inszenierte Vorfall sollte den folgenden deutschen Überfall auf Polen rechtfertigen. „Seit 5.45 Uhr wird zurückgeschossen", verkündete die deutsche Propaganda. Schon am 1.10.1939 war die polnische Armee besiegt und die Westhälfte Polens besetzt. Die Osthälfte wurde von der Roten Armee besetzt.

11.12.1941 Kriegserklärung an die USA
Am 7.12.1941 bombardierte die japanische Luftwaffe den US-Militärhafen Pearl Harbor auf Hawaii, in dem die Pazifikflotte der USA lag. Deutschland und Japan waren Verbündete. Nach der Kriegserklärung der USA an Japan antwortete Hitler-Deutschland drei Tage später mit einer Kriegserklärung an die USA. Im Januar 1942 traten die USA in die Allianz gegen Hitler ein: Zu den Alliierten gehörten nun Großbritannien, Frankreich, die Sowjetunion und die USA.

22.6.1941: Überfall auf die Sowjetunion
Hitler befahl trotz eines Nichtangriffspaktes den Überfall auf die Sowjetunion. Die Wehrmacht drang zunächst schnell vor. Hunderttausende sowjetische Soldaten gingen in deutsche Kriegsgefangenschaft. Die Eroberung Moskaus gelang aufgrund einer sowjetischen Gegenoffensive nicht. Das war ein erster Rückschlag für Hitlers Kriegspläne. Er plante diesen Feldzug als Vernichtungskrieg. In den eroberten Gebieten kam es zu massiven Kriegsverbrechen der SS und der Wehrmacht an der Zivilbevölkerung.

AUFGABEN

1. *Erläutere, wie es zum Ausbruch des Zweiten Weltkrieges kam.*
2. *Stelle die Geschehnisse chronologisch an einem Zeitstrahl dar. Ergänze ihn selbstständig durch weitere Details.*
3. *Begründe, warum die Kriegsschuldfrage des Zweiten Weltkrieges eindeutig ist.*

94.1 Erschießung polnischer Zivilisten durch deutsche Soldaten

Kriegsverbrechen in den eroberten Gebieten

Nach den schnellen Vorstößen besetzten die deutschen Truppen die eroberten Gebiete. Dort kam es durch Angehörige der SS und der Wehrmacht zu massenhaften Morden an unbeteiligten Zivilisten, Freiheitskämpfern, Verdächtigen und Kriegsgefangenen. Besonders oft kam es in den eroberten Gebieten Osteuropas zu diesen Verbrechen.

Die Besetzung Polens

1939 schlossen Deutschland und die Sowjetunion einen Nichtangriffspakt. Darin gab es eine geheime Abmachung über die Aufteilung Polens. Jeder sollte bei einem Angriff der Deutschen auf Polen ein fest vereinbartes Stück Polens erhalten. Polen sollte als Staat vollkommen von der Landkarte verschwinden.

Hitlers Ziel war es, nach der Zerschlagung Polens die Einheimischen zu vertreiben und damit für die Deutschen „Lebensraum im Osten" zu schaffen. Nach dem Überfall auf Polen begann die SS Rechtsanwälte, Politiker, Ärzte und Professoren zu verhaften und zu ermorden. Damit sollte die Führung des Landes zerstört und jeglicher Widerstand verhindert werden. Selbst Künstler, Musiker und Schauspieler erlitten dieses Schicksal. Als nächstes wurden unzählige Polen aus ihrer Heimat vertrieben und in Arbeitslagern untergebracht. Das freiwerdende Land, die Häuser, Felder, Wiesen, Wälder, der zurückgelassene Besitz wurden an Deutsche übergeben. Diese hatten sich in Deutschland freiwillig für die Übernahme solcher Bauernhöfe und Wohnungen gemeldet. Millionen Polen wurden zur Zwangsarbeit in deutschen Industriebetrieben und auf Bauernhöfen gezwungen (siehe S. 96/97).

Vernichtungspolitik in der Sowjetunion

Auch in der damaligen Sowjetunion zeigte sich die ganze Brutalität der deutschen Angreifer. Ziel war die absolute Vernichtung der kommunistischen Sowjetunion. Millionen Menschen wurden verschleppt, unzählige Dörfer niedergebrannt, Massenerschießungen und willkürliche Übergriffe auf die Zivilbevölkerung waren üblich. Die Menschen erlitten unvorstellbare Gräuel. Etwa 10 bis 15 Mio. Zivilisten kamen in der Sowjetunion während der deutschen Besatzung ums Leben (zum Vergleich: Ganz Bayern hat heute etwa 13 Mio. Einwohner.).

Die Stadt Leningrad, das heutige St. Petersburg, wurde von der Wehrmacht komplett eingekesselt und von September 1941 bis Januar 1944 von der Außenwelt abgeschnitten. Über eine Million Einwohner der Stadt verhungerten oder starben durch Raketenangriffe der Deutschen (95.1). Die Menschen aßen alles, was irgendwie essbar war. Im Winter 1942 gab es in der Stadt keine Hunde, Katzen und Ratten mehr. Es gab Fälle von Kannibalismus. Aber die Leningrader gaben nicht auf: Es gab Schulpflicht, Arbeitspflicht und sogar abendliche Konzerte. Die Brutalität der Deutschen im Osten sollte sich bei Kriegsende rächen.

Die Zeit des Nationalsozialismus

95.1 Hunger und Verzweiflung während der Blockade

95.2 Viele Menschen verhungerten oder starben an Krankheiten.

Eine Straßenbahnfahrerin berichtet:

Einmal kam ich von der Petrograder Seite. Da erblickte ich einen alten Mann, der zusammengebrochen war. Wissen Sie, man sah ihm an, dass er ein stattlicher, gesetzter Mann war. Und nun lag er da. Er konnte nicht schreien, machte nur Zeichen mit den Händen. Ich trat zu ihm. Aber wie weiter? Ich allein konnte nichts ausrichten. Fußgänger gingen vorüber, immer wieder. Alle sahen so schrecklich aus, als brauchten sie selber jemanden, der sie stützte, wissen Sie. [...]
Wir mussten das Brot trocknen. Wir glaubten, das wäre günstiger. Wir legten das Dörrbrot in eine kleine Schüssel, gossen heißes Wasser darauf, taten Salz dazu und ein bisschen Pfeffer und dann tranken wir das Wasser. Dann tranken wir noch eine Schüssel und aßen danach das aufgeweichte Brot.

(Quelle: Ales Adamowitsch / Daniil Granin: Das Blockadebuch. Erster Teil. Verl. Volk u. Welt, Berlin 1987, S. 222f; S. 237/238, S. 235; Übersetzer: Ruprecht Willnow)

Ein Mädchen berichtet von ihrer Familie:

Heute ist ein besonderer Tag. Die Brotration wurde um 75 Gramm erhöht. Mir stehen jetzt 200 Gramm zu und Mutter auch 200 Gramm. Alle freuten sich so, dass sie vor Glück fast weinten. Der Stiefvater ist heute unerträglich. Er hat sein ganzes Brot gegessen, das von Mutter und meins. Die heutige Erhöhung gibt es für uns nicht. Ich hasse ihn! Und verstehe nicht, wie man so gemein handeln kann.
Ich begreife jetzt sehr gut, was Hunger ist. Zwar wird mir immer ein bisschen schlecht, wenn ich Katzenfleisch esse, aber da ich essen will, erscheint mir auch Ekelhaftes schmackhaft. Außerdem, habe ich denn allein solchen Hunger? Wer ist daran schuld? Ich bin niemals böse gewesen, habe mich immer bemüht, allen etwas Gutes zu tun. Aber jetzt hasse ich dieses Pack, die Deutschen, weil sie unser Leben, unsere Stadt verunstaltet haben.

95.3 Berichte aus dem eingeschlossenen Leningrad

AUFGABEN

1. *Beschreibe das Vorgehen der Wehrmacht und der SS im Osten Europas.*
2. *Zähle die drei Maßnahmen der deutschen Besatzungspolitik in Polen auf.*
3. *Beschreibe mithilfe von 95.3 die Leiden der Leningrader Bevölkerung während der Blockade.*
4. *Die deutsche Wehrmacht und die SS führten einen äußerst brutalen Krieg im Osten Europas. Erläutere die Rolle der nationalsozialistischen Ideologie dabei (siehe S. 76/77).*

Zwangsarbeiter im Deutschen Reich

Da die deutschen Männer als Soldaten an der Front kämpften, fehlten in Deutschland immer mehr Arbeitskräfte. Deshalb wurden in den eroberten Gebieten Freiwillige als Fremdarbeiter für Deutschland gesucht sowie Menschen gewaltsam zur Zwangsarbeit nach Deutschland verschleppt. Wie erging es ihnen in Deutschland?

Ausbeutung

In Deutschland fehlten durch den Krieg Arbeiter in Landwirtschaft, Industrie und Handwerk. Daher wurden vor allem in den eroberten Ostgebieten Fremdarbeiter angeworben. Diese wurden für ihre Arbeit entlohnt. Da für die Wirtschaft viele zusätzliche Arbeiter notwendig waren, wurden neben diesen Freiwilligen auch Zwangsarbeiter eingesetzt, die zur Arbeit in Deutschland gezwungen wurden (97.3). Von 1939 bis 1945 waren etwas 8,5 Mio. ausländische Arbeiter in der deutschen Wirtschaft tätig (97.1), darunter auch etwa eine Million Kriegsgefangene und Hunderttausende KZ-Häftlinge.

Für alle ausländischen Arbeiter war jeder nähere Kontakt zu Deutschen verboten und wurde schwer bestraft. Wer zu fliehen versuchte oder die Arbeit verweigerte, dem drohte die Todesstrafe. Zwangs- wie auch angeworbene Fremdarbeiter waren meist in bewachten Lagern hinter Stacheldraht untergebracht, die medizinische und Lebensmittelversorgung wurde im Laufe des Krieges immer schlechter.

Heimkehr und Entschädigung

Nach dem Ende des Krieges kehrten die überlebenden Zwangsarbeiter in ihre Heimat zurück. Doch dort wartete oft niemand mehr auf sie. Angehörige und Freunde waren vertrieben, ausgewandert oder tot. Fremdarbeiter wurden beschuldigt, mit den Nazis gemeinsame Sache gemacht zu haben. Viele wurden deshalb bestraft. Erst 2001 gründete die Bundesrepublik Deutschland zusammen mit Wirtschaftsbetrieben die Stiftung „Erinnerung, Verantwortung und Zukunft". Aus ihr sollten ehemalige Zwangsarbeiter entschädigt werden. Zwangsarbeiter in der Industrie erhielten etwa 2 500 Euro, in der Landwirtschaft eingesetzte erhielten zwischen 500 und 2 200 Euro.

96.1 Aufnäher für Zwangsarbeiter aus östlichen Ländern (links) und Polen (rechts)

Wieder fährt ein Zug mit freiwilligen Arbeitern und Arbeiterinnen aus den besetzten Gebieten der Sowjetunion ins Reich. Sie haben sich für die Landwirtschaft entschieden. Facharbeiter werden für die deutsche Industrie dienstverpflichtet.

96.2 Zwangsarbeiter besteigen einen Zug, der sie nach Deutschland bringt (Text: Bildunterschrift des Fotografen).

FACHBEGRIFF

Zwangsarbeit
… ist eine unfreiwillige Arbeit, zu der ein Mensch unter Androhung von Gewalt oder Tod gezwungen wird.
Heute müssen nach Schätzungen etwa 12,3 Mio. Menschen weltweit Zwangsarbeit leisten, obwohl sie in allen Ländern verboten ist.

Die Zeit des Nationalsozialismus

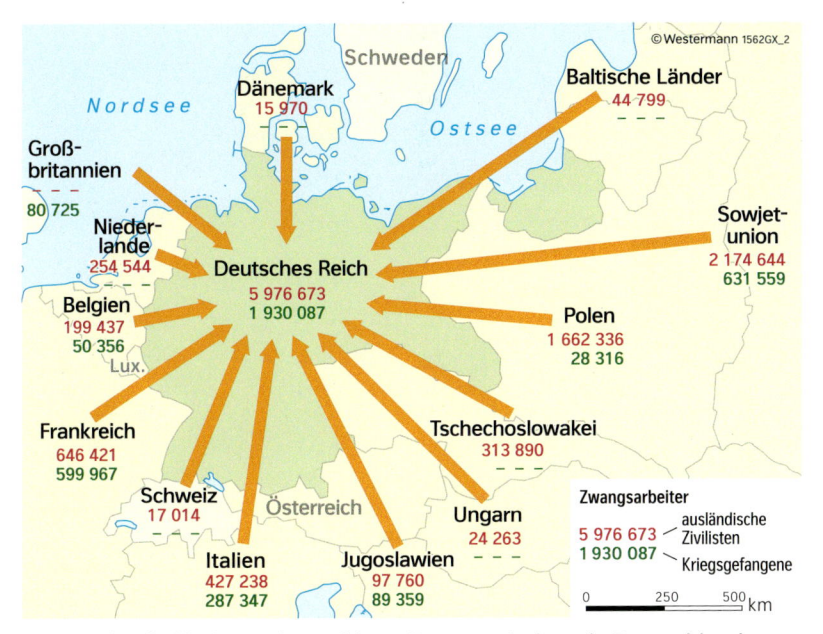

97.1 Herkunftsländer und Anzahl von Zwangsarbeitern in Deutschland (Stand 1944)

97.2 Zwangsarbeiterin in einer deutschen Fabrik

Lucyna Zebrowska war 18 Jahre alt und lebte in Warschau. 1942 wurde sie auf der Straße verhaftet und anschließend nach Dachau gebracht:
„Man hat uns eine Nummer um den Hals gehängt und Fotos gemacht. Ich war so empört darüber, dass sie uns wie Hunde behandelten. Ich war so böse, dass ich am liebsten die Zunge herausgestreckt hätte. Ich wusste aber, dass ich das nicht darf, da ich sonst Schläge bekommen hätte. […] Vier Tage hatten sie uns ohne Essen transportiert, es gab nicht einmal etwas zum Trinken. Ich sah aus wie ein Gespenst."
Anschließend kam sie in ein Arbeitslager in Reichertshofen (Lkr. Pfaffenhofen a.d.Ilm): „Die Zwangsarbeiter wurden zur Reparatur beschädigter Bahnstrecken eingesetzt […]. Zu zweit haben wir zwei Schwellen getragen und auch Gruben gemacht, alles, was für ‚die Strecke' zu machen war. Man durfte nicht für einen Moment aufhören, sonst gab es Schläge, […] Der Hunger war groß: Man gab uns morgens ein Stückchen Margarine, ein Stückchen Brot und einen schwarzen Kaffee. Mittags bekamen wir eine Suppe aus Rüben. Das war so wenig, dass ich bald keine Kraft mehr hatte und mir beim Aufstehen schwindlig wurde. Man hat mich mehrmals aufgehoben. Ich bin oft in Ohnmacht gefallen. Es war sehr schwer, bei diesem schlechten Essen durchzuhalten."
(Quelle: Thomas Muggenthaler: Wir hatten keine Jugend. Zwangsarbeiter erinnern sich an ihre Zeit in Bayern. Lichtung-Verl., Viechtach 2003, S. 61–63)

97.3 Auszug aus dem Buch „Wir hatten keine Jugend"

AUFGABEN

1. Begründe, warum Menschen als Zwangsarbeiter nach Deutschland verschleppt wurden.
2. Erkläre den Titel des Buches (97.3).
3. Erläutere, warum Zwangsarbeiter Aufnäher wie in 96.1 auf ihrer Kleidung tragen mussten.
4. Versetze dich in die Lage einer Zwangsarbeiterin wie Lucyna Zebrowska (97.3) in Deutschland. Schreibe einen Brief an deine Familie, wie es dir ergeht und welche Hoffnungen/Wünsche du hast.

98.1 Das Foto zeigt, wie eine Gruppe polnischer Juden abgeführt wird (Warschauer Getto). Wahrscheinlich wurden sie in das Vernichtungslager Treblinka gebracht.

98.2 In den Gettos herrschte großes Elend.

Von der Verfolgung zur planmäßigen Ermordung

Juden wurden im Deutschen Reich zunehmend verfolgt und ermordet. Anfang 1939 hatte Hitler verkündet, dass im Falle eines Krieges die Vernichtung der „jüdischen Rasse" erfolgen werde. In den eroberten Ostgebieten lebten Millionen von Juden. Und Hitler begann, auch dort seinen Plan konsequent umzusetzen.

Vorstufe der Vernichtung

Bereits nach der Einnahme Polens 1939 begannen die deutschen Besatzer die jüdische Bevölkerung mit „Einsatzkommandos" deutscher Soldaten zu erfassen. Viele wurden sofort erschossen, andere wurden in Gettos gebracht (Fachbegriff). Etwa 2,3 Mio. Juden wurden enteignet und in Lager oder Gettos umgesiedelt. Dort gab es zu wenige Wohnungen und kaum Essen. Eines dieser Gettos war in Warschau (98.1, 98.2). In einem ehemals jüdischen Stadtgebiet lebten vor dem Krieg etwa 40 000 Menschen, dann umschlossen die Nazis es mit einer Mauer. Etwa 450 000 Menschen mussten danach dort leben. Sie durften das Getto tagsüber nur verlassen, wenn sie außerhalb für die Nazis arbeiten mussten. Die schlechten Lebensverhältnisse, tägliche harte Arbeit und viel zu wenig Essen führten dazu, dass sich Krankheiten ausbreiten konnten. Viele Juden starben, 1941 sollen fast 30 000 verhungert sein.

Auch aus anderen besetzten Ländern wurden Juden in die eroberten Gebiete im Osten gebracht („deportiert").

FACHBEGRIFF

Getto
Damit wird ein abgeschlossenes Stadtgebiet bezeichnet, in dem Juden während der nationalsozialistischen Herrschaft leben mussten. Die Bezeichnung „Getto" gab es bereits im Mittelalter für jüdische Stadtteile. Heute versteht man darunter auch Stadtviertel, in denen viele Menschen mit gleicher Herkunft leben. Oft wird mit dem Begriff auch Armut verbunden.

FACHBEGRIFF

Holocaust
... kommt aus dem Griechischen und bedeutet „Brandopfer", seit dem 15. Jahrhundert mit der Bedeutung einer vollständigen Zerstörung durch Feuer. Heute wird der Begriff für die Verfolgung und den Massenmord an europäischen Juden, Sinti und Roma, Homosexuellen sowie sonstigen „Feinden" des Nationalsozialismus gebraucht.

Die Zeit des Nationalsozialismus

FACHBEGRIFF

Shoa(h)
... ist hebräisch und bedeutet „große Katastrophe". Damit ist der Massenmord an rund sechs Millionen europäischen Juden durch die Nationalsozialisten gemeint.

99.1 Konzentrations- und Vernichtungslager

Der Übergang zur Vernichtung

Ab Herbst 1941 begann die NS-Führung, Juden massenhaft zu ermorden. Anfangs erschoss man sie und begrub sie in Massengräbern. Doch war hierbei der Aufwand sehr groß. Daher wurden seit September 1941 im Konzentrationslager Auschwitz (S. 100) Versuche mit Giftgas durchgeführt. Dies war Grundlage für den Beschluss über die „Endlösung der Judenfrage" auf der „Wannsee-Konferenz" (99.2).
Kurz darauf wurden weitere Vernichtungslager in Betrieb genommen (99.1) – das industrielle Morden mit Giftgas begann. Dafür wurden Begriffe wie „Umsiedlung", „Evakuierung" oder „Arbeitseinsatz" verwendet. In Gaskammern, die als Duschräume getarnt waren, wurden von der SS bis zu 2 000 Menschen auf einmal innerhalb von 15 Minuten getötet.
Das gesamte Vermögen der Ermordeten fiel dem NS-Staat zu. Es diente der Finanzierung des Krieges.

„[...] Unter entsprechender Leitung sollen nun im Zuge der Endlösung die Juden in geeigneter Weise im Osten zum Arbeitseinsatz kommen. In großen Arbeitskolonnen, unter Trennung der Geschlechter, werden die arbeitsfähigen Juden straßenbauend in diese Gebiete geführt, wobei ein Großteil durch natürliche Verminderung ausfallen wird.
Der allfällig endlich verbleibende Restbestand wird, da es sich bei diesem zweifellos um den widerstandsfähigsten Teil handelt, entsprechend behandelt werden müssen, da dieser, eine natürliche Auslese darstellend, bei Freilassung als Keimzelle eines neuen jüdischen Aufbaues anzusprechen ist. [...]
Im Zuge der praktischen Durchführung der Endlösung wird Europa vom Westen nach Osten durchgekämmt. [...] Die evakuierten Juden werden zunächst Zug um Zug in sogenannte Durchgangsgettos verbracht, um von dort aus weiter nach dem Osten transportiert zu werden.[...]"
(Quelle: Gideon Botsch / Norbert Kampe: Die Wannsee-Konferenz und der Völkermord an den europäischen Juden. Katalog Gedenkstätte Haus der Wannsee-Konferenz, Berlin 2006, S. 121)

99.2 Auszüge aus dem Protokoll der „Wannsee-Konferenz" vom 20.1.1942

AUFGABEN

1. Nenne die Maßnahmen gegen die jüdische Bevölkerung in Polen.
2. Erkläre, was die Nationalsozialisten unter der „Endlösung der Judenfrage" verstanden.
3. Begründe, warum die Vernichtungslager in den im Osten eroberten Gebieten entstanden sind.
4. Der industrielle Mord an Menschen ist ein einzigartiges Verbrechen in der Geschichte. Erläutere.

Völkermord in den Vernichtungslagern

Im besetzten Polen bauten die Deutschen sechs Vernichtungslager: Auschwitz, Belzec, Kulmhof, Majdanek, Sobibor und Treblinka. Das Ergebnis des Holocaust: über sechs Millionen ermordete Juden. Das sind zwei Drittel aller davor in Europa lebenden Juden. Die größte Todesfabrik war Auschwitz. Dort sind zwischen 1940 und 1945 mindestens 1,1 Mio. Menschen ermordet und anschließend verbrannt worden. Auschwitz mit seinen Gaskammern wurde zum Symbol des Völkermordes an den europäischen Juden. Der Tag seiner Befreiung (27. Januar 1945) ist in Deutschland seit 1996 der „Tag des Gedenkens an die Opfer des Nationalsozialismus" und weltweit seit 2005 durch Erklärung der UNO der „Internationale Tag des Gedenkens an die Opfer des Holocaust".

„Am nächsten Morgen erklärte man mir einige Minuten vor sieben Uhr: In zehn Minuten kommt der erste Zug an! Tatsächlich traf nach einigen Minuten der erste Zug aus Lemberg ein. 45 Waggons mit 6700 Personen, von denen 1450 bei der Ankunft bereits tot waren. [...] Dann wurden durch einen großen Lautsprecher Anweisungen erteilt: Die Leute müssen sich im Freien – einige auch in den Baracken – aller Kleidungsstücke entledigen und auch Prothesen und Brillen ablegen. Mit einem kleinen Stück Bindfaden, das ein kleiner, vierjähriger Judenjunge reicht, müssen die Schuhe zusammengebunden werden. Alle Wertgegenstände und sämtliches Geld sind am Schalter für ‚Wertsachen' [...] abzugeben. Dann müssen die Mädchen und Frauen zum Friseur, wo ihnen mit ein oder zwei Schnitten die Haare gestutzt werden, die in großen Kartoffelsäcken verschwinden. [...] Männer, Frauen, Kinder, Säuglinge, Beinamputierte, alle nackt, vollkommen nackt, gehen an uns vorüber. [...]

Dann steigen sie die kleine Treppe hinauf und sehen die Wahrheit. Stillende Mütter mit dem Säugling an der Brust, nackt; zahlreiche Kinder jeden Alters, nackt; sie zögern, doch sie betreten die Todeskammern, die meisten wortlos, von den Nachfolgenden geschoben, getrieben durch die Peitschenhiebe der SS-Männer. Nach 2 Stunden 49 Minuten – die Stoppuhr hat alles registriert – läuft der Diesel an. Nach 32 Minuten endlich ist alles tot. Von der anderen Seite öffnen jüdische Arbeiter die Holztüren. Man hat ihnen – für ihre furchtbare Arbeit – die Freiheit und einige Prozente der Werte und des gefundenen Geldes versprochen. Wie Basaltsäulen stehen die Toten noch aufrecht, da nicht der geringste Raum zum Umfallen oder Zusammenfallen ist. Selbst im Tode erkennt man noch die Familien, die sich noch die Hände drücken."

(Quelle: Wolfgang Michalka (Hrsg.): Das Dritte Reich. Band 2: Weltmachtanspruch und nationaler Zusammenbruch (1939 – 1945). © dtv Verlagsgesellschaft, München 1985, S. 248)

100.1 SS-Offizier K. Gersten schildert den Besuch im Vernichtungslager Belzec 1942.

100.2 Ankunft von ungarischen Juden an der Rampe in Auschwitz 1944

INFO

Auschwitz

Das Lager Auschwitz bestand aus drei getrennten Lagerbereichen: zwei Arbeitslagern und dem Vernichtungslager Birkenau. Im April 1940 wurde mit dem Bau begonnen, ab Oktober 1941 wurde im neu gebauten Lager Birkenau mit der Vergasung von Menschen begonnen – zuerst mit Autoabgasen (100.1), dann mit dem Giftgas Zyklon B. Über 90 Prozent der Häftlinge in den drei Lagern waren Juden aus ganz Europa. Menschen in den Auschwitzer Arbeitslagern bekamen ihre Häftlingsnummer auf den linken Unterarm tätowiert. Am 27. Januar 1945 wurde Auschwitz von der Roten Armee befreit.

Die Zeit des Nationalsozialismus

Otto Schwerdt – „Die Erinnerung ist eine Pflicht gegenüber den Toten"

„An den vorderen Waggons schieben sie die Türen auf. [...] Plötzlich ist alles ganz laut.
„Raus, raus!" schreien die SS-Männer. „Schneller!" Sie ziehen uns aus den Waggons. Häftlinge in gestreiften Kleidern und mit rasierten Köpfen helfen der SS, uns nach draußen zu treiben. Ihre Gesichter sind grau und leer. Was haben sie hier schon alles gesehen und erlebt, dass sie so mechanisch, ja fast teilnahmslos mit uns umgehen? Es ist, als würden sie durch uns hindurch sehen. Sie nehmen uns nicht wahr. [...] Jetzt müssen wir langsam an ihm [einem SS-Arzt] vorbeigehen. Bei jedem einzelnen zeigt er mit dem Finger nach rechts oder nach links. Das ist die erste Selektion [= Auswahl].
Ältere Menschen, zierlich und schwach Aussehende, Mütter mit Kindern schickt er auf die linke Seite. Junge, noch kräftig aussehende Menschen auf die rechte Seite, nach Frauen und Männern getrennt. Die kahlköpfigen Menschen tragen die toten Leiber aus den Waggons und legen sie neben die linke Menschenreihe auf den Boden. Plötzlich ist es mir klar. Links bedeutet Tod, rechts Leben. Rechts Arbeitslager, links Gas. Rechts, links, links, links, rechts, zeigt der SS-Mann. [...] Jetzt nehme ich zum ersten mal den süßlichen Gestank wahr, der in der Luft hängt. In meinem Kopf fügt es sich zusammen. Erst vergasen sie die Menschen, dann verbrennen sie die Leichen. [...]
Die Nazis zwingen die Mütter, die für die rechte Seite ausgewählt wurden, ihre Kleinkinder loszulassen. Die Frauen weinen, schreien und flehen. SS-Männer reißen die Kinder aus ihren Händen."
(Quelle: Otto Schwerdt / Mascha Schwerdt-Schneller: Als Gott und die Welt schliefen. Lichtung-Verl., Viechtach 1998, S. 46; verändert)

101.1 Erinnerungen von Otto Schwerdt an die Ankunft in Auschwitz am 2.8.1943

- geboren 3.1.1923 in Braunschweig
- Deutscher jüdischen Glaubens
- nach dem Erlass der Nürnberger Gesetze Umzug nach Berlin
- 1936 Flucht mit der Familie nach Polen
- ab 1939 Leben in verschiedenen Gettos
- 1943 Verhaftung mit seiner Familie
- ab 1943 in Auschwitz und anderen Konzentrationslagern, zum Schluss in Theresienstadt
- 1945 Befreiung zusammen mit seinem Vater
- Mutter, Schwester und Bruder in Auschwitz ermordet
- 1948 israelischer Soldat
- 1954 Rückkehr nach Deutschland
- 1990 erster Besuch der Gedenkstätte Auschwitz, nachdem er sich jahrzehntelang dagegen entschied, nach Auschwitz zu reisen
- 1998 Veröffentlichung seiner Autobiografie
- 30.12.2007 Tod in Regensburg

101.2 Aus der Biografie Otto Schwerdts

„Nachdem ich mich entschlossen hatte, meine persönliche Geschichte während der Diktatur der Nazis bis zu meiner Befreiung im Jahre 1945 aufzuschreiben, überredete mich Mascha [= Otto Schwerdts Tochter] zu dieser Reise [nach Auschwitz]. [...]
Nach etwa einer Stunde sind wir angekommen: Auschwitz-Birkenau. [...] Wir gehen durch das Tor entlang der Rampe. Wieder höre ich, wie sie die Waggontüren aufreißen, wieder höre ich das Brüllen der SS-Männer, wieder höre ich das Schreien und Weinen der Kinder. Die Erinnerungen schmerzen überall, [...].
Nach meiner Befreiung wollte ich nie mehr hierher kommen, noch in ein anderes Lager, in dem ich Häftling war. Nicht einmal, um an den jährlichen Gedenkfeiern teilzunehmen. Ich hatte Angst vor meinen Gefühlen und Erinnerungen. Die Erinnerungen, die ich nicht mehr abschütteln kann, die mich nachts verfolgen."
(Quelle: Otto Schwerdt / Mascha Schwerdt-Schneller: Als Gott und die Welt schliefen. Lichtung-Verl., Viechtach 1998, S. 9–10; verändert)

101.3 Schwerdts Erinnerungen beim ersten Besuch der Gedenkstätte Auschwitz 1990

AUFGABEN

1. Suche Adjektive, mit denen Gersten seinen Besuch im Vernichtungslager Belzec beschreibt (100.1).
2. Versuche zu erklären, warum die Häftlinge am Bahnsteig die neu Ankommenden nicht wahrnahmen.
3. „Die Erinnerung ist eine Pflicht gegenüber den Toten!" Erkläre diesen Satz von Otto Schwerdt.
4. Recherchiert weitere Berichte von Überlebenden des Holocausts. Erläutert, wie die Erlebnisse ihr Leben prägten.

Trio-Unterwegs: Stolpersteine entschlüsseln

Quadratische Betonwürfel mit einer Oberseite aus Messing, in die ein Name und Daten eingeprägt sind, finden sich in vielen deutschen Städten. Dabei handelt es sich um sogenannte Stolpersteine, die an die Opfer des Nationalsozialismus erinnern sollen.

Gegen das Vergessen
Vor über 70 Jahren wurden viele Bürger in unseren Städten von den Nationalsozialisten verhaftet, deportiert, die meisten davon ermordet. Viele Menschen denken wahrscheinlich kaum an diese Ereignisse, wenn sie durch die Städte laufen.
Gunter Demnig wollte das ändern. Er entwickelte die Idee der „Stolpersteine". Sie sollen die Erinnerung an die verschleppten und ermordeten Menschen in unseren Städten und unserem Zusammenleben wachhalten. Gerade im Alltag soll man „mit dem Kopf und mit dem Herzen" (G. Demnig 2008) gedanklich stolpern.
1992 begann das Projekt und ist heute (Stand Ende 2018) mit über 70 000 verlegten Steinen in 1265 Gemeinden Deutschlands und 21 Staaten Europas noch lange nicht beendet.
Bei den Stolpersteinen handelt es sich um kleine Betonklötze mit einer Oberseite aus Metall. Darauf sind die Lebensdaten der Menschen sowie kurze Informationen zu ihrem Schicksal zu finden.

102.1 Der Künstler Gunter Demnig erinnert an NS-Opfer, indem er kleine Gedenktafeln in Form von Steinen vor dem letzten bekannten Wohnhaus in das Straßenpflaster einbringt (Foto 2015).

Schritt 1: Bereitet euch vor
Recherchiert im Internet, in welchem Ort ihr Stolpersteine erforschen wollt. Diese Seite hilft euch dabei:
https://de.wikipedia.org/wiki/Stolpersteine_in_Bayern
Hier sind alle Orte aufgelistet, in denen bereits Stolpersteine verlegt worden sind. Außerdem findet ihr die genaue Adresse, ein Foto des Steines und die darauf eingravierten Informationen.

Schritt 2: Planung
Legt nun in der Klasse fest, wer welche Person bei dem Besuch der Stolpersteine vorstellen wird. Versucht, im Internet weiterführende Informationen zur Lebensgeschichte zu recherchieren.
Legt eine Route fest, in welcher Reihenfolge ihr die Stolpersteine abgeht. Nun bereitet jeder ein Kurzreferat zu seinem Stolperstein vor, in dem er die Klasse über den Namen, das Alter, den Sterbeort und vielleicht weitere, über die Inschrift auf dem Stein hinausgehende Lebensdaten informiert. Gibt es noch Angehörige, vielleicht Jugendliche in eurem Alter?

Schritt 3: Durchführung
Besucht nun die Stolpersteine. Informiert euch gegenseitig mit den Kurzreferaten. Macht von jedem Stein ein Foto.

Schritt 4: Auswertung
Präsentiert eure Ergebnisse mit den Fotos in der Schule. Erstellt eine Fotowand mit kurzen Informationstexten. Oder klebt in einen großen Stadtplan Nummern an die Stellen, wo ihr einen Stolperstein besucht habt. Ordnet die Fotos mit euren Informationen um den Stadtplan herum an.

Die Zeit des Nationalsozialismus

Juden in Nördlingen

1933 lebten in Nördlingen 186 Bürger jüdischen Glaubens, das waren 2,2 Prozent der gesamten Bewohner. Bis Ende 1941 konnten davon 116 auswandern, viele davon nach Amerika. Im August 1942 wurde Nördlingen als „judenfrei" erklärt, da die übrigen Juden in Konzentrationslager deportiert worden waren. Dort wurden sie ermordet.

Widerstand gegen Hitler

Auch in Nördlingen gab es Menschen, die mit den Nationalsozialisten nicht einverstanden waren. Dazu gehörten auch Josef Wittmann und Konrad Schröpel. Wittmann war SPD-Politiker und schmuggelte verbotene Schriften nach Deutschland. Am 15. März 1940 wurde er verhaftet und am 17. Juli 1942 in Berlin enthauptet. Mit 20 weiteren Personen wurde Schröpel 1940 als Folge der Festnahme Wittmanns verhaftet. Er nahm sich in der Haft das Leben.

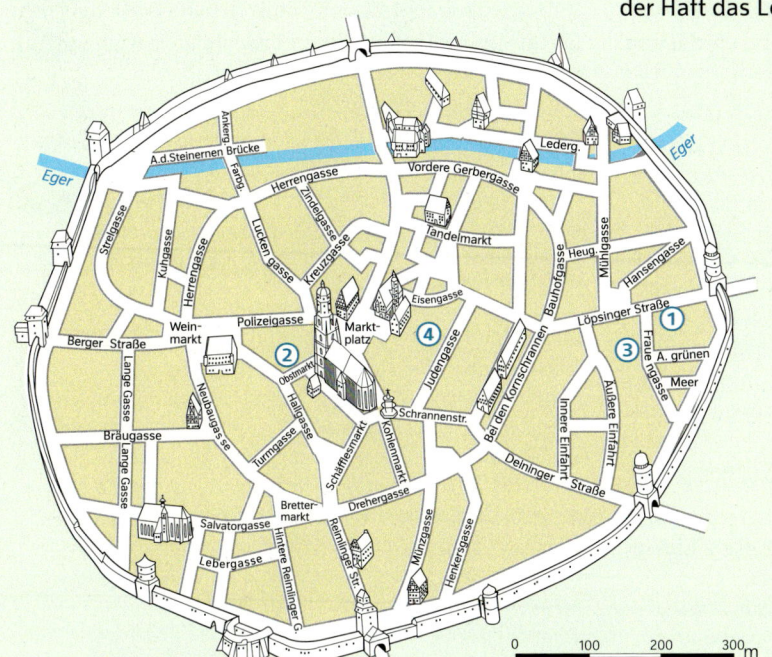

103.1 Stolpersteine in Nördlingen

103.2 Konrad Schröpel

103.3 Ein achtzigjähriger Mann

103.4 Ein fünfjähriger Junge und seine Mutter

103.5 Eine junge Frau

AUFGABEN

1 a) Geht wie auf Seite 102 beschrieben vor und recherchiert Stolpersteine in eurem Heimatort oder einer benachbarten Stadt.
b) Erstellt eine Präsentation für die Schule.

Der Widerstand im Dritten Reich

Viele Menschen in Deutschland waren keine Anhänger der Nationalsozialisten. Die meisten davon blieben aber passiv und richteten sich im Dritten Reich ein. Allen war klar, wer sich gegen Nationalsozialisten stellte, musste mit dem Tod rechnen. Trotzdem gab es mutige Menschen, die Widerstand (Fachbegriff) leisteten.

Widerstand durch Ungehorsam

Die Edelweißpiraten waren Gruppen von Jugendlichen, die sich häufig nur unter einem „Spitznamen" kannten. Einen Eintritt in die Hitlerjugend lehnten die Jugendlichen bis zur Zwangseinführung 1939 ab. Diese Verweigerung machte sie zu Außenseitern und verdächtig.

Zu ihren Aktionen zählten Spottlieder gegen Hitler, aber auch Überfälle und tätliche Angriffe gegen die Hitlerjugend. Viele von ihnen wurden ergriffen, inhaftiert und in Jugendkonzentrations- oder Arbeitslager gebracht. Im November 1944 wurden 13 von ihnen in Köln erhängt.

① **Im Januar 1945 sendete der britische Sender BBC, den viele Deutsche verbotenerweise hörten:**
„Es erreichen uns viele Nachrichten vom Geist einer Revolte gegen die Nazis bei Burschen und Mädchen in Deutschland. [...] Die deutsche Jugend unter zwanzig ist [...] des Zwangs und der Propaganda des NS müde, sie will frische Luft, Freiheit und Wahrheit in ihrem Leben. [...] Ihr meist verbreitetes Zeichen ist das Edelweiß [...] Diese Alpenblume, die hoch in den Bergen blüht, wo keine andere mehr gedeiht, ist von den jungen Deutschen als Symbol des Wiedererblühens der Freiheit in einem Lande gewählt worden, wo die Freiheit von Staats wegen tot ist."
(Quelle: Arno Klönne: Jugend im Dritten Reich. PapyRossa-Verl., Köln 2014, S. 268f)

② **Ein Kölner Jugendrichter über die Entwicklung der Edelweißpiraten im November 1943:**
„Die Jugend [...] traf abends zusammen [...]. Ein Musikinstrument war zur Stelle und damit bald eine Gruppe gegründet. Diese Jungens [waren] von zu Hause aus leichtsinnig, charakterlich schwach und disziplinlos [...] Die Polizeiverordnung verbot dieses Treiben. Der Hitler-Jugend-Streifendienst [...] forderte Disziplin und Ordnung. Die selbstverständliche Folge war: So was lassen wir uns nicht bieten. Es kam zu Überfällen auf die HJ, zu Zerstörungen von HJ-Heimen. [Sie] folgten allem, nur nicht dem Zwang. Sie wollten wilde Fahrten machen und nicht eine geordnete Wanderung in Formation. Hierin liegt die Wurzel der oppositionellen Einstellung gegen die HJ und den Staat [...]"
(Quelle: Arno Klönne: Jugend im Dritten Reich. PapyRossa-Verl., Köln 2014, S. 259f; verändert)

③ **Michael Jovy berichtet 1990 über seine Erlebnisse in der illegalen Jugendbewegung:**
„Ich wurde am 15. Dezember 1939 als Angehöriger einer illegalen Jungenschaftsgruppe [...] verhaftet. [...] Ich wurde im September 1941 wegen Vorbereitung zum Hochverrat verurteilt. [...] Die jungen Edelweißpiraten schafften es sogar, in die Kasernen von Baumholder zu kommen [...]. Die Ehrenfelder hätten ein Wehrmachtsdepot überfallen. [...] Inzwischen hatte ich auch von der Hinrichtung, besser gesagt Ermordung der Geschwister Scholl, Willi Grafs und anderer Freunde in Süddeutschland gehört. Auch waren mir die Vernichtungsaktionen in Buchenwald bekannt geworden. Ich habe daher gefordert, dass zukünftig für jeden von uns einer der Gestapo-Bonzen und der Gestapo sterben müsse, und das solle der Gestapo in Köln bewusst werden."
(Quelle: Arno Klönne: Jugend im Dritten Reich. PapyRossa-Verl., Köln 2014, S. 266f)

104.1 Die Edelweißpiraten

104.2 Der Anfang ...

104.3 ... und das Ende

Die Zeit des Nationalsozialismus

Claus Schenk Graf v. Stauffenberg  | Pater Rupert Mayer  | Mitglieder der Weißen Rose (Geschwister Scholl u.a.) 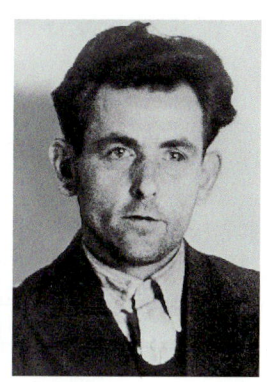 | Georg Elser

105.1 Widerstandskämpfer gegen das NS-Regime

Aktiver Widerstand

In Deutschland kam es während der zwölf Jahre der NS-Herrschaft zu Widerstandsaktionen und Attentaten gegen Hitler. Widerstand leisteten Kommunisten, Sozialdemokraten, evangelische und katholische Geistliche, Jugendliche und Studenten, bürgerliche Widerstandskreise und Einzelpersonen wie Georg Elser. Kein Attentatsversuch war erfolgreich. Viele Widerstandskämpfer wurden inhaftiert, gefoltert oder hingerichtet. Es gibt sicher mehrere Gründe, die Menschen im Dritten Reich angetrieben haben, Widerstand gegen das nationalsozialistische Regime zu leisten. Auf jeden Fall waren es sehr mutige Menschen, die viel Zivilcourage (Fachbegriff) zeigten.

FACHBEGRIFF

Widerstand
Viele Menschen, die in einer Diktatur leben oder auch in einem Land, das von einem anderen Staat überfallen wurde, lehnen sich gegen diese Herrschaft auf. Sie leisten Widerstand, weil sie diese Herrschaft ablehnen. Manchmal schließen sie sich mit anderen Menschen zusammen, die genauso denken, und bilden eine Widerstandsgruppe. Es gibt gewaltlosen Widerstand und Widerstand, der mit Gewalt gegen Sachen und Personen verbunden ist.

FACHBEGRIFF

Zivilcourage
… bedeutet „Bürgermut" und bezieht sich auf Situationen, in denen Personen beleidigt, bedroht, angegriffen, sexuell bedrängt oder verletzt werden. Zivilcourage bedeutet, dass man sich trotz möglicher Nachteile, Risiken und Gefahren für menschliche Werte einsetzt und anderen Menschen uneigennützig Hilfe leistet. Jedoch kann man auch Zivilcourage beweisen, wenn man sich allgemein für bestimmte Werte oder Rechte und Interessen anderer Menschen einsetzt.

AUFGABEN

1 Benenne das „Vergehen" der Edelweißpiraten im Dritten Reich (104.1 Text ②).
2 Erläutere den Begriff „Widerstand" in eigenen Worten.
3 Stelle die Personen in 105.1 deinen Mitschülern vor. Welche Formen des Widerstandes leisteten sie (Internet)?
4 a) Begründe, warum Zivilcourage wichtig ist.
   b) Erinnerst du dich an eine Situation, in der eine Person Zivilcourage gezeigt hat? Beschreibe die Situation.
   c) Erkläre, warum es nicht immer einfach ist, Zivilcourage zu zeigen.
5 „Zivilcourage macht einen mündigen Bürger aus." Erläutere diese Aussage. Recherchiere, wenn nötig, den Begriff „mündig".

Das Blatt wendet sich

In den ersten Kriegsjahren eroberte die Wehrmacht mit der Taktik des Blitzkrieges große Gebiete. Intensive Kämpfe und anwachsende militärische Gegenwehr an mehreren Fronten setzten die Wehrmacht jedoch zunehmend unter Druck. Zwei Kriegsereignisse führten schließlich entscheidend zur Wende.

Die Niederlage in Stalingrad – Wende im Osten

Im Juni 1941 befahl Hitler den Angriff auf die Sowjetunion. Wie der Überfall auf Polen war dieses „Unternehmen Barbarossa" als Blitzkrieg geplant. Ab Spätsommer 1942 versuchte die deutsche 6. Armee, Stalingrad einzunehmen. Unter hohen Verlusten gelang dies den deutschen Truppen. Einer massiven sowjetischen Gegenoffensive konnten die Wehrmacht und verbündete Truppen nicht standhalten. Die 6. Armee wurde im November 1942 vollständig von der russischen Armee eingeschlossen. Hitler verbot eine Kapitulation, obwohl eine Rettung aussichtslos war. Viele deutsche Soldaten starben vor Hunger oder erfroren im Winter.

Anfang Februar kapitulierte die 6. Armee. Es gingen etwa 110 000 deutsche Soldaten in sowjetische Kriegsgefangenschaft, von denen nach dem Kriegsende 1945 lediglich 5 000 nach Deutschland zurückkehrten. Das war die Wende im Russlandfeldzug. Von nun an bewegte sich die Ostfront in Richtung Deutschland. Nach der Niederlage in Stalingrad rief Propagandaminister Goebbels am 18. Februar 1943 den „Totalen Krieg" aus.

106.1 Stalingrad

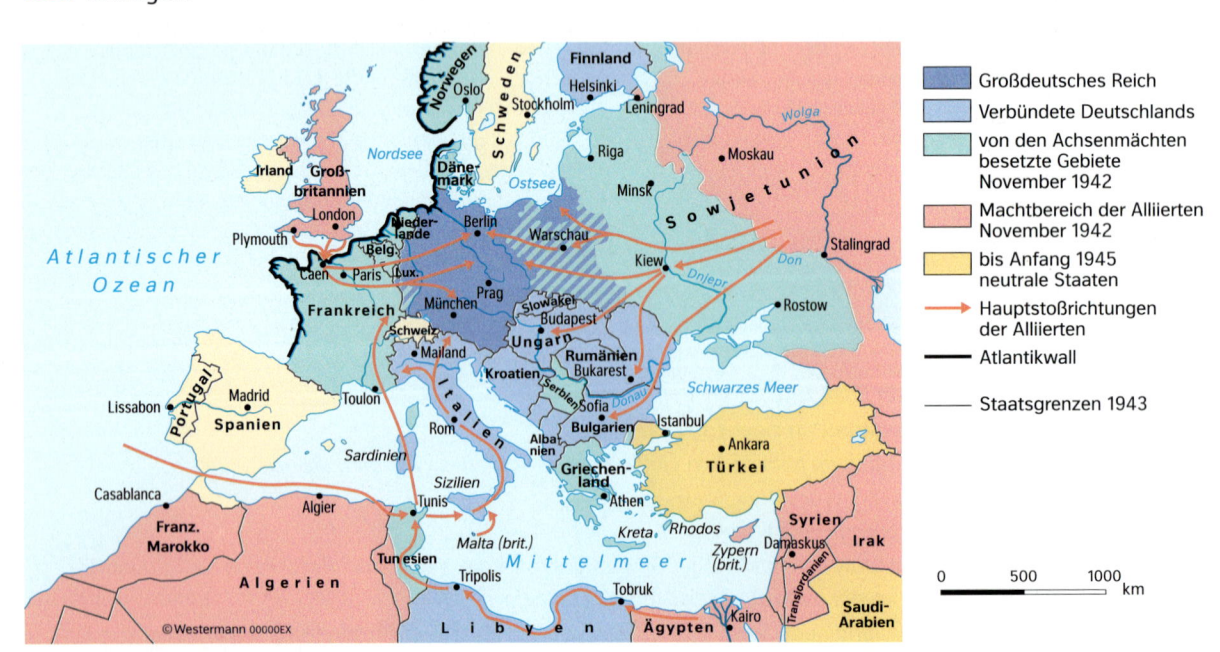

106.2 Verlauf des Zweiten Weltkrieges und Vorstoß alliierter Truppen in die von Deutschland besetzten Gebiete

Die Zeit des Nationalsozialismus

107.1 Deutsche Stellung am Atlantikwall

107.2 US-amerikanische Soldaten kurz vor der Landung

Die Landung in der Normandie – Wende im Westen

Der deutschen Führung war bewusst, dass die Alliierten versuchen würden, in Westeuropa anzulanden. Im August 1942 begannen die Deutschen deshalb mit dem Bau von Befestigungen entlang der Atlantikküste, dem sogenannten Atlantikwall. Dies war eine 2 865 km lange Verteidigungslinie von Spanien im Süden bis zum Nordkap. Sie bestand aus über 8 119 Bunkern mit schweren Geschützen und davor an den Stränden massenhaften Panzersperren und Stacheldraht. Genutzt hat dieser Aufwand letztlich nicht.

Am 6.6.1944 wagten die Alliierten in Nordfrankreich einen Angriff auf den Atlantikwall. Bei dieser Aktion „Overlord" wurden über 1,5 Mio. Soldaten eingesetzt. 11 590 Flugzeuge unterstützen die alliierten Bodentruppen. Die US-amerikanischen, britischen und kanadischen Soldaten erstürmten in einer Stärke von 170 000 Mann einen 100 km breiten Küstenstreifen. Die deutschen Truppen konnten den Durchbruch durch den Atlantikwall nicht verhindern. Damit war für die Alliierten der Weg nach Frankreich und Westeuropa offen.

„Brad hatte den Schützengraben fast erreicht, es waren nur noch drei oder vier Yards, als er getroffen wurde. Er konnte das Gesicht des Deutschen sehen, der geschossen hatte, die jungen, entsetzten Augen in einem aschenfarbenen Gesicht unter einem Helm. Und für einen klaren und einzigen Moment herrschte der Krieg nur zwischen ihm und dem jungen Deutschen. Es war ein Augenblick jenseits von allem, dem Gewehrfeuer, dem tierischen Gebrüll, der Hysterie des Angriffs. Er war getroffen worden. Er wusste, dass er getroffen worden war. Die Kugel riss ihn zurück, als ob er einen gewaltigen Schlag in den Bauch erhalten hätte. Aber er fühlte keinen Schmerz. Sein Körper vibrierte unter dem Rückstoß seiner Sten-Maschinenpistole, die wie von allein unablässig feuerte. Er verspürte ein seltsames Hochgefühl, ich bin getroffen, aber es tut nicht weh, ich bin stärker, härter als der andere, ich werde ihn töten. Er sah, wie die Kugeln aus seiner Sten den Hals und das Kinn des Feindes aufrissen, und er sah, wie der Mund des Jungen sich öffnete, in einem Ausdruck – von äußerster Empörung! Brad dachte, wie merkwürdig, er stirbt doch gerade. Aber dann war die Sekunde vorbei, die Realität kam zurück, das Rasen der automatischen Waffen überall, die Schreie."

107.3 Bericht eines Alliierten über die Kämpfe während der Landung

AUFGABEN

1. Stelle die Daten des Kriegsgeschehens aus 106.2 in einem Zeitstrahl dar.
2. Erkläre, warum die Niederlage in Stalingrad und die Landung der Alliierten als Kriegswende bezeichnet werden.
3. Recherchiere den Inhalt der Rede Goebbels zum „Totalen Krieg". Stelle deinen Mitschülern den Inhalt der Rede vor.

108.1 Sowjetische Soldaten vor dem Brandenburger Tor in Berlin (2.5.1945)

Der Krieg kommt nach Deutschland

Die Niederlage in Stalingrad und die Landung der Alliierten in Nordfrankreich waren die Wendepunkte im Zweiten Weltkrieg. Die Deutschen zogen sich immer weiter zurück. Die Kämpfe erreichten Deutschland und schließlich die Hauptstadt Berlin. Ihr Fall bedeutete das Kriegsende. Was geschah zwischen Kriegswende und der Niederlage Deutschlands?

Vorrücken der Alliierten auf Deutschland
Nach der Landung der Alliierten in Frankreich (S. 107) und Italien (1943) drängten die Truppen der USA, Großbritanniens und Frankreichs die deutsche Wehrmacht zurück. Bereits im Oktober 1944 überschritten sie im Westen erstmals die deutsche Grenze. Am 25.4.1945 trafen sich US- und sowjetische Truppen an der Elbe. Foto: US-amerikanische Soldaten in Oberbayern.

Bomben auf deutsche Städte
Die Alliierten bombardierten ab 1942 viele deutsche Städte. Etwa 500 000 t Bomben sind während des Zweiten Weltkrieges auf Deutschland gefallen. In den letzten Kriegsmonaten wurden Kinder und Jugendliche als Flakhelfer eingesetzt, um alliierte Flugzeuge abzuschießen.
Schutzbunker konnten nur einen kleinen Teil der Stadtbevölkerung bei Alarm aufnehmen. Eine der bombardierten Städte war Dresden. Man geht heute davon aus, dass während des schlimmsten Angriffs in einer Februarnacht 1945 etwa 25 000 Menschen starben (Foto).

Die Zeit des Nationalsozialismus

Vorrücken der Roten Armee
Nach der Niederlage der 6. Armee in Stalingrad zog sich die Wehrmacht zurück und die Rote Armee rückte unaufhörlich vor. Millionen Deutsche flohen aus den östlichen Gebieten nach Westen. Viele flohen zu spät. Die Brutalität der Wehrmacht und SS rächte sich nun. Es kam zu einer Vielzahl von grausamen Übergriffen und zur Ermordung vieler deutscher Zivilisten.

Befreiung der Vernichtungslager
Während ihres Vorrückens befreiten die Alliierten die Insassen der Konzentrations- und Vernichtungslager. So erreichte die Rote Armee Auschwitz am 27.1.1945. Etwa 8600 Häftlinge fand sie vor. Über eine Million Menschen wurden dort ermordet. Das Konzentrationslager Dachau bei München wurde durch US-amerikanische Truppen am 29.4.1945 befreit.

Land	Soldaten	Zivilisten
Sowjetunion	9,75	14,25
Deutschland	5,53	2,17
Polen	0,24	5,36
Japan	2,12	0,73
Frankreich	0,22	0,35
Italien	0,30	0,16
Großbritannien	0,38	0,07
USA	0,42	0,002
Österreich	0,26	0,12
Tschechoslowakei	0,025	0,32

109.1 Tote im Zweiten Weltkrieg (Schätzungen in Mio., Auswahl)

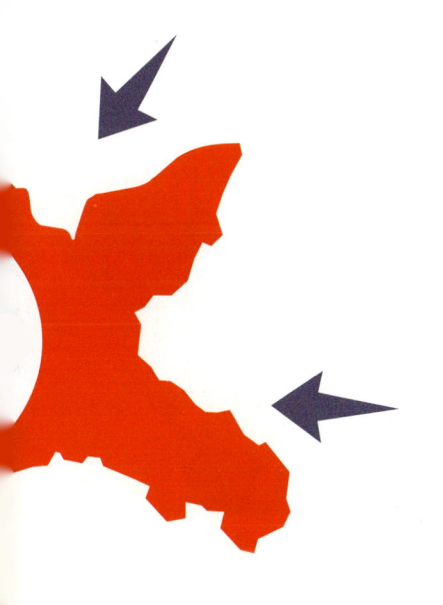

Kampf um Berlin und Kriegsende in Europa
Im April 1945 begann der Kampf um Berlin nach dem Übertritt der Roten Armee über die Flüsse Oder und Neiße. Die Deutschen konnten den Vormarsch der übermächtigen Roten Armee nicht aufhalten. Trotzdem befahl Hitler, Berlin „bis zum letzten Mann und zur letzten Patrone" zu verteidigen. So wurden auch unerfahrene Jugendliche und alte Männer zur Verteidigung Berlins eingesetzt (Foto). Der sinnlose Kampf in den letzten Kriegstagen kostete Hunderttausenden Menschen das Leben. Die Rote Armee schloss die Stadt ein und begann mit dem Vorrücken auf das Berliner Zentrum. Trotz der aussichtslosen Lage hielten die Kämpfe in Berlin an. Hitler beging am Nachmittag des 30. April Selbstmord. Noch am selben Abend wehte die sowjetische Flagge auf dem Reichstag (Foto). Am 8. Mai kapitulierte die deutsche Wehrmacht. Der Krieg in Europa war beendet.

AUFGABEN

1. Erläutere, wie es zum Sieg der Alliierten kam.
2. Stelle die Geschehnisse chronologisch an einem Zeitstrahl dar. Ergänze ihn durch weitere Details (Internet).
3. „Deutsche spürten ab 1944 die Folgen der Kriegsführung durch Hitler am eigenen Leib." Erläutere diese Aussage.
4. Begründe, warum Politikern der Bundesrepublik Deutschland bis heute an einem guten Verhältnis zu unseren Nachbarn gelegen ist.

Flucht und Vertreibung

Die SS und die Wehrmacht hatten in den eroberten Gebieten Osteuropas unzählige Menschen getötet, misshandelt und Dörfer niedergebrannt. Nachdem sich die deutschen Truppen zurückgezogen hatten, flüchteten Millionen deutsche Zivilisten vor der Rache der Roten Armee oder wurden aus ihrer Heimat vertrieben. Welches Schicksal ereilte sie auf der Flucht und später am Ziel?

110.1 Ankunft von deutschen Flüchtlingen in Berlin

Flucht

Racheakte von Angehörigen der Roten Armee sprachen sich in der deutschen Bevölkerung der Ostgebiete wie ein Lauffeuer herum. Ihr blieb nur eine Chance: die Flucht nach Westen. Im Winter 1944/1945 setzten sich Millionen von Menschen in Bewegung. Schnell wurden die wichtigsten Dinge, Essen und Wertsachen, zusammengepackt. Wer einen eigenen Wagen mit einem Pferd besaß, hatte Glück. Viele Menschen flohen zu Fuß. Oft wurden die langsamen Flüchtlingstrecks von den Soldaten der Roten Armee eingeholt. Viele der Flüchtlinge wurden dabei misshandelt und getötet.

Nachdem die Rote Armee den Landweg komplett abgeriegelt hatte, versuchten die Trecks über die zugefrorene Ostsee zu entkommen. Jagdflugzeuge bombardierten auch diese Trecks, das Eis brach und Tausende ertranken.

110.2 Hinweisschild in Bremen (1946)

Sudetendeutsche werden unter Bewachung zur Reichsgrenze geführt (Mai 1946).

„Die Tschechen stürmten sofort alle Häuser, trieben die Männer mit Gummiknüppeln und Peitschenhieben auf die Straße und von da aus auf den Kirchplatz. Auch mein Mann, der als Verwundeter aus dem Lazarett kam, war dabei. Auf dem Kirchplatz mussten alle Männer mit erhobenen Händen stehen. Die Tschechen schlugen auf sie ein und selbst die, die ohnmächtig zur Erde gefallen waren, wurden weiter geschlagen."
(Quelle: Werner Arndt: Ostpreußen, Westpreußen, Pommern, Schlesien, Sudetenland 1944/45. Podzun-Pallas-Verl., Friedberg 1960)

110.3 Augenzeugenbericht

Die Zeit des Nationalsozialismus

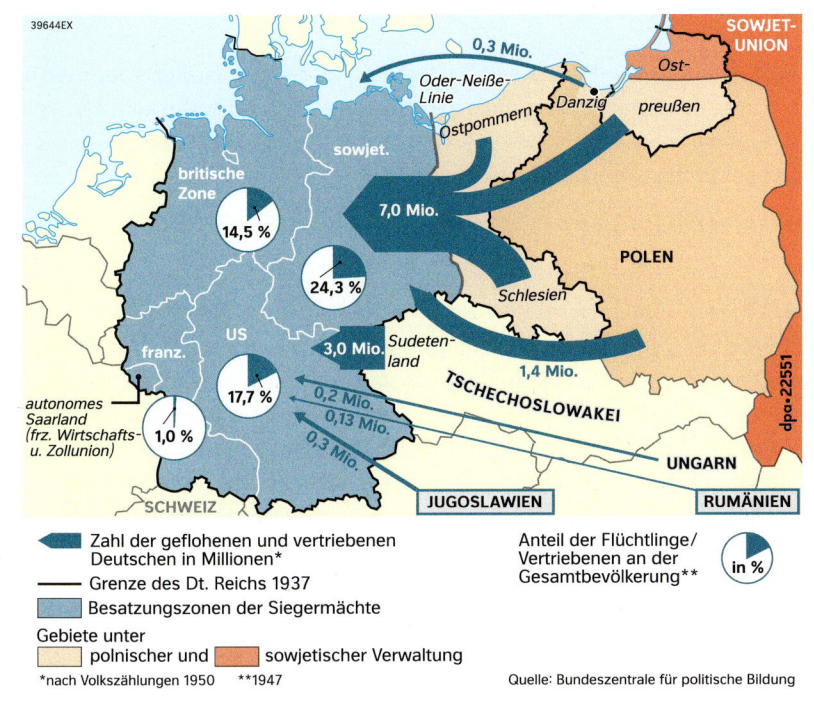

111.1 Flucht und Vertreibung deutscher Zivilisten nach dem Zweiten Weltkrieg

111.2 Im Flüchtlingslager (München)

Geordnete Umsiedelung

Auf Beschluss der Alliierten wurden ab August 1945 die Deutschen aus den eroberten Ostgebieten planmäßig umgesiedelt. Über vier Millionen Deutsche wurden aus ihrer Heimat ausgewiesen und mit Zügen in das zerstörte Deutschland gebracht.

Man schätzt, dass über zwölf Millionen Menschen aus den ehemaligen Ostgebieten geflüchtet sind bzw. vertrieben wurden. Zwei Millionen kamen dabei durch Gewalt, Krankheiten, Hunger oder Kälte ums Leben.

Nach Bayern kamen fast zwei Millionen Flüchtlinge, das entsprach 1949 etwa 21 Prozent der bayerischen Bevölkerung.

Neue Heimat

Der Neuanfang war schwer. Es entstanden in vielen Städten neue Siedlungen, um die vielen Menschen dauerhaft unterbringen zu können. Noch heute zeugen davon Straßennamen:

- Pommernstraße
- Schlesische Straße
- Breslauer Straße
- Sudetenstraße
- Ostpreußenstraße
- Siebenbürgen-Straße

AUFGABEN

1. Erläutere die Begriffe „Flucht", „Vertreibung" und „Umsiedlung".
2. Erstelle eine Liste, in die du die Herkunftsgebiete der Menschen einträgst (111.1). Ordne von den meisten zu den wenigsten Flüchtlingen.
3. Stelle dir vor, ein Flüchtlingszug kommt 1945 in einer zerstörten Stadt in Bayern an. Formuliere Aussagen aus der Sicht eines Vertriebenen/Flüchtlings und aus Sicht eines Einheimischen.
4. Recherchiere in deinem Heimatort, ob es ähnliche Straßennamen gibt, die auf ehemalige deutsche Ostgebiete hinweisen.

Der Krieg im Pazifikraum

Zunächst war der Zweite Weltkrieg auf Europa und Nordafrika beschränkt. Dies änderte sich im Dezember 1941. Japan griff die USA an, wodurch sich der Krieg auf den Pazifikraum ausweitete. Die USA und Japan lieferten sich erbitterte Kämpfe auf pazifischen Inseln. Erst im September 1945 endete der Krieg im Pazifik. Japan kapitulierte bedingungslos. Welche Ereignisse führten zur plötzlichen Kapitulation Japans?

Die Vorgeschichte

Japan verfolgte eine aggressive Außenpolitik. Es wollte seine wirtschaftliche Macht und Überlegenheit in Ost- und Südostasien sichern und ausbauen. Die USA und Großbritannien wollten dies verhindern und stellten zunächst die wirtschaftliche Zusammenarbeit mit Japan ein. Daraufhin suchte sich Japan einen starken Partner und verbündete sich 1940 mit dem Deutschen Reich. Angetrieben von Kaiser Hirohito besetzte Japan viele Länder Süd- und Südostasiens (113.1). Das Verhältnis zwischen den pazifischen Großmächten USA und Japan verschlechterte sich deshalb dramatisch. Nach der Besetzung Französisch-Indochinas verhängten die USA und Großbritannien ein Erdöl-Embargo gegen Japan.

Der Angriff auf Pearl Harbor

Der Hafen Pearl Harbor liegt auf einer Insel Hawaiis. Er war der Heimathafen der US-amerikanischen Pazifikflotte. Auf dem Stützpunkt ankerten 140 Schiffe, knapp 100 000 US-Soldaten befanden sich auf Hawaii.

Am 7. Dezember 1941 griffen japanische Flugzeuge ohne vorherige Kriegserklärung den Stützpunkt an. Ein Großteil der US-Flotte wurde dabei zerstört, mehr als 2 000 amerikanische Soldaten kamen ums Leben. Zahlreiche Schiffe und Flugzeuge der USA wurden versenkt, beschädigt oder zerstört. Die USA, die bis zu diesem Zeitpunkt nicht in den Zweiten Weltkrieg verwickelt waren, traten nun in den Zweiten Weltkrieg ein und erklärten Japan den Krieg.

112.1 Produktion von Granaten in Japan (1941)

112.2 Zerstörte US-Kriegsschiffe nach dem japanischen Luftangriff auf Pearl Harbor

INFO

Japans Kriegsverbrechen
Im Dezember 1937 besetzten japanische Truppen die chinesische Stadt Nangking. In den folgenden Wochen wurden in der Stadt von den Japanern etwa 200 000 Zivilisten und Kriegsgefangene ermordet sowie 20 000 Mädchen und Frauen vergewaltigt.
Im Zweiten Weltkrieg verschleppten japanische Soldaten bis zu 200 000 Frauen und zwangen sie zur Prostitution (Foto). Der Großteil dieser Frauen stammte aus Korea. Bis heute belasten diese Ereignisse die politischen Beziehungen zwischen Japan und China bzw. Südkorea.

Japanischer Soldat mit koreanischen Zwangsprostituierten

Die Zeit des Nationalsozialismus

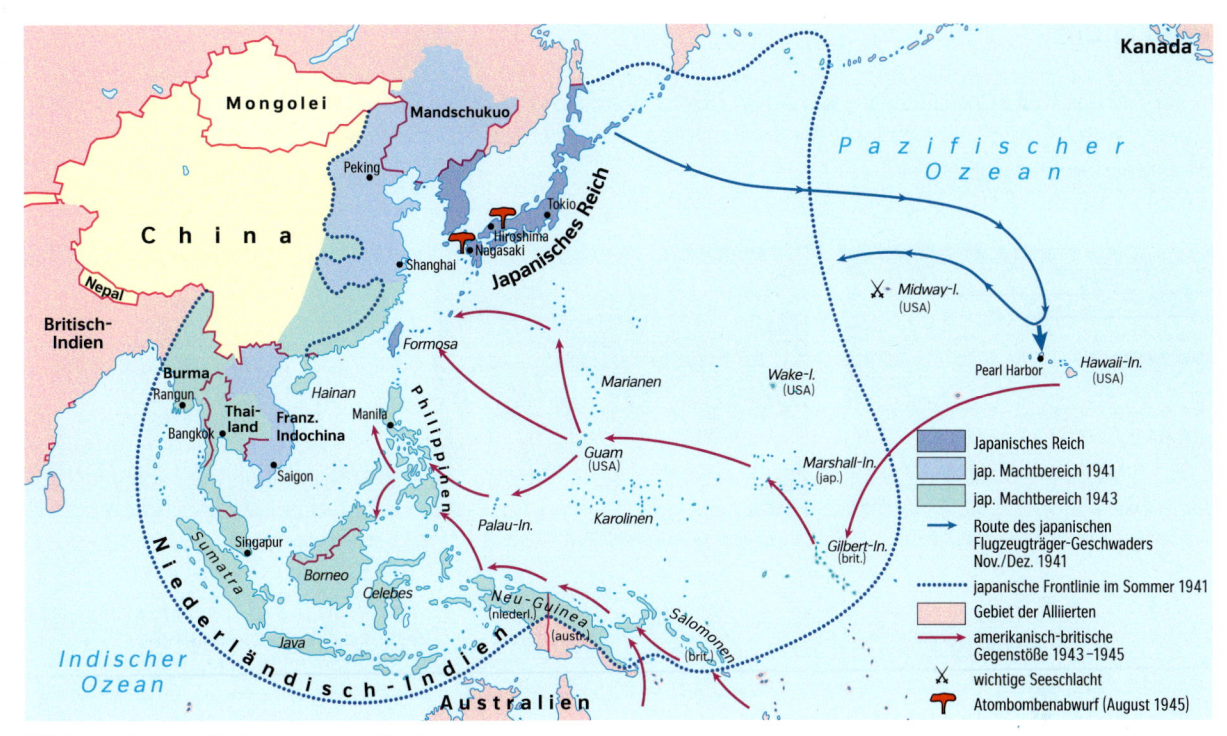

113.1 Der Zweite Weltkrieg im pazifischen Raum

Atombomben auf Nagasaki und Hiroshima

Obwohl die Japaner nach dem Angriff auf Pearl Harbor für einige Monate die Vorherrschaft im Pazifikraum erlangen konnten, waren ihnen die USA langfristig überlegen. Sie drängten die Japaner zurück. Am 26. Juli 1945 forderten die USA das japanische Kaiserreich auf, den Krieg einzustellen, was abgelehnt wurde. Daraufhin warfen die USA am 6. und am 9. August über den japanischen Städten Hiroshima und Nagasaki Atombomben ab. Die Folgen waren verheerend. Über 200 000 Menschen in Hiroshima und Nagasaki starben sofort und Zehntausende in den folgenden Jahren. Am 2. September 1945 kapitulierte Japan.

113.2 Atompilz über Hiroshima

113.3 Hiroshima nach dem Atombombenabwurf

AUFGABEN

1. *Erstelle eine Zeitleiste, in der du wichtige Ereignisse des Pazifikkrieges darstellst.*
2. *Der Einsatz der Atombomben wurde von US-Militärs damit begründet, dass dadurch das Leben vieler US-Soldaten gerettet wurde, die bei der Eroberung Japans gefallen wären. Bewerte diese Begründung.*
3. *Recherchiere langfristige Folgen der Atombombenabwürfe in Japan. Stelle der Klasse persönliche Schicksale vor.*

Was bleibt?

In der Zeit des Nationalsozialismus wurden in Deutschland die Grundrechte ausgeschaltet und Menschen unterdrückt. Deutschland begann einen verheerenden Krieg und ermordete Millionen Menschen in Vernichtungslagern. Was haben wir daraus gelernt?

Verhaftung von politisch Andersdenkenden

Demütigung jüdischer Mitbürger

brennende Synagoge

Parteienverbot

Verbot der Gewerkschaften

Verbot der freien Presse

Holocaust

Judenstern

Erschießung polnischer Zivilisten

Ankunft im Vernichtungslager

Bücherverbrennung

Die Zeit des Nationalsozialismus

Bundesrepublik Deutschland

„Die Würde des Menschen ist unantastbar."
- freie Entfaltung der Persönlichkeit
- Recht auf Leben, Freiheit und körperliche Unversehrtheit
- Alle Menschen sind vor dem Gesetz gleich.
- Gleichberechtigung von Mann und Frau
- Religionsfreiheit
- Meinungs- und Pressefreiheit, Verbot der Zensur
- Versammlungs- und Vereinigungsfreiheit

„Demokratie"
- Alle Staatsgewalt geht vom Volke aus.
- Die Wahlen sind frei, gleich und geheim.
- Die politischen Macht ist nur auf Zeit vergeben.
- Recht auf politische Opposition
- Parteien können frei gegründet werden.
- Zwischen den politischen Parteien besteht Chancengleichheit.
- Konkurrenz mehrerer Parteien um die Macht

„Rechtsstaatlichkeit"
- Die Gesetzgebung muss sich an das Grundgesetz (Verfassung) halten.
- Die Gesetze gelten auch für die Regierung.
- Die Richter sind unabhängig und nur dem Gesetze unterworfen.
- Jeder Bürger darf sich juristisch gegen den Staat wehren
- Verbot der Selbstjustiz (niemand darf das Gesetz in die eigene Hand nehmen).

freiheitlich demokratische Grundordnung (FDGO)

Die demokratischen Prinzipien und obersten Grundwerte sind nicht veränderbar (Art. 79, Abs. 3 GG).
„[Diese] Grundordnung ist [...] das Gegenteil des totalen Staates, der [...] Menschenwürde, Freiheit und Gleichheit ablehnt." (Bundesverfassungsgericht 1952)

115.1 Die freiheitlich demokratische Grundordnung der Bundesrepublik Deutschland

FACHBEGRIFF

Freiheitlich demokratische Grundordnung (FDGO)
„[...] ist eine Ordnung, die unter Ausschluss jeglicher Gewalt- und Willkürherrschaft eine rechtsstaatliche Herrschaftsordnung auf der Grundlage der Selbstbestimmung des Volkes nach dem Willen der jeweiligen Mehrheit und der Freiheit und Gleichheit darstellt." So urteilte das oberste deutsche Gericht (Bundesverfassungsgericht) 1952, als es um das Verbot einer rechtsextremen Partei ging. Dabei wurde zum ersten Mal dieser Begriff der FDGO klar definiert. Im Kern geht es dabei um die Begriffe „Menschenwürde", „Demokratie" und „Rechtsstaatlichkeit". Dies sind die obersten demokratischen Prinzipien unseres Staates und können im Grundgesetz nicht verändert werden.

AUFGABEN

1 Erkläre, was unter freiheitlich demokratischer Grundordnung, FDGO, zu verstehen ist.
2 Ordne den Bildern und Begriffen auf S.114 die entsprechenden Punkte der FDGO zu (115.1).
3 a) Betrachte die Grundsätze in 115.1 genauer. Überprüfe die Aussage des Bundesverfassungsgerichts von 1952 (FDGO als „Gegenteil" des Dritten Reiches) anhand des Kapitels. Gibt es in den drei Säulen Grundsätze, die in der Zeit des Nationalsozialismus beachtet wurden? Nenne andernfalls Beispiele für Verletzungen.
b) Was heißt es für jeden Bürger, diese unabänderlichen Rechte der FDGO zu haben? Diskutiert in der Klasse.

K

Trio-Kompakt: Die Zeit des Nationalsozialismus

Begriffe zum Nationalsozialismus

Zeichne die Tabelle in dein Heft und erkläre die Begriffe zum Kapitel „Zeit des Nationalsozialismus". Du kannst die Tabelle auch selbst erweitern.

Begriff	Erklärung
Drittes Reich	x x x
SA	x x x
SS	x x x
Gleichschaltung	x x x
politische Ideologie	x x x
Zwangsarbeit	x x x
Shoa(h)	x x x
Getto	x x x
Holocaust	x x x
Widerstand	x x x
Zivilcourage	x x x
freiheitlich demokratische Grundordnung (FDGO)	x x x

Die NS-Diktatur

Stelle unter Verwendung folgender Begriffe den Weg von einer Demokratie in eine Diktatur grafisch dar.
Reichstagsbrand, Terror, Ermächtigungsgesetz, Gleichschaltung und Propaganda.

Verbrechen an den Juden

a) Bringe folgende Begriffe in eine richtige zeitliche Reihenfolge:
Nürnberger Rassengesetze, Deportation, Vernichtungslager, Reichspogromnacht, Wannsee-Konferenz.
b) Erläutere, was sich hinter diesen Begriffen verbirgt.

Verlauf des Krieges (M)

Gliedere selbstständig den Verlauf des Zweiten Weltkrieges. Nimm Ursache, Ereignisse, Daten, Verlauf sowie Ende des Krieges in deine Gliederung auf.

PRÜFE DICH NUN SELBST! DU KANNST ...

- ✓ ... eine Zeitleiste von der Machtergreifung bis zum Ende des Zweiten Weltkrieges erläutern (S. 70/71).
- ✓ ... beschreiben, wie Hitler eine Diktatur errichtete und Gegner ausschaltete (S. 70–73, 84/85).
- ✓ ... erklären, wie der NS-Staat aufgebaut war und funktionierte (S. 74–81).
- ✓ ... ein Foto als geschichtliche Quelle auswerten (S. 82/83).
- ✓ ... das Leben jüdischer Bürger und von Zwangsarbeitern in Deutschland beschreiben (S. 86–89, 96/97).
- ✓ ... die Kriegsvorbereitungen Hitlers erläutern (S. 90/91).
- ✓ ... den Verlauf des Zweiten Weltkriegs in wichtigen Stationen beschreiben (S. 92–95, 106–109, 112/113).
- ✓ ... die geplante Ermordung in den Vernichtungslagern darlegen (S. 98–101).
- ✓ ... selbstständig Stolpersteine entschlüsseln (S. 102/103).
- ✓ ... an Beispielen aufzeigen, wie Menschen Widerstand leisteten (S. 104/105).
- ✓ ... die Begriffe „Flucht" und „Vertreibung" vor dem Hintergrund der Ereignisse von 1945 unterscheiden
- ✓ (S. 110/111).
- ✓ ... das Ende des Zweiten Weltkrieges in Europa und im Pazifikraum darlegen (S. 109, 112/113).

Die Zeit des Nationalsozialismus

Offenes Arbeiten

Hier beschäftigst du dich selbstständig mit einem Thema des Kapitels. Wie du das Ergebnis darstellst, entscheidest du.

In diesem Kapitel hast du erfahren, ...
- wie die Nationalsozialisten ihre Macht sicherten.
- dass die Nationalsozialisten Millionen Menschen ermordeten.
- dass mutige Menschen Widerstand leisteten.
- dass Deutschland einen Weltkrieg begann.

1. Wähle eine der Aussagen oben aus.
2. Notiere dazu Begriffe und Gedanken.
3. Was gehört zusammen? Ordne.
4. Erstelle daraus: Mindmap, Bild, Skizze, Text, Plakat, Tabelle oder wähle eine andere Darstellungsform.
5. Vergleicht und ergänzt eure Ergebnisse.
6. Schau auf die Schritte 1 bis 5 zurück. Wo hattest du Schwierigkeiten? Was ist dir gut gelungen?

Demokratie leben

118.1 Demonstration für mehr Klimaschutz (Globaler Klima-Aktionstag 29.11.2019)

In einer Demokratie ...
- gestalten die Bürgerinnen und Bürger Politik mit.
- wählen die Bürgerinnen und Bürger ihre Volksvertreter.
- ist die politische Macht begrenzt.

Du weißt schon sehr viel ...

In den vergangenen drei Schuljahren hast du im Fach GPG mit den Begriffen Demokratie, Grundrecht und Menschenrecht, Verfassung, demokratische Wahl und Parlament schon Bekanntschaft gemacht. Damit hast du ein Vorwissen. Was weißt du bereits über das Thema Demokratie?

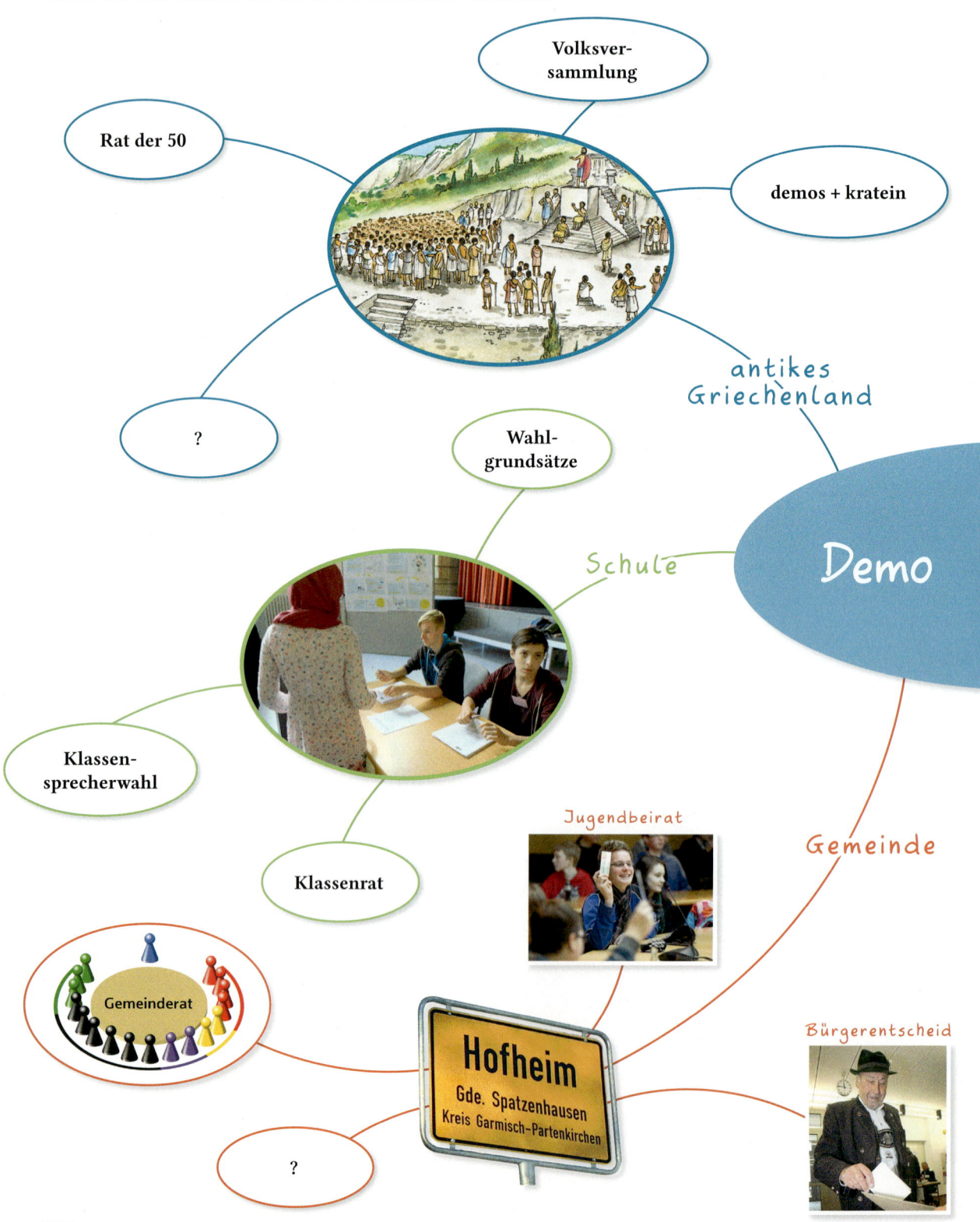

- Volksversammlung
- Rat der 50
- demos + kratein
- ?

antikes Griechenland

- Wahlgrundsätze
- Klassensprecherwahl
- Klassenrat

Schule

Demo

- Jugendbeirat
- Gemeinderat
- Hofheim – Gde. Spatzenhausen, Kreis Garmisch-Partenkirchen
- Bürgerentscheid
- ?

Gemeinde

Demokratie leben

Bundesrepublik Deutschland
- ?
- freie Presse
- GRUNDGESETZ für die Bundesrepublik Deutschland

Französische Revolution
- Freiheit, Gleichheit, Brüderlichkeit
- Aufklärung
- ?
- Menschenrechte
- Gewaltenteilung

kratie

Weimarer Republik
- ?
- Frauenwahlrecht

AUFGABEN

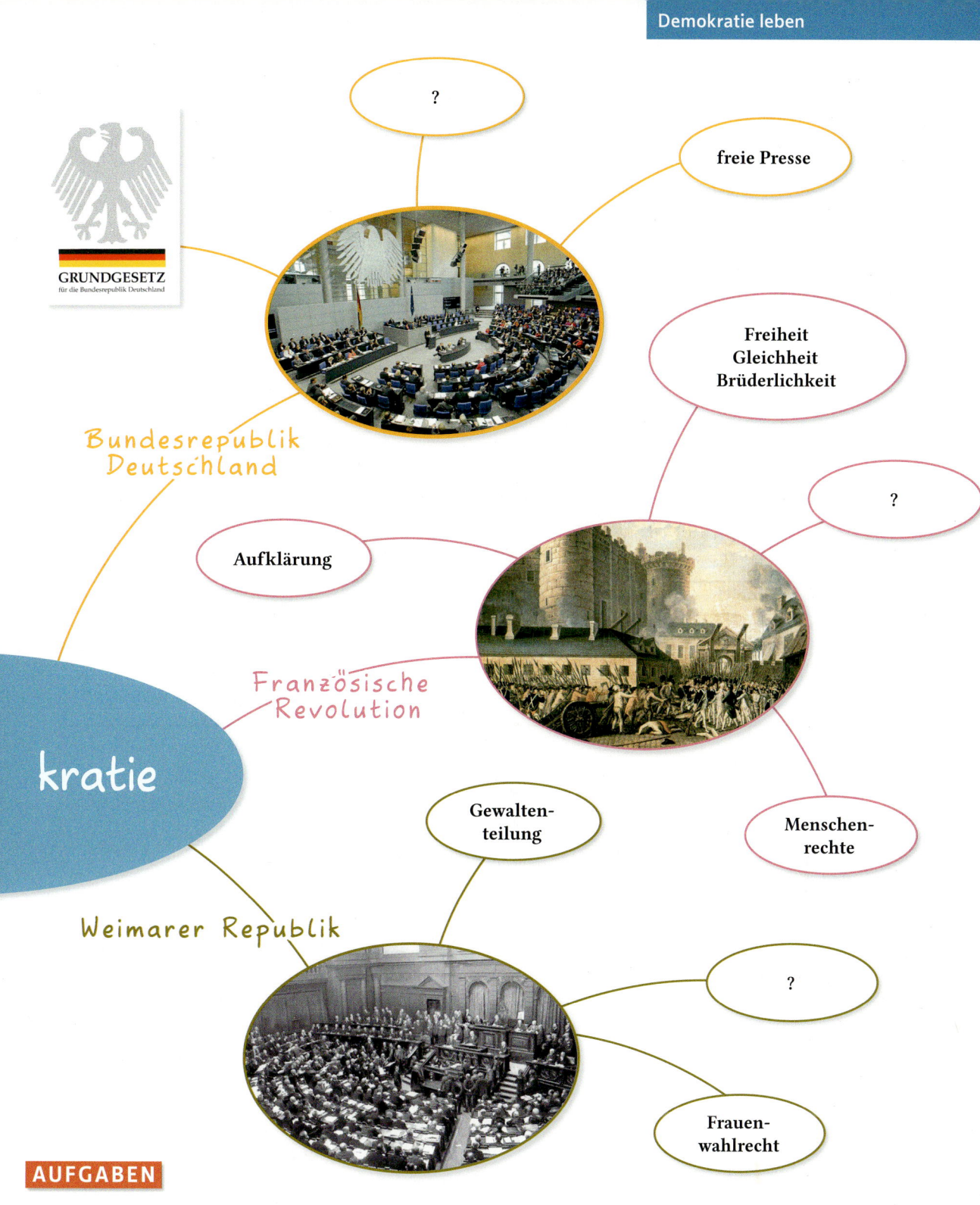

1. Übertrage die Mindmap vereinfacht auf einen großen Papierbogen. Ergänze deine Mindmap mit Begriffen, Bildern und Jahreszahlen. Nutze dein Vorwissen aus vergangenen Schuljahren.
2. Vergleiche und ergänze die Mindmap gemeinsam mit deinen Mitschülern.
3. Wiederholt die wichtigsten Begriffe wie Demokratie – Wahlgrundsätze – Grund- und Menschenrechte – Gewaltenteilung und haltet ihre Definition schriftlich fest.
4. Ergänze die Mindmap während der Kapitelbearbeitung durch neue Bilder und Begriffe.

Was wir bewegen wollen!

Viele Menschen setzen sich für wichtige Ziele ein. Sie wollen helfen, Probleme zu lösen. Jugendliche aus aller Welt erklären, was sie gerne ändern würden.

Wir produzieren viel zu viel Müll. Das muss endlich aufhören. Ich würde Plastikverpackungen verbieten.
Paul, 15 Jahre, Deutschland

Ich würde dafür sorgen, dass mehr Menschen das Fahrrad oder den Bus nutzen. In der Stadt gibt es zu viele Autos.
Jan, 15 Jahre, Deutschland

Ich möchte, dass endlich mal eine Frau unser Land führt.
Celine, 17 Jahre, USA

Der Klimawandel trifft uns alle. Wir müssen weniger CO_2 produzieren. Deshalb würde ich das Verbrennen von Kohle verbieten.
Mats, 16 Jahre, Schweden

Ich wünsche mir, dass alle Menschen es sich leisten können, zum Arzt zu gehen, wenn sie krank sind.
Asam, 14 Jahre, Marokko

Mir ist ganz wichtig, dass das Mittelmeer geschützt wird. Ich würde mehr Gebiete unter Schutz stellen.
Anna, 14 Jahre, Griechenland

Ich wünsche mir ein Land, in dem jeder die gleichen Chancen hat. Wer bei uns in Armut aufwächst, bleibt auch arm. Das würde ich ändern.
Roberta, 17 Jahre, Brasilien

Viele Menschen leben in einfachen Hütten oder auf der Straße. Ich würde für sie feste Häuser mit Strom und Wasser bauen lassen.
Devi, 16 Jahre, Indien

Und du?

122.1 Jugendliche aus aller Welt äußern ihre Wünsche.

Demokratie leben

123.1 Pauls Foto vom Strand

Was Paul bewegen will

„Ich bin Paul, 15 Jahre alt. Mein großer Wunsch steht ganz klar fest: Ich möchte, dass weniger Plastikmüll in unsere Umwelt gelangt.
Letztes Jahr verbrachten meine Familie und ich den Sommerurlaub in Kroatien am Meer. Der Strand war übersät von kleinen und großen Plastikteilen. Als ich wieder zu Hause war, schaute ich, ob es im Internet Videos über Plastik im Meer gibt. Ich war geschockt. Riesige Teppiche aus Müll treiben über die Ozeane. Einer dieser Müllstrudel ist viermal so groß wie Deutschland.
Wir Deutschen sind Europameister im Verbrauch von Plastikverpackungen: Coffee-to-go-Becher, Verpackungen von Fertiggerichten, Plastikflaschen, einzeln verpackte Süßigkeiten usw. Keiner von uns kann behaupten, dass ihn das nichts angeht. Denn jeder Einzelne produziert diesen Müll. Also muss auch jeder Einzelne bei sich anfangen, Plastikmüll zu reduzieren.
Bei uns zu Hause wird schon lange Müll getrennt. Beim Einkaufen achten wir verstärkt darauf, dass wir unnötige Verpackungen vermeiden.
Aber das ist mir eigentlich zu wenig. Ich finde, dass viel mehr Menschen dieses Problem kennen müssen. Vielleicht gelingt es dann, dass weniger Plastik in unsere Meere gelangt."

AUFGABEN

1. Lies die Aussagen der Jugendlichen aus aller Welt (122.1). Welcher Wunsch ist auch dir sehr wichtig?
2. Habt auch ihr Themen, die euch bewegen? Sammelt eure Themen und einigt euch auf eines. Besprecht, was ihr zur Lösung dieses Problems beitragen könnt.
3. Erstelle ein Kurzreferat und informiere deine Mitschüler über das Problem von Plastikmüll in den Meeren.
4. a) Überlege, was Paul unternehmen könnte, um andere für sein Thema zu gewinnen.
   b) Begründe, warum Pauls Äußerung auch mit Demokratie und Politik zu tun hat.

Paul bewegt seine Schule

Jedes Jahr wird von der SMV (Schülermitverwaltung) an Pauls Schule eine Schülervollversammlung abgehalten. Hier haben Schüler die Möglichkeit, ein Anliegen vor der gesamten Schülerschaft zu präsentieren. Diese Gelegenheit nutzt Paul, um seine Mitschüler über das Problem „Plastikmüll" aufzuklären.

Paul spricht vor der Schülervollversammlung

„Hallo, ich bin Paul aus der 8a. Vielleicht kennt ihr solche Bilder aus dem Internet oder dem Fernsehen. In unseren Meeren schwimmt mittlerweile so viel Plastik, dass es nicht mehr zu übersehen ist, wie wir damit unsere Natur zerstören. Tiere leiden und am Ende auch der Mensch. Wenn ihr der Meinung seid, das sei weit weg, das gehe uns nichts an, dann denkt ihr falsch. Das Problem fängt bei uns an.

Gestern habe ich mir den Schulhof nach der Pause mal genau angeschaut. Überall lag Plastik herum. Die Mülleimer waren voll. Ich möchte, dass sich das ändert. Ich stelle daher den Antrag, dass wir in der Schule Plastikmüll vermeiden und den Müll trennen. Wir könnten zum Beispiel Mülltrenncontainer anschaffen. Ich danke euch für eure Aufmerksamkeit!"

124.1 Pauls Folien

| Paul stellt den Antrag bei der Schülervollversammlung. | → | Die SMV setzt Pauls Antrag auf die Antragsliste. | → | Die Schulleitung prüft die Liste und leitet sie an das Schulforum weiter. | → | Das Schulforum entscheidet über den Antrag. |

124.2 Vom Antrag zum Beschluss

Das Projekt „Plastikmüll" an Pauls Schule

Pauls Antrag zur Anschaffung von Mülltrenncontainern wurde vom Schulforum genehmigt. Viele Beteiligte fanden seine Idee vom Mülltrennen und -vermeiden so gut, dass sie gemeinsam eine Projektwoche zum Thema „Plastikmüll" organisierten.

Viele Klassen nahmen daran teil (125.1). Alexander, ein Fünftklässler, wurde zum Abschluss der Projektwoche zu seiner Meinung befragt: „Ich fand die Woche echt cool. Erstens war es mal etwas Anderes als immer nur normaler Unterricht. Wir Schüler haben etwas für unsere Umwelt getan. Das gibt ein gutes Gefühl."

Pauls Klasse entschied sich für das „Projekt Plastikpiraten" des Bundesministeriums für Bildung und Forschung (125.2). Es ging darum, einen Flussabschnitt ihres Heimatortes auf Müllverschmutzung zu untersuchen. Ihre Ergebnisse trugen sie in die digitale Landkarte des Ministeriums ein. Da sich über 9 000 Schüler in ganz Deutschland an diesem Projekt beteiligten, konnte eine umfassende Übersicht zum Plastikvorkommen in deutschen Flüssen erstellt werden.

Klasse 9a:
zusammen mit dem Jugendforum der Gemeinde: eine Woche Mitarbeit auf dem Recyclinghof

Klasse 7c:
zusammen mit Landesbund für Vogelschutz: Müllsammeln am Fluss

Klasse M10:
zusammen mit dem Hausmeister und der Fachlehrerin für Ernährung und Soziales: Müllvermeiden beim Pausenbrot und Mittagessen

Klasse 5b:
zusammen mit der Pfarrjugend: Plastikfasten in der Familie organisieren

125.2 Projekt Plastikpiraten

Klasse 6a:
zusammen mit der Jugendfeuerwehr: „Rama-Dama-Aktion" im Stadtpark

Klasse 8c:
zusammen mit einer Seniorengruppe: Aktion vor dem Supermarkt: Müll beim Einkaufen vermeiden

125.1 Aktionen einzelner Klassen

AUFGABEN

1 Beschreibe den Weg von Pauls Antrag bis zur Entscheidung im Schulforum mithilfe des Textes und 124.2.
2 Pauls Schule arbeitet mit vielen Gruppen, Vereinen und Verbänden zusammen. Welche Vorteile hat diese Zusammenarbeit?
3 „Die Projektwoche ‚Plastikmüll' an seiner Schule zeigt, dass eine Demokratie von uns allen getragen wird." Erläutere diese Aussage.
4 Was haben die Aktionen der einzelnen Klassen mit Demokratie zu tun?

Paul und Nesrin bewegen ihre Gemeinde

Paul konnte durch seine Arbeit an der Schule viele Mitschüler begeistern. Eine von ihnen, Nesrin aus der 10b, ermutigt ihn auch, bei der Gemeinde für seine Ideen zur Mülltrennung zu werben. Die Schulleitung vermittelt den beiden einen Termin beim Bürgermeister. Dieser lädt die beiden zur Mitarbeit ein. Er ermuntert sie, auf der nächsten Bürgerversammlung zu sprechen. Was können die beiden dort für ihre Gemeinde bewegen?

Nesrins und Pauls Weg führt in das Rathaus der Gemeinde

Nesrin erzählt: „Der Bürgermeister hat uns auf die nächste Bürgerversammlung eingeladen. Außerdem hat er uns versprochen, unser Thema Mülltrennung auf die Tagesordnung zu setzen. Wir sollten einen kurzen Vortrag halten. Da haben wir, Paul und ich, uns an die Arbeit gemacht.

Wir beschrieben, dass vor unserer Schule am Bushäuschen ein Mülleimer hängt, der regelmäßig überquillt: Coffee-to-go-Becher, Papiertüten vom Bäcker, Hundekotbeutel. Wir finden es widerlich, wenn man dort auf den Bus wartet und die ganze Zeit diesen Abfalleimer im Blick hat. Dabei geht es doch auch anders. Es gibt Müllcontainer mit mehreren Fächern, in denen man seinen anfallenden Müll auch gleich trennen kann.

Viele der Anwesenden fanden unseren Vorschlag toll, da auch sie diese ekelhaften Eimer aus ihren Wohnvierteln kannten. Und so kam eine Frau auf uns zu und meinte, wir sollen doch einen Bürgerantrag stellen, dass auch die Gemeinde diese Mülltrenncontainer aufstellen solle.

Das taten wir auch. Der schriftliche Antrag lautete: ‚Hiermit beantragen wir, dass die Mülleimer in unserer Stadt durch Müllcontainer mit mehreren Fächern zur Mülltrennung ersetzt werden.'" Ihren Antrag ließen die beiden von einem Prozent der wahlberechtigten Gemeindebürger unterschreiben. Dann reichten sie Antrag und Unterschriftenliste ein. Somit musste der Gemeinderat das Thema auf die Tagesordnung setzen. Aber der Gemeinderat lehnte Nesrins und Pauls Antrag ab. Paul und seine Mitstreiter kamen zu dem Entschluss, ein Bürgerbegehren (126.1) einzuleiten. Laut bayerischer Verfassung haben „die Staatsbürger [...] das Recht, Angelegenheiten des eigenen Wirkungskreises der Gemeinden und Landkreise durch Bürgerbegehren und Bürgerentscheide zu regeln". Nesrin und Paul haben alle Möglichkeiten genutzt, ihre Interessen durchzusetzen: Bürgerversammlung, Bürgerantrag und Bürgerbegehren. Dies sind Formen der direkten Demokratie (Fachbegriff).

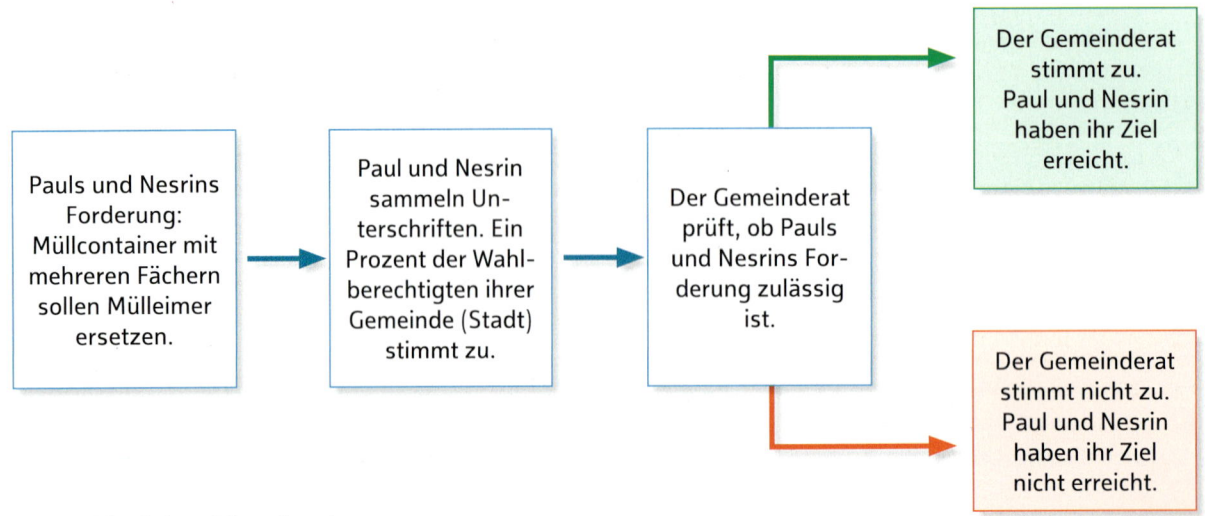

126.1 Ablauf eines Bürgerbegehrens

Demokratie leben

Der normale Weg der Beschlüsse einer Stadt bzw. Gemeinde

Der Bürgermeister erzählt: „Der einzelne Bürger hat gerade im Bereich seiner Gemeinde ein starkes Mitwirkungsrecht durch Bürgerversammlung, Bürgerantrag und Bürgerbegehren. Und ich freue mich immer sehr, wenn die Versammlungen gut besucht sind. Aber die meisten Regelungen beschließt der von den Bürgern der Stadt gewählte Stadtrat. Die Mitglieder des Stadtrates sind also die Vertreter (Repräsentanten) der Bürger. Diese Regierungsform wird repräsentative Demokratie genannt (Fachbegriff). Nun besteht die Pflicht des Bürgermeisters und des Gemeinderates darin, die anfallenden Aufgaben bestmöglich zu erfüllen. Schaffen wir das nicht, haben die Bürger bei der nächsten Wahl die Möglichkeit, anders zu entscheiden. Werden wir abgewählt, müssen wir einer anderen Partei mit einem anderen Bürgermeister den Platz frei machen.

Nun hat sich der Stadtrat mehrheitlich gegen den Antrag der Schülerinnen und Schüler auf Mülltrennung ausgesprochen. Wir haben einen derartigen Posten nicht im Haushalt. Wir können dieses Jahr die Mülltrenncontainer nicht finanzieren. Das muss ich so akzeptieren.

Paul und Nesrin, ihr habt noch weitere Möglichkeiten, euren Wunsch durchzusetzen. Unser Landtagsabgeordneter hat bestimmt ein offenes Ohr für euch."

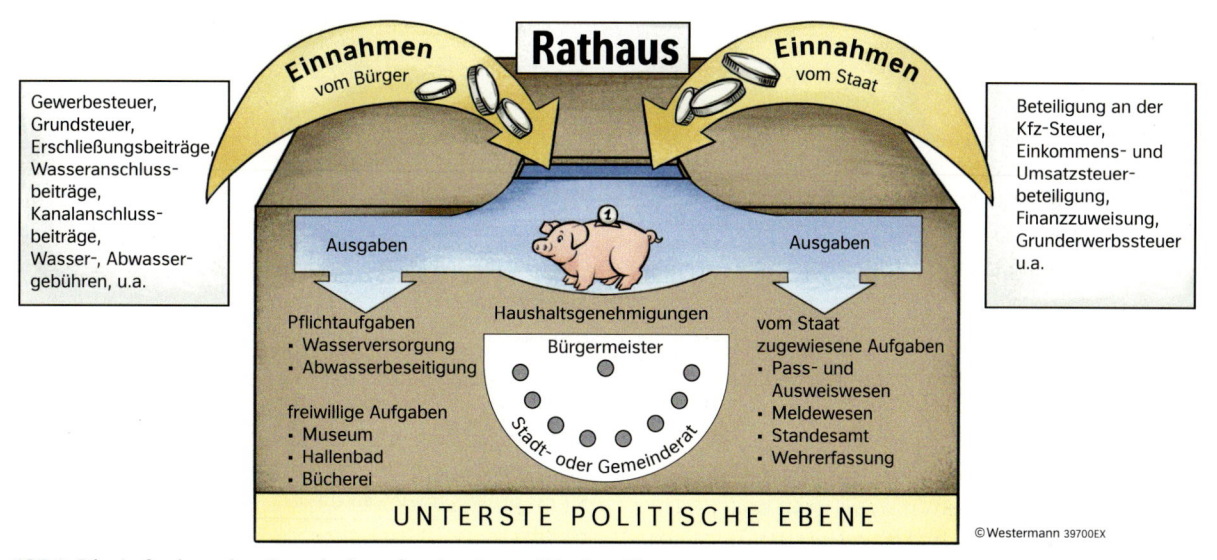

127.1 Die Aufgaben der Gemeinde auf unterster politischer Ebene

---

FACHBEGRIFF

Direkte Demokratie
… ist eine Form der Demokratie, in der die Bürgerinnen und Bürger unmittelbar selbst die politischen Entscheidungen fällen und dies nicht gewählten Vertretern (Repräsentanten) überlassen. Beispiele für direkte Demokratie in der Gegenwart sind Bürgerentscheid und Volksentscheid.

FACHBEGRIFF

Repräsentative Demokratie
… ist eine Form der Demokratie, in der die Bürgerinnen und Bürger politische Entscheidungen nicht selbst treffen, sondern sie – auf Zeit – gewählten Vertretern (Repräsentanten) überlassen, die für sie stellvertretend tätig sind.

AUFGABEN

1. Beschreibe Nesrins und Pauls Weg zur Durchsetzung ihres politischen Ziels. Verwende dabei auch die Begriffe Bürgerversammlung, Bürgerantrag, Bürgerbegehren und Bürgerentscheid.
2. Der Bürgermeister erklärt Nesrin und Paul die repräsentative Demokratie. Warum ist sie im Alltag notwendig und nützlich?
3. Was hat das Engagement von Nesrin und Paul mit Demokratie zu tun?

Paul und Nesrin bewegen den Landtag

Nesrin und Paul waren sehr enttäuscht, dass ihr Antrag auf Mülltrennung im öffentlichen Bereich vom Stadtrat abgelehnt wurde. Der Bürgermeister hatte ihnen jedoch den Rat gegeben, sich an den Landtagsabgeordneten zu wenden. Vielleicht gibt es ja doch noch eine Möglichkeit, ihr Anliegen zu verwirklichen.

Nesrin und Paul treffen den Landtagsabgeordneten

„Schau mal", meint Nesrin, nachdem sie „Landtagsabgeordneter" und den Namen ihres Wahlkreises in die Suchmaschine eingegeben hatte. „Es gibt einen Abgeordneten, der unseren Wahlkreis im Bayerischen Landtag vertritt. Er hat sogar ein Büro, in dem man ihn zu bestimmten Sprechzeiten besuchen kann." Die beiden vereinbaren einen Termin und treffen kurz darauf ihren MdL, so heißt ein Mitglied des Landtages.

Nesrin: Sehr geehrter Herr Nagel, wir freuen uns, dass Sie sich die Zeit nehmen, unsere Fragen zu beantworten.

Herr Nagel: Aber gerne, ich freue mich, euch meine Arbeit und meine Aufgaben erklären zu können.

Paul: Herr Nagel, wie wurden Sie Mitglied des Landtages?

Herr Nagel: Nun, meine Partei hat mich als Kandidaten für diesen Wahlkreis aufgestellt. Bei der Wahl hatte ich die meisten Stimmen im Wahlkreis, somit habe ich ein Direktmandat erhalten. Jetzt bin ich für fünf Jahre Abgeordneter im Bayerischen Landtag.

Paul: Was machen Sie da genau?

Herr Nagel: Ich bin im Ausschuss für Staatshaushalt und Finanzfragen, dem sogenannten Haushaltsausschuss. Das ist eigentlich das Kerngeschäft unseres Parlaments. Wir Abgeordneten bestimmen, wofür die Steuergelder der Bürgerinnen und Bürger verwendet werden. Und dabei müssen wir auch der Bayerischen Landesregierung gründlich auf die Finger schauen. Jedes Jahr verabschieden wir einen Haushalt, in dem genau aufgeschrieben ist, was das Bundesland Bayern wofür ausgibt.

Nesrin: Herr Nagel, wir Schüler haben bereits an unserer Schule ein Mülltrennungssystem durchgesetzt. Unser Wunsch, das auch bei der Stadt durchzusetzen, ist leider gescheitert.

Herr Nagel: Ja, davon hat man mir erzählt. Eigentlich gehört die Müllentsorgung zu den Aufgaben eurer Stadt. Wir vom Landtag geben die Gelder, mischen uns aber soweit nicht weiter ein. Allerdings nur unter einer Bedingung: Die Stadt muss die Gesetze einhalten.

Nesrin: Hat sie das getan?

Herr Nagel: Ja und nein. Sie ist ihrer Pflicht, den Müll zu entsorgen, nachgekommen, indem sie Mülleimer aufstellt und leert. Aber der Bayerische Landtag hat ein neues Abfallgesetz erlassen (vgl. 129.2). Eventuell müsstet ihr prüfen, inwieweit dieses Gesetz euch weiterhelfen könnte.

Paul: Also muss die Gemeinde die Gesetze, die Sie im Landtag beschließen, auch umsetzen.

Herr Nagel: Ja, das ist ganz richtig. Aber nicht nur das. Wir in Bayern müssen uns nicht nur an die Gesetze des Landtages, sondern auch des Bundestages und der EU halten. Darum muss eine Gemeinde z. B. bei einem Fest auch darauf achten, dass keine Trinkhalme aus Plastik mehr verwendet werden, denn ein neues EU-Gesetz schreibt das vor.

Nesrin: Und was kann ich tun, dass zum Beispiel der Einsatz von Plastik in manchen Bereichen gleich ganz verboten wird? Können Sie mir da helfen?

Herr Nagel: Leider nein. Das ist eine Aufgabe des Deutschen Bundestages. Dort beschließen die Abgeordneten Gesetze, die für ganz Deutschland gültig sind. Wenn ihr euch dazu genauer informieren wollt, dann wendet euch doch an den MdB unseres Wahlkreises, das Mitglied des Bundestages.

128.1 Interview mit einem Abgeordneten des Bayerischen Landtages

Demokratie leben

129.1 Das bayerische Landtagsgebäude in München

Die Aufgaben des Landtages

Herr Nagel beschreibt im Interview die Hauptaufgabe des Landtages genau:

„Das bayerische Länderparlament macht Gesetze, die für die Bürger und Institutionen Bayerns verbindlich sind. Es setzt den Haushalt fest. Das bedeutet, dass es bestimmt, wofür die Steuereinnahmen ausgegeben werden. Außerdem kontrolliert der Landtag die bayerische Landesregierung, indem er in kleinen Gruppen (Ausschüssen) die Arbeit der Regierung mitgestaltet und hinterfragt.

Die Abgeordneten des Bayerischen Landtages haben sich unter anderem auch mit dem Problem des Abfalls auseinandergesetzt. 2018 reformierten sie das Bayerische Abfallgesetz. Dieses Abfallgesetz macht die Mülltrennung für die Gemeinde zur Pflichtaufgabe. Somit sind die Gemeinden zum Ausbau der Mülltrennung verpflichtet. Damit setzen die Abgeordneten einen gesetzlichen Rahmen, der für die Gemeinden und Landkreise in Bayern verbindlich ist."

FACHBEGRIFF

Landtag
... nennt man das Parlament eines Bundeslandes. Seine Abgeordneten kontrollieren die Arbeit der Landesregierung und beschließen Landesgesetze.

In Bayern soll besonders hingewirkt werden auf
- die Verwendung langlebiger Erzeugnisse,
- die Wiederverwendung von Erzeugnissen,
- die Entwicklung und Anwendung von Verfahren zur Verwertung von Abfällen,
- die Verminderung des Schadstoffgehalts von Abfällen.

Die Landkreise und die kreisfreien Gemeinden sind für die in ihrem Gebiet anfallenden Abfälle entsorgungspflichtig und müssen die Entsorgung als Pflichtaufgabe im eigenen Wirkungskreis erfüllen.

129.2 Bayerisches Abfallwirtschaftsgesetz (BayAbfG)

AUFGABEN

1. Erkläre, was MdL bedeutet.
2. Was erwarten Nesrin und Paul von einem Gespräch mit ihrem MdL?
3. „Der Ober sticht den Unter." Recherchiere, was dieses Sprichwort bedeutet. Begründe, wieso es auf die politischen Ebenen in Bayern übertragbar ist.
4. Was bedeuten die Bestimmungen des BayAbfG (129.2) für Pauls Antrag bei seiner Gemeinde?

Politik in Deutschland – der Weg eines Gesetzes

Der Kontakt zur Bundestagsabgeordneten von Pauls und Nesrins Wahlkreis war schnell hergestellt. Leider hatte sie nur Zeit für ein kurzes Telefonat. Dabei gab sie aber den Hinweis, dass eine Gesetzesinitiative vorliegt, die das Ziel hatte, Mikroplastik in kosmetischen Produkten zu verbieten. Was muss geschehen, damit aus einer Gesetzesinitiative tatsächlich ein Gesetz wird?

Deutscher Bundestag, Drucksache 19/1073 1
9. Wahlperiode 06.03.2018 Antrag der Fraktion BÜNDNIS 90/DIE GRÜNEN

Kosmetik ohne Mikroplastik – Dem Vorbild Schwedens folgen

Der Bundestag wolle beschließen:

I. Der Deutsche Bundestag stellt fest: Mikroplastik wird in Kosmetikprodukten eingesetzt als Schleif-, Binde- und Füllmittel in Cremes, Peelings oder Duschgel. Studien belegen, dass Mikroplastik das Ökosystem Meer in erheblicher Weise gefährdet und Meeresorganismen die Mikropartikel aufnehmen. […] Ein Verbot in Kosmetik und Pflegeprodukten ist ein wichtiger Schritt und vor allem schnell umsetzbar.

II. Der Deutsche Bundestag fordert die Bundesregierung auf,
• dem Vorbild Schwedens zu folgen und umgehend einen Gesetzentwurf vorzulegen, der Mikroplastik in allen Kosmetika und Körperpflegeprodukten verbietet, […]

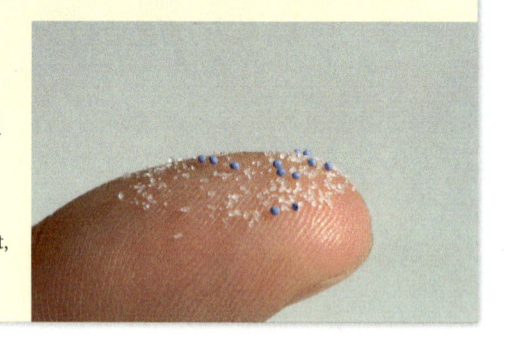

130.1 Gesetzentwurf zum Thema Mikroplastik

FACHBEGRIFF

Bundestag
Das Parlament von Deutschland ist der Deutsche Bundestag. Der Bundestag hat seinen Sitz in Berlin. Die Mitglieder des Bundestages sind die Abgeordneten. Die Abgeordneten sind Vertreter von Parteien. Alle vier Jahre finden Wahlen zum Bundestag statt. Nach den Wahlen bilden die Parteien im Bundestag Fraktionen. Der Bundestag wählt den Bundeskanzler. Das ist der Regierungschef. Der Bundestag beschließt Gesetze und kontrolliert die Ausführung der Gesetze durch die Regierung.

Erarbeitung von Gesetzentwürfen
Bundesregierung
Bundestag
Bundesrat

FACHBEGRIFF

Bundespräsident
Der Bundespräsident ist das Staatsoberhaupt. Er vertritt Deutschland im Ausland und setzt Verträge mit anderen Ländern in Kraft. Eine Bundesversammlung wählt den Bundespräsidenten. Zur Bundesversammlung gehören Mitglieder des Bundestages, des Bundesrates und Bürgern aus verschiedenen gesellschaftlichen Gruppen. Diese werden von den Parteien zur Wahl eingeladen. Der Bundespräsident ernennt den Bundeskanzler und die Minister. Er muss alle Gesetze unterschreiben. Erst dann sind sie geltendes Recht.

Demokratie leben

FACHBEGRIFF

Bundesrat
Im Bundesrat sitzen die Vertreter der Bundesländer. Ihre Anzahl (Stimmen) für ein Land hängt von der Größe des Landes ab. Der Bundesrat hat Einfluss auf die Bundesgesetze. Manche Gesetze brauchen die Zustimmung des Bundesrates. Bei anderen Gesetzen kann er Einspruch einlegen. Der Bundesrat vertritt die Interessen der Länder.

Bundesland	Stimmen	Einw. (Mio.)	Bundesland	Stimmen	Einw. (Mio.)
Bayern	6	13	Rheinland-Pfalz	4	4
Niedersachsen	6	7,9	Sachsen	4	4
Baden-Württemberg	6	11	Thüringen	4	2,1
Nordrhein-Westfalen	6	17,9	Schleswig-Holstein	4	2,8
Brandenburg	4	2,5	Saarland	3	0,9
Mecklenburg-Vorpommern	3	1,6	Berlin	4	3,6
Hessen	5	6,2	Hamburg	3	1,8
Sachsen-Anhalt	4	2,2	Bremen	3	0,6

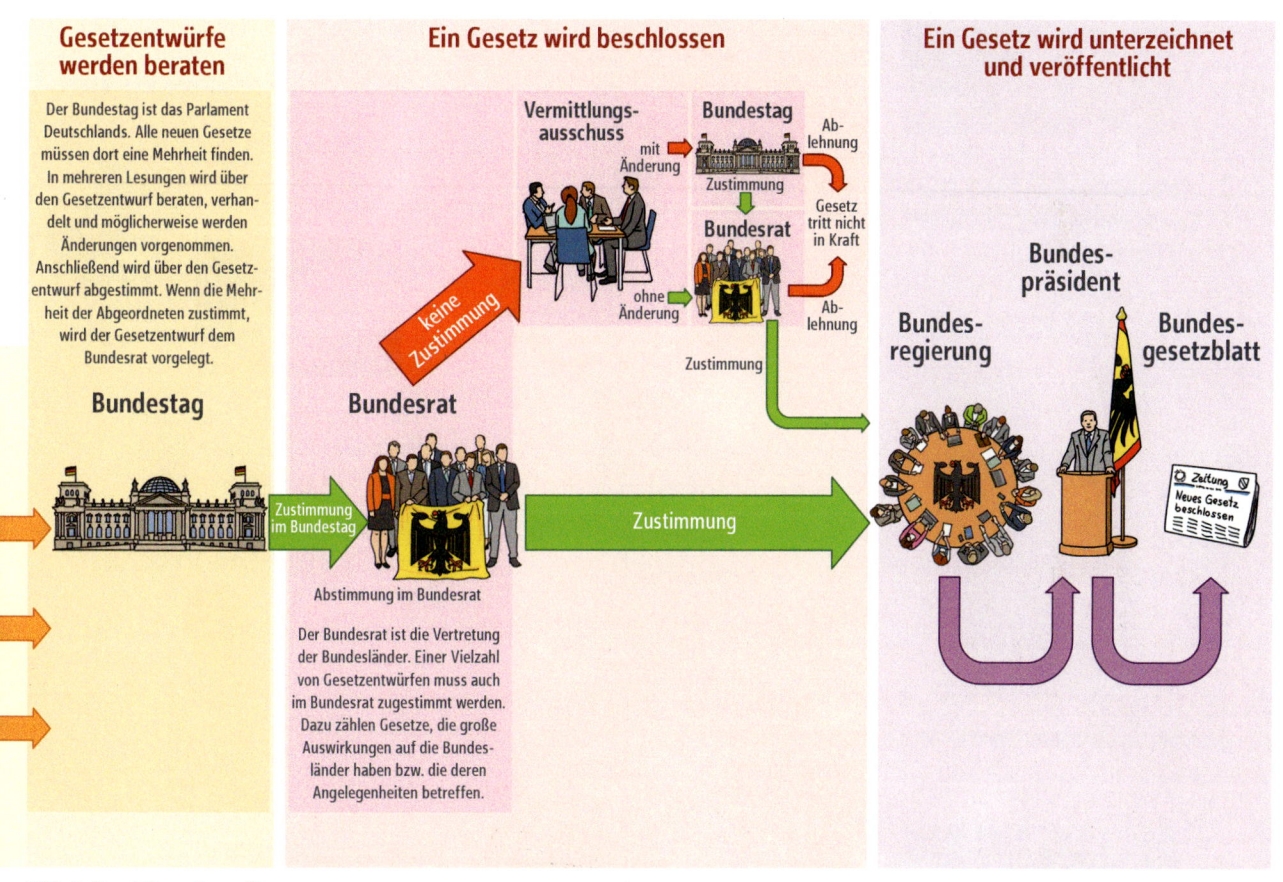

Gesetzentwürfe werden beraten

Der Bundestag ist das Parlament Deutschlands. Alle neuen Gesetze müssen dort eine Mehrheit finden. In mehreren Lesungen wird über den Gesetzentwurf beraten, verhandelt und möglicherweise werden Änderungen vorgenommen. Anschließend wird über den Gesetzentwurf abgestimmt. Wenn die Mehrheit der Abgeordneten zustimmt, wird der Gesetzentwurf dem Bundesrat vorgelegt.

Bundestag

Ein Gesetz wird beschlossen

Abstimmung im Bundesrat

Der Bundesrat ist die Vertretung der Bundesländer. Einer Vielzahl von Gesetzentwürfen muss auch im Bundesrat zugestimmt werden. Dazu zählen Gesetze, die große Auswirkungen auf die Bundesländer haben bzw. die deren Angelegenheiten betreffen.

Ein Gesetz wird unterzeichnet und veröffentlicht

131.1 Der Weg eines Gesetzes

AUFGABEN

1. Beschreibe die vier Stationen, bis ein Gesetz in Kraft tritt (131.1).
2. Formuliere eine Gesetzesinitiative, die Nesrins und Pauls Antrag entsprechen würde.
3. Erkläre die Aufgaben des Bundestages und des Bundesrates bei der Gesetzgebung.
4. Vergleiche den Ablauf in 131.1 mit dem Weg von Pauls Antrag in seiner Schule (siehe S. 124).
5. Finde Gründe, warum der Weg eines Gesetzes so aufwendig gestaltet ist.

Das leistet Politik in einer Demokratie

Nesrin und Paul sind enttäuscht, dass sie die Bundestagsabgeordnete ihres Wahlkreises nicht von ihrem Anliegen überzeugen konnten. Aber der Blick auf die Entwicklung der Gesetze im Bereich der Abfallwirtschaft (132.1) zeigt, dass Politiker versuchen, Probleme zu lösen.

20??: neues Gesetz

2012: Kreislaufwirtschafts- und Abfallgesetz

2005: Verbot von Hausmülldeponien mit unzureichend vorbehandeltem Hausmüll. Damit soll verhindert werden, dass organische Abfallanteile weiterhin auf Deponien landen.

2003: Einführung der Pfandpflicht für Einwegverpackungen, z. B. Plastikflaschen und Getränkedosen

1996: Kreislaufwirtschaftsgesetz: Müll muss recycelt werden.

1991: Einführung des gelben Sacks und der Biotonne

1990: München erlaubt auf Veranstaltungen Speisen und Getränke nur in wieder verwendbaren Verpackungen und Behältnissen.

1988: Einführung der Papiertonne

1986 Abfallgesetz: Verwertungspflicht: Hausmüll muss verwertet oder verbrannt werden.

1972: Abfallbeseitigungsgesetz: Hausmüll muss auf eine Gemeindedeponie gebracht werden.

1969: Altölgesetz: Gebrauchte Öle müssen gesammelt und sachgerecht entsorgt werden.

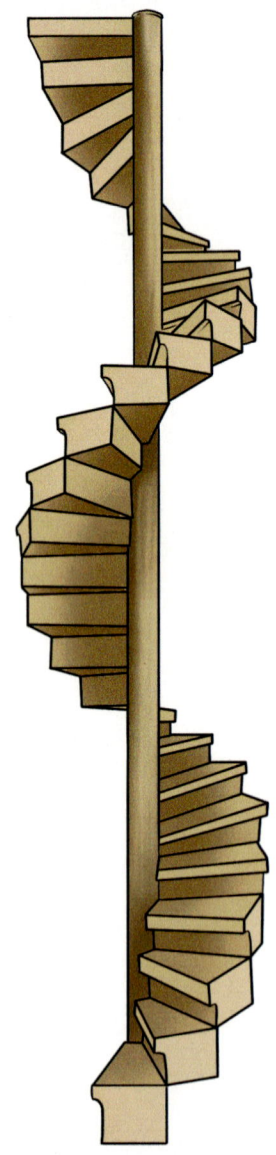

132.1 Beispiele von Gesetzen zur Abfallregulierung

Demokratie leben

5-Punkte-Plan der Regierung für weniger Plastik und mehr Recycling

1. Der Handel verpflichtet sich, Plastikmüll zu reduzieren.
2. Die Produkte sollen umweltfreundlich gestaltet sein. 
3. Bis 2022 soll die Recyclingquote auf 63 Prozent erhöht werden. 
4. Die Verbraucher sollen besser darüber informiert werden, wie Plastikmüll in Bioabfällen vermieden werden kann.  
5. Gefördert werden soll der weltweite Einsatz gegen Plastikmüll in den Meeren. Dazu zählen auch neue Technologien zur Reinigung der Meere.

133.1 Vorschlag der Bundesregierung für ein neues Abfallgesetz

Partei A	Partei B	Partei C	Partei D	Partei E
Bisher zahlen wir Steuerzahler die Kosten für die Entsorgung. Wir sind der Meinung, dass die Industrie die Entsorgung des immer umfangreicheren Verpackungsmülls bezahlen soll.	Wir benötigen ein Gesetz, das die Wiederverwendung von Plastik in den Vordergrund stellt. Wir müssen die Müllverbrennung zu Niedrigstpreisen verhindern.	Wir wollen den sofortigen Stopp des Müllhandels. Wir dürfen nicht zulassen, dass Entwicklungsländer unseren Wohlstandsmüll gegen geringes Geld lagern.	Umweltschutz darf nicht zu Lasten der Menschen gehen. Wir haben bereits zu viele Gesetze und Regulierungen. Wir brauchen eine Politik, die Verursacher in die Verantwortung nimmt.	Wir brauchen kein neues Gesetz, das viele neue Auflagen und Vorschriften macht. Wir wollen die Firmen zur Selbstverpflichtung bringen, auf unnötige Verpackungen zu verzichten.

133.2 Aussagen der Parteien

FACHBEGRIFF

Partei
Menschen schließen sich zu einer Partei zusammen oder treten einer Partei bei, weil sie ähnliche politische Meinungen oder Ziele vertreten. Diese Vorstellungen werden in Parteiprogrammen festgeschrieben. Die Mitglieder einer Partei sind überzeugt, dass sie zusammen mehr erreichen.

INFO

Art. 21 des Grundgesetzes
Die **Parteien** wirken bei der politischen Willensbildung des Volkes mit. Ihre Gründung ist frei. Ihre innere Ordnung muss demokratischen Grundsätzen entsprechen. Sie müssen über die Herkunft und Verwendung ihrer Mittel sowie über ihr Vermögen öffentlich Rechenschaft geben.

AUFGABEN

1. Überprüfe, ob es im Bereich Müllvermeidung und Mülltrennung in der Vergangenheit Fortschritte gab (132.1).
2. Die Parteien kommentieren den Gesetzesvorschlag der Bundesregierung (133.2).
   a) Ordne die Aussagen der Parteien einer Position des Reglers (Gesetz ja, Gesetz nein) zu. Zeichne dazu einen Regler in dein Heft.

   Gesetz ja ○─────────────▓▓─────────────○ Gesetz nein

   b) Welche Aussage entspricht am ehesten deiner Meinung? Begründe.

Kriterien zur Beurteilung politischer Maßnahmen

Um politische Entscheidungen vernünftig beurteilen zu können, benötigt man Kriterien. Denn es muss klar sein, worauf es bei demokratischen Entscheidungen ankommt. Im Folgenden findet ihr eine Reihe von Schlüsselfragen, die man als Grundlage einer Beurteilung heranziehen kann.

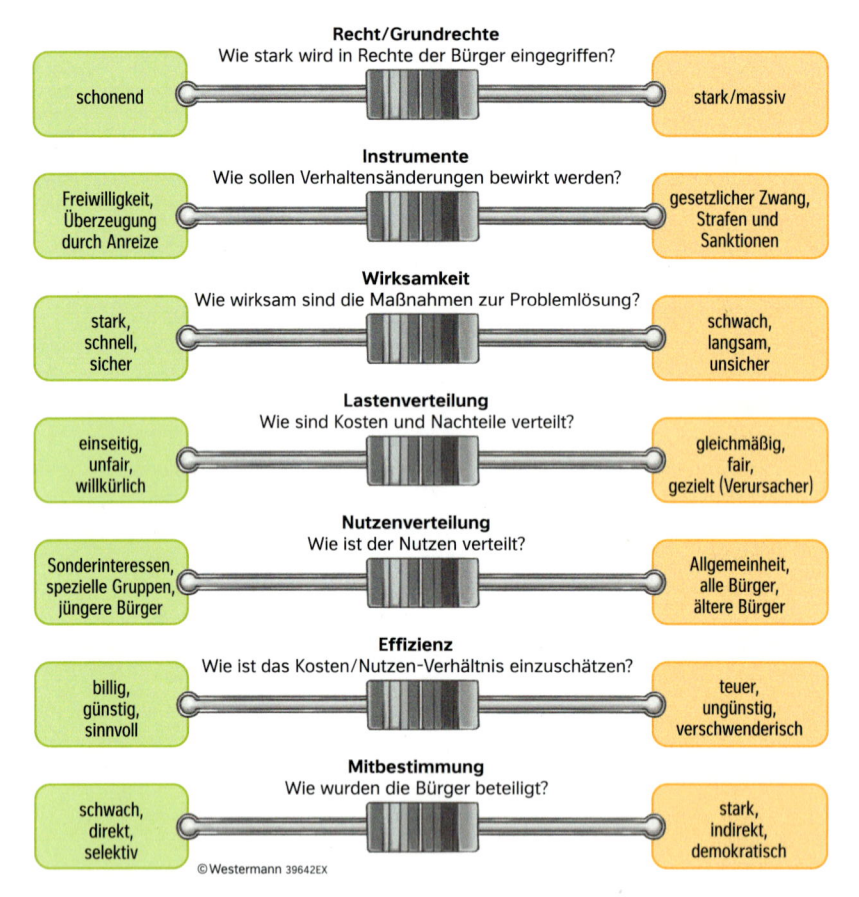

Recht/Grundrechte
Wie stark wird in Rechte der Bürger eingegriffen?
schonend ←→ stark/massiv

Instrumente
Wie sollen Verhaltensänderungen bewirkt werden?
Freiwilligkeit, Überzeugung durch Anreize ←→ gesetzlicher Zwang, Strafen und Sanktionen

Wirksamkeit
Wie wirksam sind die Maßnahmen zur Problemlösung?
stark, schnell, sicher ←→ schwach, langsam, unsicher

Lastenverteilung
Wie sind Kosten und Nachteile verteilt?
einseitig, unfair, willkürlich ←→ gleichmäßig, fair, gezielt (Verursacher)

Nutzenverteilung
Wie ist der Nutzen verteilt?
Sonderinteressen, spezielle Gruppen, jüngere Bürger ←→ Allgemeinheit, alle Bürger, ältere Bürger

Effizienz
Wie ist das Kosten/Nutzen-Verhältnis einzuschätzen?
billig, günstig, sinnvoll ←→ teuer, ungünstig, verschwenderisch

Mitbestimmung
Wie wurden die Bürger beteiligt?
schwach, direkt, selektiv ←→ stark, indirekt, demokratisch

© Westermann 39642EX

134.1 Kriterien und Schlüsselfragen – wie demokratisch ist eine politische Maßnahme?

INFO

Legitimität (Rechtmäßigkeit)
Die Legitimität von politischen Entscheidungen hängt davon ab, ob sie demokratischen Prinzipien entsprechen. Zu fragen ist, ob sie ...
- die Grundrechte der Bürger beachten und berechtigte Interessen berücksichtigen,
- in geordneten und durchsichtigen Verfahren zustande gekommen sind,
- den Bürgern Mitwirkung gestatten, fair und für alle akzeptabel sind.

Wirksamkeit und Effizienz
Bei diesem Doppelkriterium geht es um die Frage, wie der Staat seine Aufgaben wahrnimmt und zur Lösung von Problemen beiträgt. Es ist zu fragen, ob ...
- der Staat „das Beste aus seinen Möglichkeiten macht",
- seine Maßnahmen wirksam sind und erreichen, was sie sollen,
- Aufwand und Nutzen in einem guten Verhältnis stehen.

Allgemeinwohl
... bezeichnet das Wohl einer Gemeinschaft, also das Wohl aller Menschen, die in unserem Staat leben. Es geht dabei nicht um die Erfüllung einzelner Interessen, sondern um das Wohl aller Bürgerinnen und Bürger des Landes.

Demokratie leben

So sehen wir Politik

Paul
Ich bin sehr oft gefragt worden, warum ich mich so engagiere für die Umwelt. Das konnte ich erst auch nicht so genau sagen. Aber meine ganze Generation ist doch von dem betroffen, was sich jetzt auf dem Gebiet des Umweltschutzes tut. Also geht es um unser aller Wohl, wenn ich mich einmische.

Bürgermeister
Unsere Entscheidungen müssen möglichst viele unserer Bürger gutheißen oder zumindest akzeptieren. Wir brauchen viel Zeit, Geduld und gegenseitiges Verständnis. Darum sind unsere Beschlüsse meist ein Kompromiss aus vielen verschiedenen Anliegen und Forderungen.

Nesrin
Die Politik reagiert zu langsam. Müssen unsere Probleme uns immer erst bis an den Hals reichen, damit wir handeln?

Politologin
Ein deutscher Wissenschaftler sagte einmal, dass Politik das starke und langsame Bohren von harten Brettern sei. Ich stimme ihm zu.

Mitglied des Landtages (MdL)
Bevor ein Gesetz endgültig entsteht, wollen viele verschiedene Vereine, Verbände, Industrie und Handwerk, Kirchen, Arbeiter, Bürgerinitiativen und viele mehr gehört werden. Alle tragen ihre Interessen vor. Natürlich erwarten sie, dass ihre Interessen in das Gesetz einfließen. Manchmal gibt es nur kleine Fortschritte in der Politik, weil die Interessen zu gegensätzlich sind. Dennoch sind wir verpflichtet, ein neues Gesetz zu beschließen.

Mitglied des Bundestages (MdB)
Unser Grundgesetz und die darin formulierten Grund- und Menschenrechte sind die Grundlage für jedes neue Gesetz. Und unsere Aufgabe ist, das stets zu berücksichtigen. Außerdem ist der Weg bis zu einem Gesetz langwierig. Es muss viele Stationen wie den Bundestag, den Bundesrat, das Bundesverfassungsgericht usw. durchlaufen. Daher benötigen unsere demokratischen Entscheidungen häufig viel Zeit.

AUFGABEN

1 a) - Übertrage 134.1 vereinfacht in dein Heft. Zeichne die Stellung des grauen Reglers noch nicht mit ein.
- Bewerte nun den Vorschlag der Bundesregierung für ein neues Abfallgesetz (133.1).
- Zeichne anschließend den grauen Regler an der dir richtig erscheinenden Stelle ein.
- Begründe deine Entscheidung jeweils kurz.

b) Beurteile auf Basis deiner Einschätzungen das Plastikprogramm der Bundesregierung. Berücksichtige dabei besonders die Gesichtspunkte Legitimität, Wirksamkeit/Effizienz und Allgemeinwohl (Info).

2 Alle sechs Personen auf S. 135 beschreiben einen „Regler" (z. B. Wirksamkeit) in Abbildung 134.1. Ordne ihre Aussagen den passenden Reglern zu.

Werdet ihr wählen gehen?

Das wichtigste Merkmal einer Demokratie ist es, dass die Bevölkerung die Möglichkeit hat, über geheime, allgemeine, gleiche, unmittelbare und vor allem freie Wahlen politisch mitzubestimmen. Leider ist die Wahlbeteiligung unter den jüngeren Wählern am geringsten. Welche Folgen könnte das für diese Generation haben?

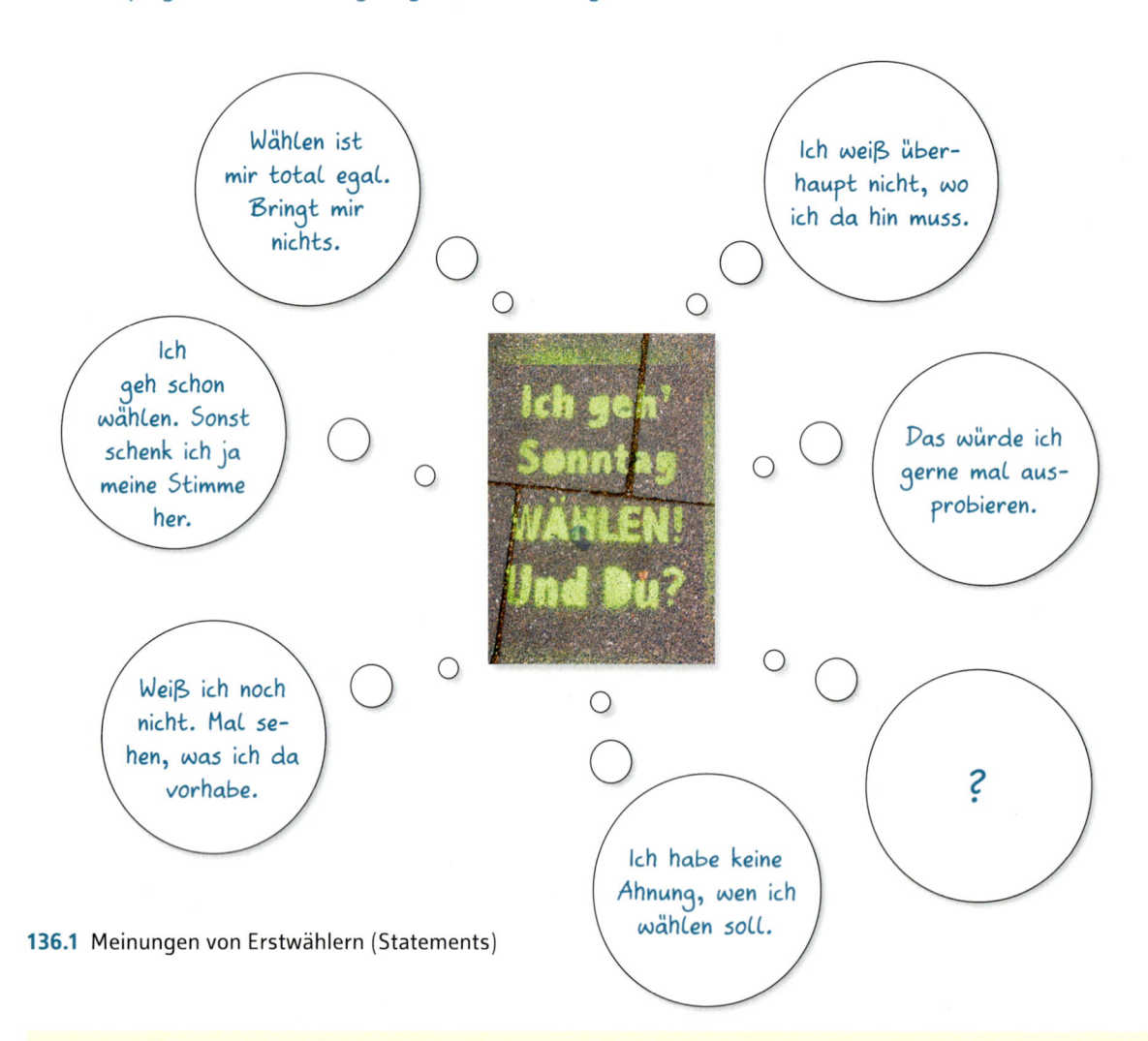

- Wählen ist mir total egal. Bringt mir nichts.
- Ich weiß überhaupt nicht, wo ich da hin muss.
- Ich geh schon wählen. Sonst schenk ich ja meine Stimme her.
- Das würde ich gerne mal ausprobieren.
- Weiß ich noch nicht. Mal sehen, was ich da vorhabe.
- Ich habe keine Ahnung, wen ich wählen soll.
- ?

136.1 Meinungen von Erstwählern (Statements)

Darum sollten wir nicht wählen gehen
1. Meine Stimme hat keinerlei Einfluss.
2. Keine Partei vertritt alle meine Vorstellungen.
3. Meine Stimme ist bei einer kleinen Partei verloren.
4. Die Demokratie funktioniert ohne mich auch.
5. Als Nichtwähler protestiere ich gegen den Politikzirkus.
6. Politik besteht doch darin, dass Mächtige ihre Interessen durchsetzen.

Darum sollten wir wählen gehen
1. Wählen tut gut! In dem Moment hinter der Urne habe ich politische Macht!
2. Jede Stimme zählt! Willst du es anderen Generationen überlassen, über dein Leben zu bestimmen?
3. Wählen ist Bürgerpflicht! Unser Wahlrecht ist ein Luxusgut!
4. Kompromisse zählen, keine Partei überzeugt voll.
5. Es geht um die Gemeinschaft, nicht um dich.
6. Wählen erinnert uns, dass Politik nicht zwischen Wahlen aufhört. Unser Leben wird von der Politik bestimmt.

136.2 Pro und Kontra

Demokratie leben

Bei der Bundestagswahl 2017 lag die Wahlbeteiligung bei 76,2 %. Wahlforscher untersuchten das Wahlverhalten nach Altersgruppen. Die niedrigste Wahlbeteiligung fiel auf die Gruppe der 21- bis 24-Jährigen. Hier gingen nur 67 % zur Wahl. Bei den Erstwählern, junge Erwachsene unter 21 Jahre, lag die Wahlbeteiligung höher, aber immer noch unter 70 %. Eine stabile Beteiligung über 70 % ist erst ab der Altersgruppe der 30-Jährigen zu verzeichnen. Warum ist die Wahlbeteiligung junger Wähler so niedrig? Viele junge Wähler fühlen sich von den Parteien nicht angesprochen. Sie glauben, dass Politiker die wirklichen Probleme nicht erkennen und Jugendliche sowieso nicht ernst nehmen. Die Diskussion um den Klimawandel hat aber gezeigt, dass Jugendliche durchaus politisch interessiert sind.

137.1 Zeitungsbericht

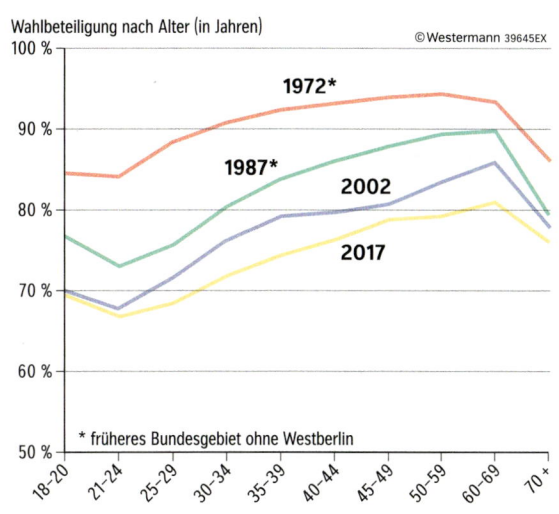

137.2 Entwicklung der Wahlbeteiligung (Auswahl)

137.3 Karikatur

Ausprägung	Antworten in %
sehr stark	3
stark	20
weniger stark	58
gar nicht	19

137.4 Politisches Interesse von Jugendlichen, Ergebnis einer Umfrage (2017)

INFO

Wahlrecht – Wahlpflicht
In Deutschland steht es jedem Staatsbürger frei, ob er zur Wahl geht oder nicht. Das ist so im Grundgesetz verankert. Daher stellt sich nach jeder Wahl auch die Frage, wie viele Menschen sich überhaupt beteiligt haben.

In anderen Ländern hingegen gibt es eine Wahlpflicht, z. B. in Luxemburg. Dort ist man gesetzlich verpflichtet, seine Stimme abzugeben.

AUFGABEN

1 a) Nenne mögliche Gründe, warum viele Menschen zwischen 18 und 24 Jahren nicht wählen gehen (137.1, 137.2).
b) Wie wäre deine Anwort auf die zentrale Frage in 136.1, wenn du schon wählen dürftest. Begründe.
2 Befragt Personen in eurem Umfeld, die älter als 17 Jahre sind, ob sie wählen gehen. Präsentiert das Ergebnis der Befragung.

Die Wahl zur Bildung eines Parlaments

Alle vier Jahre findet eine Bundestagswahl statt. Hier wird das deutsche Parlament gewählt, das wiederum den Bundeskanzler oder die Bundeskanzlerin wählt. Die Bundestagswahl bekommt sehr viel öffentliche Aufmerksamkeit. Auf diesen Seiten erfährst du, wie eine Bundestagswahl abläuft und wie ihr die Teilnahme an Parlamentswahlen „üben" könnt.

WAS IST U18?

Kinder und Jugendliche unter 18 Jahren dürfen noch nicht wählen. Sie sollen sich aber frühzeitig mit dem Ablauf demokratischer Wahlen vertraut machen. Deshalb gibt es die U18-Wahlen. Sie finden jeweils neun Tage vor den offiziellen Wahlen zu den Kommunalparlamenten, den Landtagen, dem Bundestag oder dem Europaparlament statt. Schulen, Jugendklubs, Bibliotheken oder Sportvereine können sich für die U18-Wahl auf einer Internetplattform anmelden. Sie organisieren Wahlveranstaltungen für die Jugendlichen, auf denen diese mit Politikern diskutieren können, um sich eine Meinung zu bilden. Die Veranstalter stellen am Wahltag selbstgefertigte Wahlurnen zur Verfügung. Die Wahllokale sind bis 18 Uhr geöffnet. Es können alle Jugendlichen teilnehmen. Die Wahlen sind frei, geheim und allgemein. Die Jugendlichen zählen die Stimmen aus. Diese werden auf der Plattform der U18-Wahl veröffentlicht.

138.1 Die U18-Initiative

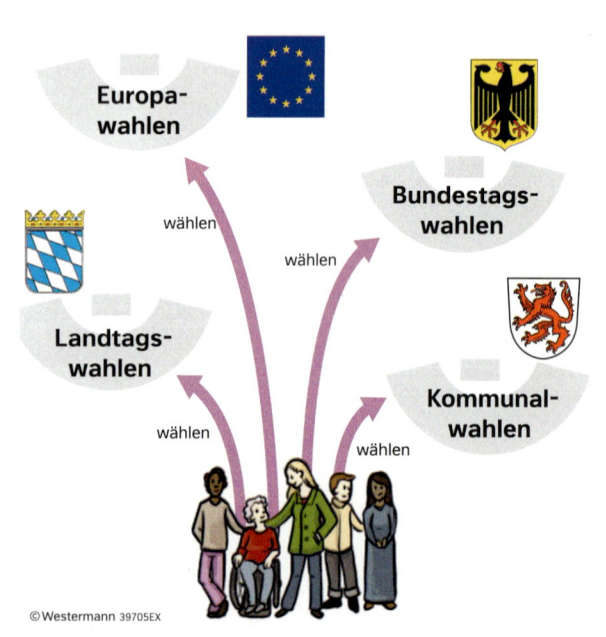

138.2 Parlamentswahlen in Deutschland

FACHBEGRIFF

Erststimme und Zweitstimme

Mit seiner **Erststimme** wählt man einen der Kandidaten, deren Namen auf der linken Spalte des Stimmzettels (139.1) aufgeführt sind. Das sind die sogenannten Direktkandidaten.
Sie bewerben sich im Wahlkreis der Wähler direkt um einen Sitz im Bundestag. Wer von den Direktkandidaten die Mehrzahl der gültigen Stimmen im Wahlkreis erhält, dem steht dieser Sitz im Deutschen Bundestag zu. Er oder sie hat von den Wählern dann ein Direktmandat erhalten. Das heißt, die Wahlberechtigten haben der Kandidatin oder dem Kandidaten den Auftrag gegeben, sie im Bundestag zu vertreten.
Die **Zweitstimme** gibt man ab, wenn man sein Kreuz in der rechten Spalte des Stimmzettels macht. Mit dieser Stimme wählt man eine Partei. Alle für die Wahl zugelassenen Parteien sind in der rechten Spalte des Stimmzettels aufgeführt. Hier stehen die Parteinamen sowie die Namen der Männer und Frauen, die für die jeweilige Partei in den Bundestag einziehen wollen.
Die Anzahl der Zweitstimmen bestimmt die Größe der Fraktion der Parteien im jeweiligen Parlament.

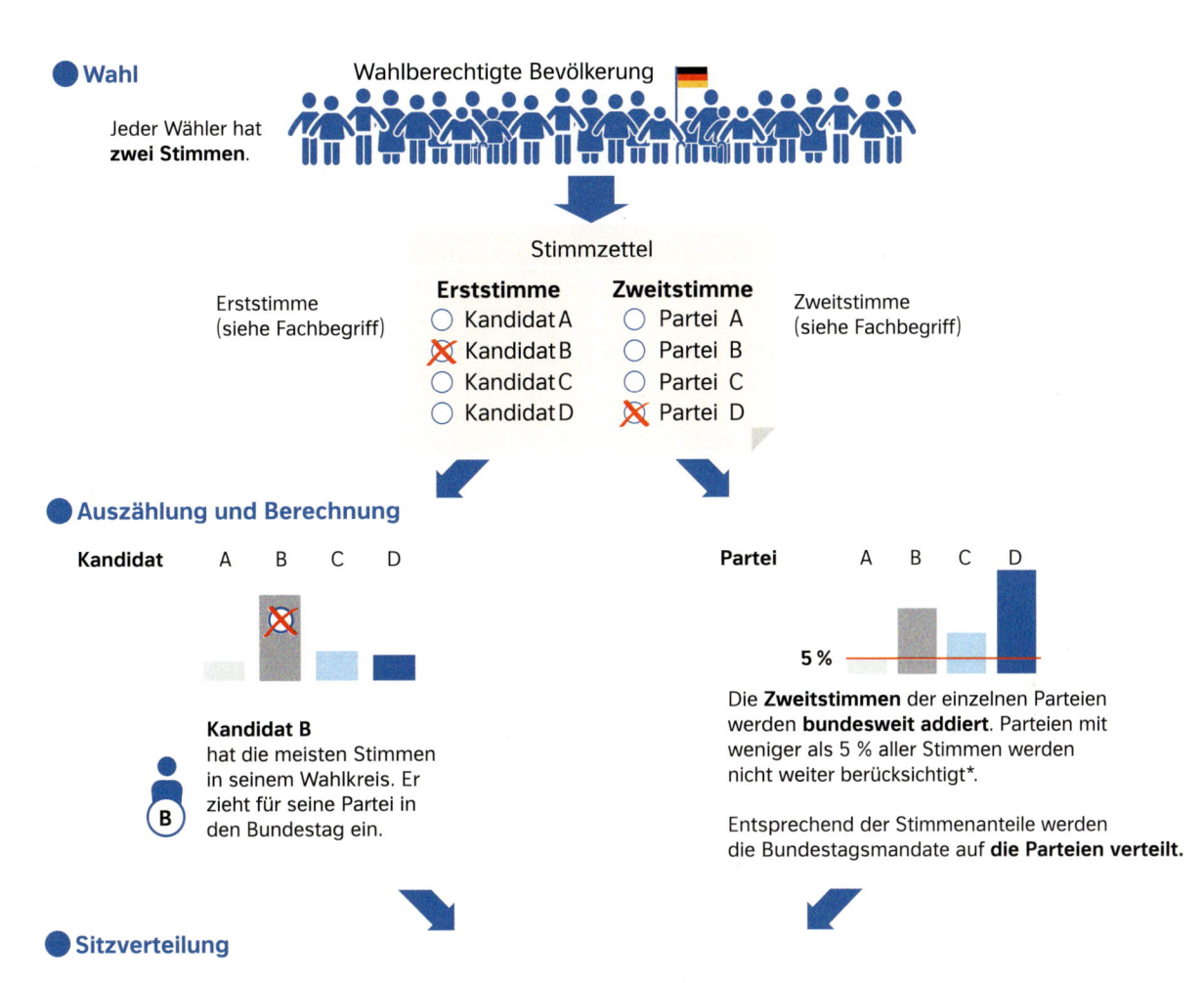

Demokratie leben

● Wahl

Jeder Wähler hat **zwei Stimmen**.

Wahlberechtigte Bevölkerung

Stimmzettel

Erststimme	Zweitstimme
○ Kandidat A	○ Partei A
✗ Kandidat B	○ Partei B
○ Kandidat C	○ Partei C
○ Kandidat D	✗ Partei D

Erststimme (siehe Fachbegriff)

Zweitstimme (siehe Fachbegriff)

● Auszählung und Berechnung

Kandidat A B C D

Kandidat B hat die meisten Stimmen in seinem Wahlkreis. Er zieht für seine Partei in den Bundestag ein.

Partei A B C D

5 %

Die **Zweitstimmen** der einzelnen Parteien werden **bundesweit addiert**. Parteien mit weniger als 5 % aller Stimmen werden nicht weiter berücksichtigt*.

Entsprechend der Stimmenanteile werden die Bundestagsmandate auf **die Parteien verteilt**.

● Sitzverteilung

Die **Bundestagssitze** werden zunächst mindestens zur Hälfte mit den **Wahlkreisgewinnern** besetzt. Die übrigen freien Plätze füllen die Parteien gemäß ihrem Zweitstimmenanteil mit Kandidaten ihrer **Landeslisten**.

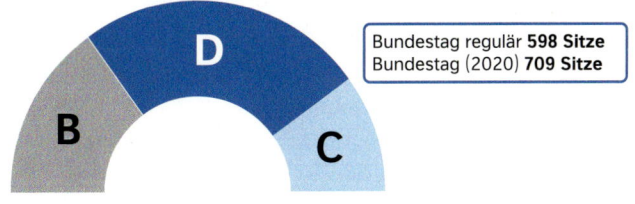

Bundestag regulär **598 Sitze**
Bundestag (2020) **709 Sitze**

*Erringt eine Partei drei Direktmandate, bekommt sie Mandate gemäß ihrem Zweitstimmenanteil.   Quelle: bpb, Korte

139.1 Ablauf einer Bundestagswahl

AUFGABEN

1. *Beschreibe mithilfe von 139.1 und der Fachbegriffsbox, wie eine Bundestagswahl funktioniert.*
2. *Stellt eine Wahl nach und wertet sie aus. Beschreibt bei der Besprechung auch, wie ihr euch bei der Wahl gefühlt habt.*
3. *Viele kleine Parteien legen besonderen Wert auf die Zweitstimme. Erläutere.*
4. *Nach der Wahl sagt Frau Lange enttäuscht: „Weder mein Kandidat noch die Partei, die ich gewählt habe, haben gewonnen. Meine Teilnahme an der Wahl war völlig umsonst." Nimm Stellung zu dieser Aussage.*

Trio-Kompakt: Demokratie leben

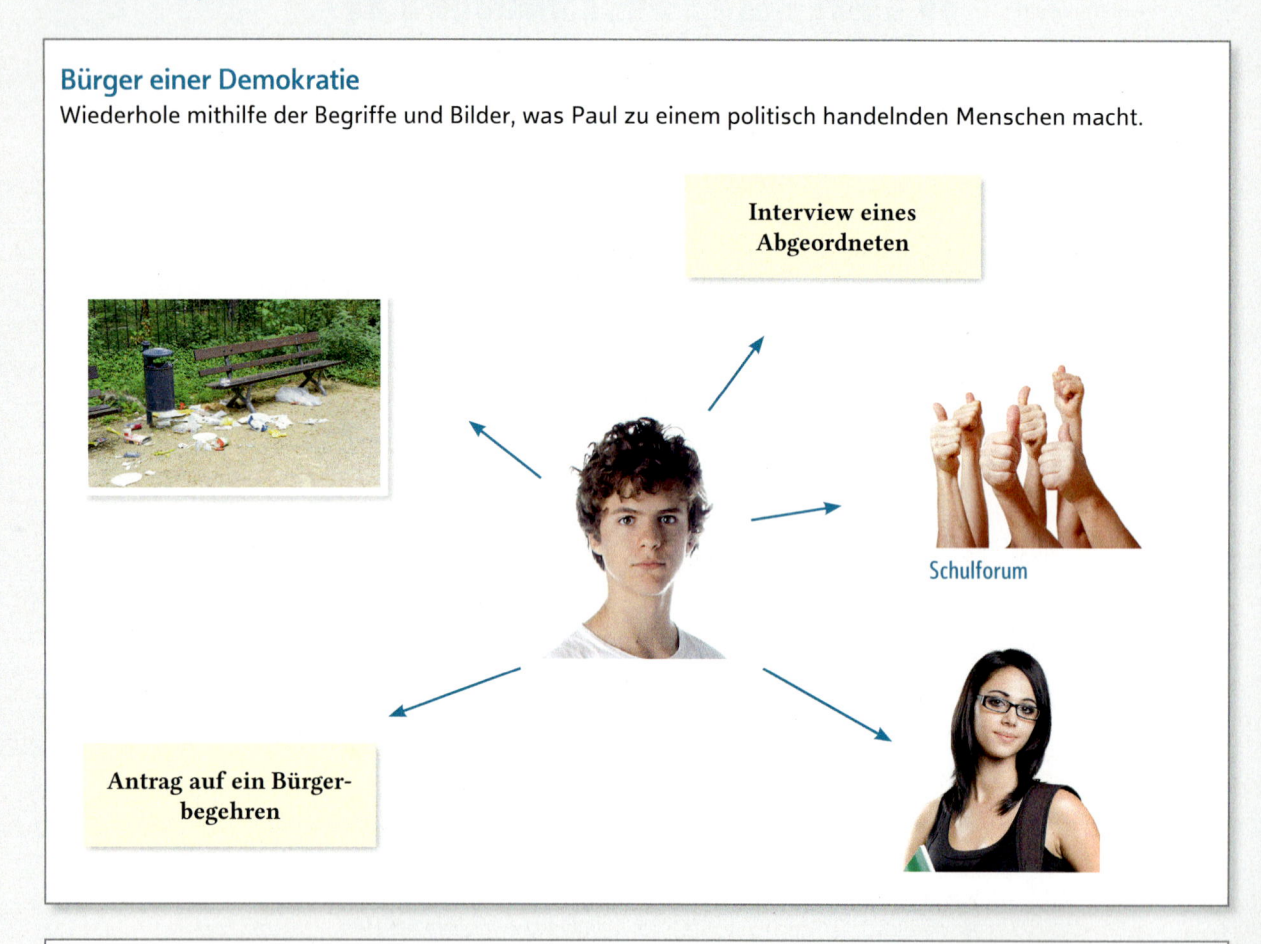

Bürger einer Demokratie
Wiederhole mithilfe der Begriffe und Bilder, was Paul zu einem politisch handelnden Menschen macht.

Interview eines Abgeordneten

Schulforum

Antrag auf ein Bürgerbegehren

Diese Begriffe solltest du kennen
Schreibe jeweils auf die Vorderseite einer Karteikarte einen der folgenden Begriffe. Erkläre auf der jeweiligen Rückseite, was damit gemeint ist. Du kannst dazu auch noch einmal im Kapitel nachlesen.

- Direkte Demokratie
- Landtag
- Bundespräsident
- Repräsentative Demokratie
- Bundestag
- Partei
- Erststimme und Zweitstimme

Demokratie leben

Offenes Arbeiten

Hier beschäftigst du dich selbstständig mit einem Thema des Kapitels. Wie du das Ergebnis darstellst, entscheidest du.

In einer Demokratie …
- **gestalten die Bürgerinnen und Bürger Politik mit.**
- **wählen die Bürgerinnen und Bürger ihre Volksvertreter.**
- **ist die politische Macht begrenzt.**

1. Wähle eine der Aussagen oben aus.
2. Notiere dazu Begriffe und Gedanken.
3. Was gehört zusammen? Ordne.
4. Erstelle daraus: Mindmap, Bild, Skizze, Text, Plakat, Tabelle oder wähle eine andere Darstellungsform.
5. Vergleicht und ergänzt eure Ergebnisse.
6. Schau auf die Schritte 1 bis 5 zurück. Wo hattest du Schwierigkeiten? Was ist dir gut gelungen?

Prüfe dich nun selbst! Du kannst …

- ✓ … wichtige Bausteine der Geschichte der Demokratie wiederholen (S. 120/121).
- ✓ … an Pauls Engagement an seiner Schule erkennen, wie man ein politisches Problem ansprechen kann und es zu lösen versucht (S. 122–125).
- ✓ … am Beispiel des Plastikmülls die Problematik der politischen Teilhabe und des politischen Prozesses nachvollziehen (S. 124–129).
- ✓ … die Entstehung eines Gesetzes beschreiben (S. 130/131).
- ✓ … anhand von Kriterien den politischen Prozess beurteilen (S. 132–135).
- ✓ … die Aufgabe von politischen Parteien beschreiben (S. 133).
- ✓ … das Wahlverhalten junger Menschen überprüfen (S. 136/137).
- ✓ … den Ablauf einer Wahl selbst nachvollziehen (S. 138/139).

Nordamerika

142.1 New York City – Blick auf den südlichen Bereich Manhattans

In diesem Kapitel erfährst du, dass ...
- Nordamerika ein vielfältiger Kontinent ist.
- Kanada und die USA wirtschaftlich führende Länder sind.
- Nordamerika von sozialen Gegensätzen geprägt ist.

Auf nach Amerika!

Die Zwillinge Tom und Lisa Wagner sind begeistert: Ihre Eltern planen mit ihnen eine Reise durch die USA. In den nächsten Sommerferien soll es losgehen. Das können sie natürlich nicht lange für sich behalten. Im Klassenchat wird das gleich verkündet …

Tom
Wir fliegen in den nächsten Sommerferien nach Amerika. Wie findet ihr das?

Marie
Meinst du die USA? Wir fahren nur an die Ostsee

Luca
Fliegt ihr nach Hollywood?

Tom
Ja natürlich USA, nein wir fliegen nach New York, 8 Stunden von München aus, Hollywood liegt in Los Angeles 😛

Finn
Hip Hop wurde in New York erfunden

Mo
die New York Giants haben schon vier Mal den Super Bowl gewonnen

Max
Ihr müsst unbedingt Las Vegas und den Yellowstone-Nationalpark besuchen

Tom
Ich weiß noch gar nicht, wo es überall hin geht. Ich weiß aber, dass wir von San Francisco aus zurückfliegen

Nele
ich würde gern nach Florida. In Orlando gibt es einen weltberühmten Freizeitpark

Tom
Alles geht leider nicht. Das Land ist riesig, aber Florida wär schon cool

144.1 Orientierung

Nordamerika

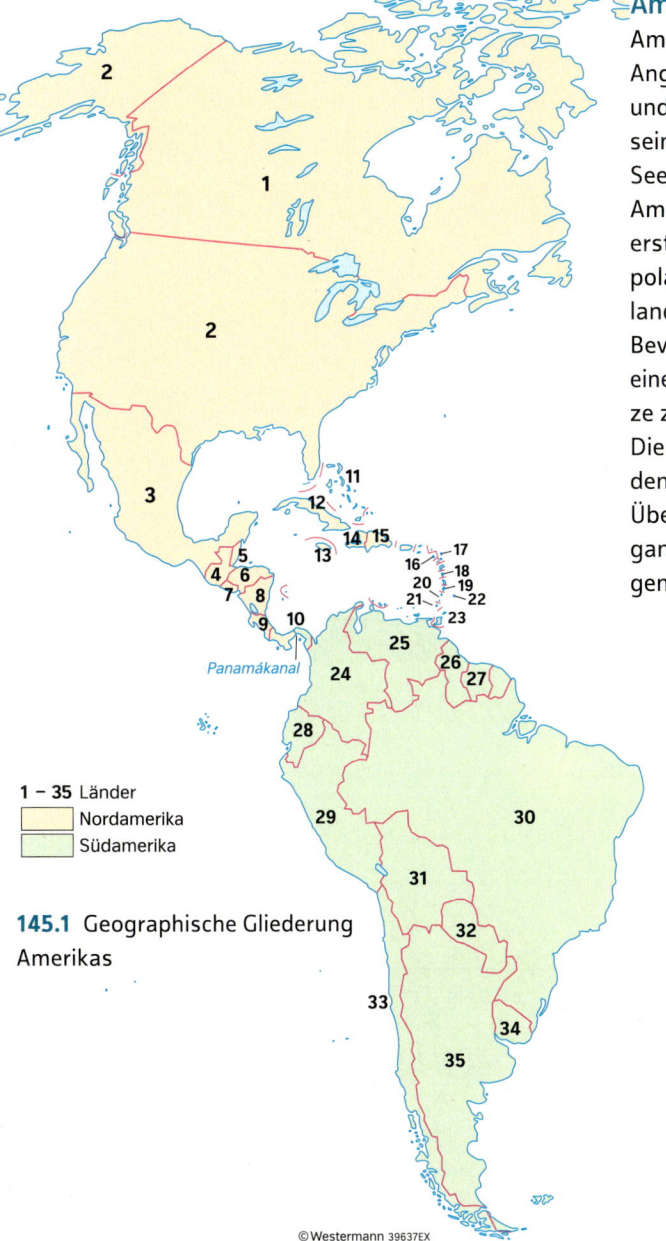

Amerika ist mehr als die USA

Amerika ist ein Doppelkontinent. Er wird kulturell in Anglo- und Lateinamerika und geographisch in Nord- und Südamerika untergliedert (145.1, 145.2). Aufgrund seiner relativ späten „Entdeckung" durch europäische Seefahrer bezeichnet man ihn auch als „Neue Welt". Amerika hat eine enorme Nord-Süd-Ausdehnung. Es erstreckt sich vom Nordpolarmeer bis fast zum Südpolargebiet. Dies bedingt eine große klimatische und landschaftliche Vielfalt. Aber auch hinsichtlich seiner Bevölkerung, Kultur und Wirtschaft handelt es sich um einen vielfältigen Doppelkontinent, der durch Gegensätze zwischen Nord- und Südamerika geprägt ist.

Die nordamerikanischen Länder USA und Kanada bilden den Schwerpunkt dieses Kapitels. USA steht in der Übersetzung für Vereinigte Staaten von Amerika. Umgangssprachlich werden die USA häufig nur Amerika genannt oder auch Vereinigte Staaten.

145.1 Geographische Gliederung Amerikas

1 – 35 Länder
- Nordamerika
- Südamerika

145.2 Kulturelle Gliederung Amerikas

Angloamerika – vorherrschende Sprache: Englisch, in einigen Teilen Kanadas Französisch

Lateinamerika – vorherrschende Sprachen: Spanisch und Portugiesisch, sie entwickelten sich aus dem Lateinischen

Grönland zu Dänemark

AUFGABEN

1. a) Führt in Partnerarbeit den Klassenchat über die USA schriftlich fort. Bringt dabei eure Vorstellungen und Gedanken über die USA zum Ausdruck.
   b) Vergleicht die Arbeiten in der Klasse. Gibt es Gemeinsamkeiten?
2. Löst die Übungskarte 145.1.
3. Wiederhole, was Angloamerika und Lateinamerika unterscheidet.
4. Von München nach New York City legt das Flugzeug ca. 6 500 km zurück. Stelle mithilfe eines Online-Kartendienstes fest, wo du landen würdest, wenn du diese Strecke von München aus nach Norden, Süden und Osten fliegen würdest.
5. Stelle mithilfe des Atlas oder eines Online-Kartendienstes fest, über wie viele Kilometer sich die USA von Norden nach Süden und von Osten nach Westen erstrecken (ohne Alaska). Vergleiche mit Europa (nur Festland).

Die Reise der Familie Wagner

Die Sommerferien sind vorbei. Lisa Wagner bekommt im GPG-Unterricht von ihrer Lehrerin den Auftrag, ihre Reise in Form einer Präsentation zusammenzufassen.

1. New York City
Nach der Landung in New York mussten wir uns erst einmal an die Zeitverschiebung (6 Stunden) gewöhnen. Mit der U-Bahn sind wir vom Airport nach Manhattan gefahren. Die Skyline war der Wahnsinn. Unser Hotel lag in der Nähe des Central Parks in der Upper West Side. Von hier aus erreichten wir alle Sehenswürdigkeiten, wie etwa den Times Square oder die Freiheitsstatue. Aber eigentlich war ganz Manhattan eine Sehenswürdigkeit. Hier kann man auch super shoppen. Mein Vater wollte unbedingt ein berühmtes Museum besuchen. Wir haben uns für das American Museum of Natural History entschieden. Nach drei Tagen starteten wir Richtung Niagara Falls.

2. Niagara Falls
Mit dem Mietwagen ging es dann weiter nach Niagara Falls an die kanadische Grenze. Der Ort ist nach den Niagarafällen benannt, an denen er liegt. Die Fälle liegen an einem Fluss, der den Eriesee mit dem Ontariosee verbindet. 57 m stürzt das Wasser in die Tiefe. Hier war viel los. Ich habe gelesen, dass 18 Mio. Touristen jährlich die Niagarafälle besuchen.

AUFGABE

1 Liste auf, welche US-Bundesstaaten Familie Wagner bereist hat.

Nordamerika

3. Moab

Mit dem Flugzeug ging es von Chicago nach Salt Lake City. Die Stadt ist nach einem Salzsee benannt, der ganz in der Nähe liegt (Foto links). Wir mieteten ein Auto und fuhren nach Moab. Um das Örtchen herum sind drei Nationalparks, unter anderem der Arches-Nationalpark, in dem sich der berühmte Delicate Arch befindet (Foto rechts).

4. Grand Canyon und Las Vegas

Von Moab ging es weiter zum Grand Canyon. Der Colorado River hat sich hier eine bis zu 1 800 m tiefe Schlucht in den Untergrund geschnitten. Der Canyon ist gigantisch. Er ist 450 km lang. Auch hier waren viele Touristen. Auf einer Plattform in 240 m Höhe kann man über den Abgrund laufen (Foto links). Unsere nächste Station war Las Vegas. In der Großstadt mitten in der Wüste gibt es Shows, Casinos und ausgefallene Hotels. Wir wohnten in einem Hotel, das wie die Stadt Venedig gestaltet war (Foto rechts).

5. Yosemite-Nationalpark und San Francisco

Nach dem Trubel in Las Vegas freute ich mich schon auf den Yosemite-Nationalpark. Dass 3,7 Mio. Menschen jedes Jahr den Park besuchen, merkte man an der Auto-Schlange am Parkeingang. Trotz des Touristenansturms war die wunderschöne Landschaft ein Erlebnis. Besonders der berühmte Half-Dome-Felsen und die Wasserfälle haben mir gefallen.

Unsere letzte Station war San Francisco am Pazifischen Ozean. Vielen ist die Golden-Gate-Bridge bekannt. Natürlich sind wir auch mit den berühmten Cable Cars (alten Straßenbahnen) gefahren. In der Market Street konnte ich auch endlich Shoppen gehen, bevor wir am nächsten Tag zurück nach München flogen.

AUFGABE

2 *a) Berechne die Distanz, die Familie Wagner innerhalb der USA zurückgelegt hat.*
b) Wie oft müsste man die Strecke München-Hamburg fahren, um auf die gleiche Distanz zu kommen?

Großlandschaften der USA

Großlandschaften sind großflächige Regionen innerhalb eines Landes oder Kontinents, die eine ähnliche Höhenlage über dem Meeresspiegel und ähnliche Oberflächenformen aufweisen. Welche Großlandschaften prägen die USA?

Die Hochgebirge im Westen sind teilweise über 4 000 m hoch: Dazu zählen die Sierra Nevada mit dem höchsten Berg der USA außerhalb Alaskas, die Kaskadenkette mit zahlreichen Vulkanen und die Rocky Mountains westlich der Great Plains.

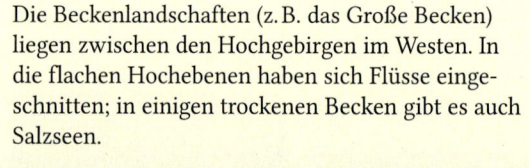

148.1 Im Hochgebirge

Die Beckenlandschaften (z. B. das Große Becken) liegen zwischen den Hochgebirgen im Westen. In die flachen Hochebenen haben sich Flüsse eingeschnitten; in einigen trockenen Becken gibt es auch Salzseen.

148.2 Beckenlandschaften

Die Küstenebenen erstrecken sich in Form eines schmalen Streifens vom Nordosten bis zur Golfküste. Sie sind flach, gebietsweise bewaldet und sumpfig.

148.3 Die Küstenebenen

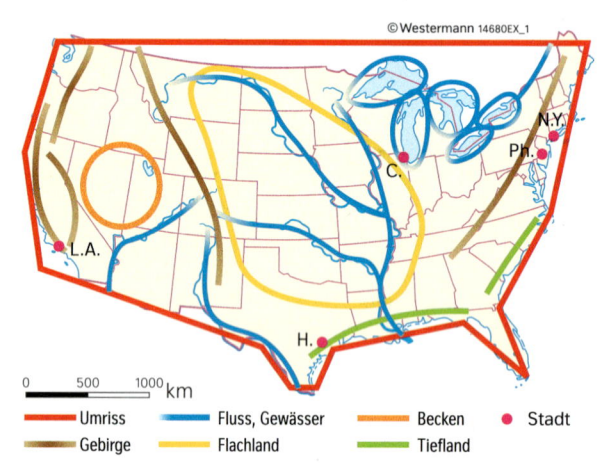

148.4 Faustskizze der USA

Der Mississippi mit seinen Nebenflüssen durchfließt die Central Plains (Inneren Ebenen). Im Westen schließen sich die welligen Graslandschaften der Great Plains (Prärien) an.

148.5 In den Inneren Ebenen

Die Appalachen sind ein über 2 000 m hohes Mittelgebirge im Osten der USA. Sie erstrecken sich vom kanadischen St.-Lorenz-Strom bis nach Alabama und sind sehr waldreich.

148.6 In den Appalachen

Nordamerika

149.1 Physische Karte der USA und Kanadas

① – ② Gebirge
a – f Flüsse, See
A – D Ozeane, Meeresteile
1 – 4 Insel, Halbinseln
● 1–17 Städte
1 – 2 Länder
—— Staatsgrenze

zum Vergleich: Deutschland

AUFGABEN

1 Benenne die gekennzeichneten Objekte (149.1, Atlas).
2 a) Erstelle eine eigene Faustskizze von den USA (148.4, Atlas).
  b) Trage in deine Faustskizze die Reiseroute der Familie Wagner ein (S. 146/147).
  c) Nenne die Großlandschaften, die sie bereist hat.

Nationalparks – einzigartige Landschaften

150.1 Lage der Nationalparks in den USA

Ein Highlight auf jeder USA-Reise

Etwa 320 Mio. Touristen aus dem In- und Ausland besuchten im Jahr 2018 die verschiedenen Nationalparks der USA. Die meisten Nationalparks sind gut erschlossen und gut erreichbar. Was für den Besucher einen Vorteil darstellt, könnte sich für beliebte Nationalparks zu einem Verkehrsproblem entwickeln.

AUFGABEN

1. *Entwerft eine Werbeanzeige zu den bekannten Nationalparks in den USA.*
2. *Erkundigt euch über weitere Nationalparks in den USA. Stellt einen davon in der Klasse vor.*

Der Yellowstone-Nationalpark ist der älteste Nationalpark der Welt (1872). Eine Hauptsehenswürdigkeit sind Geysire wie der Old Faithful. Dessen Name („Der alte Getreue") geht darauf zurück, dass er auf die Minute genau alle 65 Minuten eine dampfende, 50 m hohe Fontäne in den Himmel schickt.
Weitere Attraktionen sind der Yellowstone Canyon und die heißen Thermalquellen.

150.2 Yellowstone-Nationalpark

Im Yosemite-Nationalpark sind die gigantischen Mammutbäume und der Half Dome die Hauptattraktionen. Die Landschaft bildete sich in der Eiszeit aus. Es gibt Berge mit 1000 m hohen, glatten Felswänden sowie Bäume, durch die sogar Autos fahren können. Damit der Nationalpark nicht an Autos erstickt, werden die Besucher mit Bussen zu den Sehenswürdigkeiten gefahren. Am Parkeingang sind Autostaus üblich.

150.3 Yosemite-Nationalpark

Trio-Arbeitsweise: Eine Profilskizze zeichnen

Ihr habt erfahren, dass eine Ursache der Trockenheit der Verlauf der Gebirge Nordamerikas ist. Der Verlauf wird mithilfe einer Profilzeichnung deutlich. Das Profil ist ein senkrechter Schnitt durch einen Teil der Erdoberfläche. Profile sind Hilfsmittel, um Höhenunterschiede einer Landschaft zu verdeutlichen.

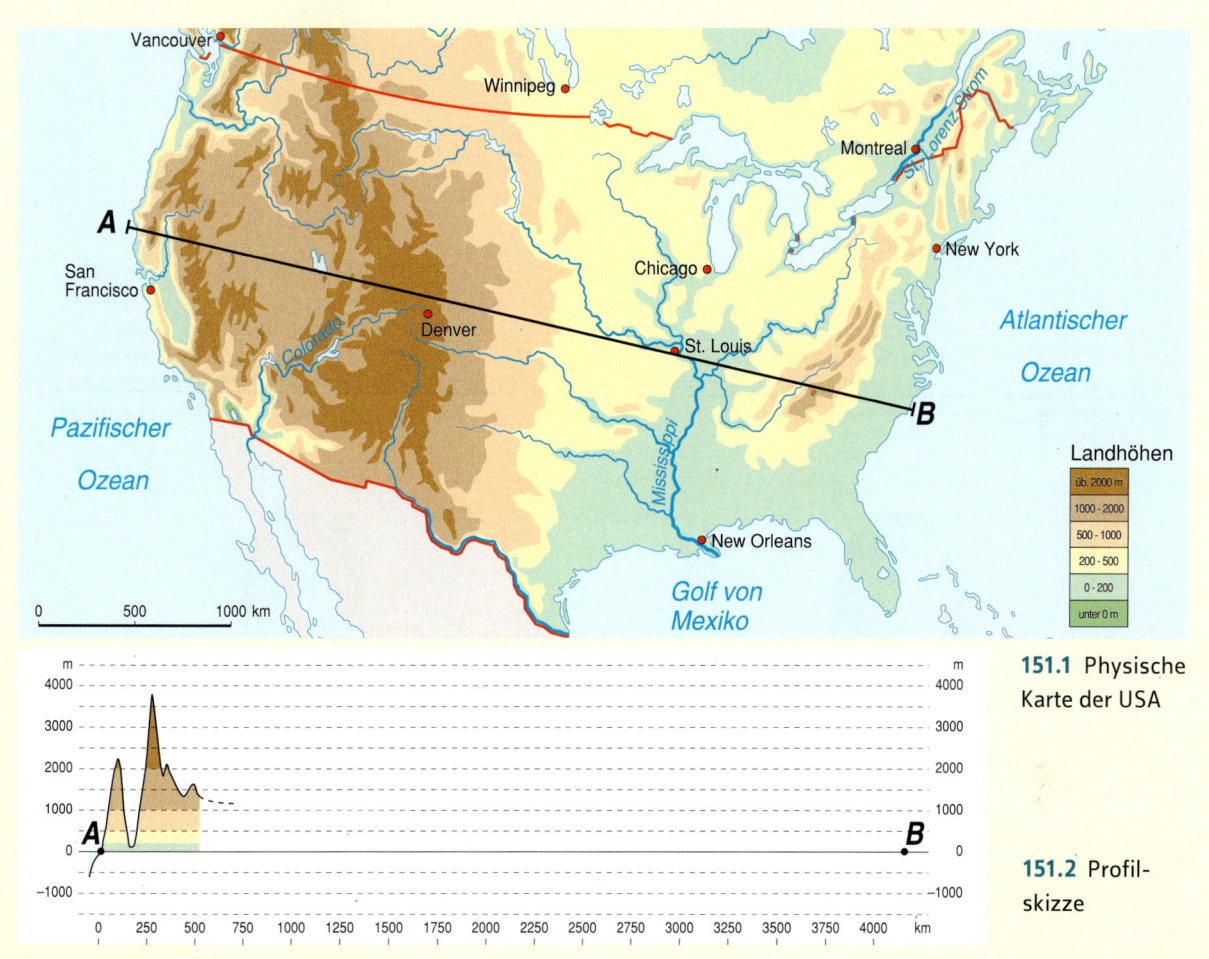

151.1 Physische Karte der USA

151.2 Profilskizze

1. Schritt
Um ein Profil zu zeichnen, wird die gewünschte Profilrichtung mit einer Linie auf der Karte markiert. In 151.2 seht ihr den Anfang eines Profils. Nehmt dazu ein kariertes Blatt und zeichnet zuerst eine gerade Grundlinie, die dem Kartenmaßstab entspricht.

2. Schritt
Vom linken Endpunkt zeichnet ihr senkrecht nach oben eine 3 cm hohe Linie ein. 0,5 cm dieser Linie sollen jeweils 1000 Höhenmeter darstellen. Dadurch kann die Höhe deutlicher hervortreten. Jetzt müsst ihr die Linien beschriften.

3. Schritt
Anschließend wird jeder Höhenpunkt auf der Profillinie in der Karte markiert und auf das Profil übertragen. Achtet darauf, die Punkte richtig in der Entfernung und der Höhe einzutragen. Die Höhenpunkte werden miteinander verbunden und ergeben das Profil. Jetzt könnt ihr es noch beschriften (Großlandschaften, Gebirge, Gewässer, Städte) und farbig ausmalen (Höhenschichten).

Das Klima im Überblick

Innerhalb Angloamerikas gibt es große klimatische Unterschiede. Im Death Valley (USA) werden im Sommer Temperaturen von mehr als 40°C erreicht. Im Norden Kanadas hingegen steigt das Thermometer im Winter nicht über -25°C. Das Death Valley ist auch der trockenste Ort Angloamerikas (etwa 25 mm/Jahr). In Miami/Florida hingegen fallen 1 445 mm Niederschlag pro Jahr. Wie kommt es zu diesen extremen klimatischen Unterschieden?

Hi, ich bin Sarah und lebe in Fairbanks in Alaska. Bei uns sind die Winter sehr kalt und dauern sehr lange. Die Temperaturunterschiede zwischen Sommer und Winter sind sehr groß. Regen gibt es nur im Sommer. Den Rest des Jahres fällt Schnee, allerdings nur sehr wenig. Da es lange kalt ist und wenig Regen fällt, wächst hier nur lockerer Nadelwald (Taiga). Weiter nördlich beginnt die baumlose Tundra.

Mein Name ist Max und ich wohne in Toronto in Kanada. Hier sind die Sommer warm. Dafür kann es im Winter sehr kalt werden, dann friert sogar der Ontariosee zu. Im Sommer gehen wir oft an den Strand und baden. Mein Vater ist Manager in einem Lebensmittelkonzern. Er kauft landwirtschaftliche Produkte von großen Farmen, die sich in der Nähe Torontos befinden.

Mein Name ist Carla und wir leben in Miami in Florida. Bei uns ist es das ganze Jahr sehr warm, egal ob Sommer oder Winter. Schnee hab ich noch nie gesehen. Wir gehen oft an den Strand oder spazieren über die palmengesäumte Promenade und beobachten die Touristen. Allerdings regnet es auch oft, besonders heftig von Juni bis November.

Hi, ich bin Rob und lebe in Las Vegas in Nevada. Hier regnet es fast nie und im Sommer kann es sehr heiß werden. Um Las Vegas herum gibt es nur Wüste. Zum Glück fließt der Colorado River in der Nähe. Er versorgt die Stadt mit Wasser und Strom. Viele Nachbarn haben einen Pool und es gibt sogar Golfplätze mitten in der Wüste. Auch die vielen Touristen verbrauchen Wasser. Das ist ein Problem.

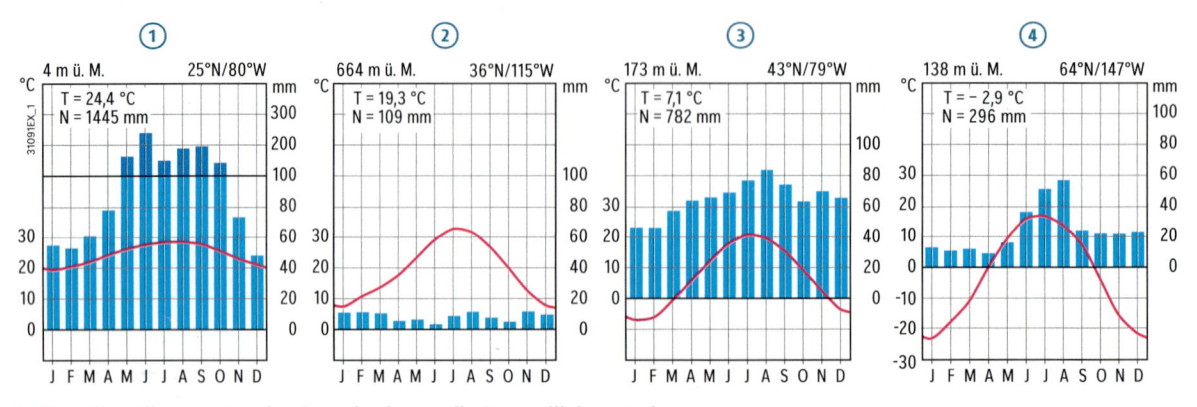

① 4 m ü. M. 25°N/80°W T = 24,4 °C N = 1445 mm
② 664 m ü. M. 36°N/115°W T = 19,3 °C N = 109 mm
③ 173 m ü. M. 43°N/79°W T = 7,1 °C N = 782 mm
④ 138 m ü. M. 64°N/147°W T = -2,9 °C N = 296 mm

152.1 Klimadiagramme der Orte, in denen die Jugendlichen wohnen

Klimafaktoren bestimmen das Klima

Klimafaktor Breitenlage
Angloamerika erstreckt sich von etwa 84° N (Nordkanada) bis ca. 24° N (Florida Keys). Zwischen diesen Breitenkreisen liegen etwa 6500 km und drei weitere Klimazonen. Die natürlichen Bedingungen verändern sich von Nord nach Süd stark.

Klimafaktor Lage zum Meer
Das Meer hat eine ausgleichende Wirkung auf das Klima. Die Temperaturunterschiede zwischen Sommer und Winter sind in Meeresnähe gering und die feuchte Meeresluft bringt regelmäßig Niederschläge. Je weiter man sich vom Meer entfernt, desto geringer ist dessen Einfluss. Die Sommer werden heißer und die Winter werden kälter. Die Niederschläge nehmen ab. Man sagt, das Klima wird kontinentaler. Auch die Temperaturen der Meeresströmungen haben einen erheblichen Einfluss.

Klimafaktor Lage und Verlauf von Gebirgen
Die von Nord nach Süd verlaufenden Hochgebirgsketten der Rocky Mountains im westlichen Teil der USA und Kanadas hindern die feuchte Meeresluft daran, ins Landesinnere vorzudringen. Ein Großteil der Niederschläge regnet sich an den Küstengebirgen ab. Im Regenschatten der Gebirge gibt es ausgeprägte Trockengebiete. Im Osten der USA behindern die Appalachen ein Vordringen feuchter Luftmassen ins Landesinnere. Die von Nord nach Süd verlaufenden Gebirge bilden für die Luftmassen Barrieren und verstärken die Kontinentalität.

153.1 Klima in Nordamerika

INFO

Klima und Vegetation passen zusammen
An die unterschiedlichen klimatischen Bedingungen hat sich die Pflanzenwelt (Vegetation) angepasst. Von der Tundra im Norden bis hin zu den Halbwüsten und Wüsten sind nahezu alle Vegetationszonen in Angloamerika vertreten. Bei trocken-heißem oder trocken-kaltem Klima wachsen beispielsweise nur wenige oder gar keine Pflanzen. Beide Klimate kommen in Nordamerika vor.

FACHBEGRIFF

Wetterelemente
Das Wetter ist der kurzfristige, messbare Zustand der Atmosphäre an einem Ort. Dieser kurzfristige Zustand ergibt sich aus dem Zusammenwirken der Wetterelemente Wind, Luftdruck, Luftfeuchtigkeit, Temperatur, Strahlung, Bewölkung sowie Niederschlag.

FACHBEGRIFF

Klimafaktoren
Wie sich die Wetterelemente ausprägen, hängt von den Klimafaktoren ab. Neben der geographischen Breite, der Lage zum Meer und der Höhenlage spielt auch die Bodenbedeckung eine Rolle. So unterscheidet sich die Lufttemperatur auf engstem Raum danach, ob der Untergrund bebaut ist oder nicht. Im Umland einer Stadt ist es stets kühler als in der Stadt.

AUFGABEN

1 Ordne die vier Klimadiagramme (152.1) den Aussagen der Jugendlichen und den Städten in 153.1 zu.

2 Du möchtest ein Austauschjahr in Angloamerika machen und hast Zusagen aus den Wohnorten der Jugendlichen. Für welchen Ort entscheidest du dich? Begründe.

154.1 Ein Blizzard legt die Stadt Providence an der Ostküste der USA lahm.

Wetterextreme in den USA

Wenn durch natürliche Ereignisse das Leben und der Besitz von Menschen bedroht sind, spricht man von Naturgefahren. Welche klimatischen Naturgefahren sind in den einzelnen Landesteilen der USA besonders bedrohlich?

Tornado und Blizzards

Die von Nord nach Süd verlaufenden Gebirge im Osten und Westen des Landes führen jährlich zu Wetterextremen. Es gibt keine Gebirge in Ost-West-Richtung wie in Europa (Alpen), sodass feuchtwarme Luft aus dem Süden weit nach Norden, arktische Kaltluft aber auch tief in den Süden vordringen kann. Das Aufeinandertreffen gegensätzlicher Luftmassen kann gefährliche Wettererscheinungen wie Blizzards (155.1) und Tornados (155.2) zur Folge haben.

Hurrikans

Der Süden und Südosten der USA werden regelmäßig von Hurrikans (155.3) heimgesucht. Hurrikans haben ihren Ursprung meist im warmen Atlantik vor der Westküste Afrikas. Es sind großräumige Tiefdruckgebiete, die über die Karibik in Richtung USA ziehen. Wenn die Stürme die Küste erreichen, verlieren sie ihre zerstörerische Kraft.

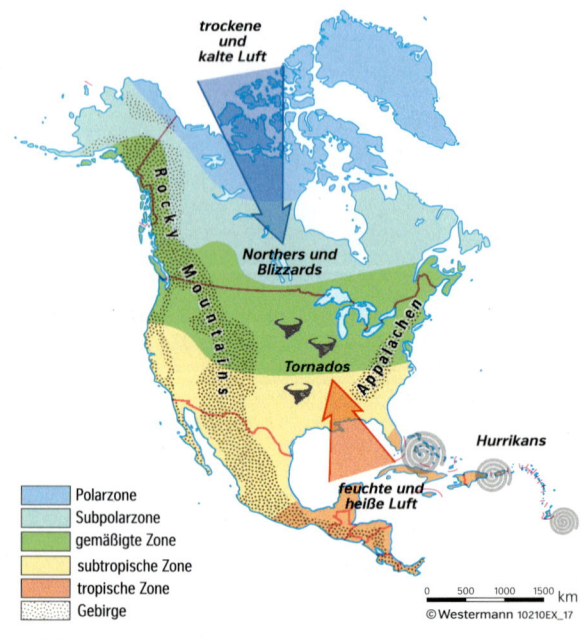

154.2 Klimazonen und Wetterextreme in Nordamerika

Nordamerika

Blizzards

Im Winter kann arktische Polarluft schnell und ungehindert in den Süden vordringen. Sie trifft dort häufig auf warme, feuchte Luft. Die Polarluft schiebt sich unter die Warmluft und katapultiert diese nach oben. So entstehen heftige Schneestürme. Diese **Blizzards** rasen teilweise mit über 100 km/h durch das Land. Häufig legen sie den Verkehr in den Großstädten lahm. Flughäfen werden geschlossen, Straßen sind durch meterhohe Schneeverwehungen unpassierbar.
Bei Rekordtemperaturen bis zu minus 55 °C sind auch immer wieder Kälteopfer zu beklagen.

155.1 Wetterextrem 1

Tornados

Beim Zusammentreffen feucht-heißer Luft aus dem Golf von Mexiko und Kaltluft aus dem Norden kommt es im Sommer häufig zu schweren Gewittern. In Extremfällen bilden sich trichterförmige Luftwirbel, die als **Tornados** bezeichnet werden. Sie rasen mit großer Geschwindigkeit übers Land. Sie haben die Kraft, sogar Autos und Häuser in die Luft zu schleudern und Bäume zu entwurzeln. Da der Durchmesser von Tornados gering ist, bleibt das Band der angerichteten Zerstörungen schmal.

155.2 Wetterextrem 2

Hurrikans

... sind tropische Wirbelstürme, die sich vor allem zwischen August und Oktober über dem Atlantischen Ozean bilden. Mit Windgeschwindigkeiten von bis zu 200 km/h treffen sie auf die Südostküste Nordamerikas. Ihre Entstehung lässt sich mithilfe von Satellitenaufnahmen beobachten. Man kann ihre voraussichtliche Bahn berechnen. Gefährdete Gebiete können evakuiert werden. Aber an Gebäuden und in landwirtschaftlichen Anbaugebieten entstehen Milliardenschäden.

155.3 Wetterextrem 3

AUFGABEN

1. *Erläutere, warum es in den USA zu Wetterextremen kommt.*
2. *Erkläre, warum Tornados und Blizzards in Europa selten sind.*
3. *Welcher der vier Jugendlichen (siehe S. 152) könnte von Hurrikans, Tornados und/oder Blizzards bedroht werden?*

156.1 Fließbandproduktion in Detroit (1935)

156.2 Industrieruinen in Detroit (2013)

Wirtschaftsregionen in den USA

Unternehmen siedeln sich dort an, wo sie passende Standortfaktoren (Fachbegriff) vorfinden. In der ersten Hälfte des letzten Jahrhunderts entstanden in den USA viele Arbeitsplätze in Industrien, deren Bedeutung heute zurückgegangen ist. Es entwickelten sich andere Industrien an anderen Standorten. Welche Folgen hat das für die Regionen?

Der Manufacturing Belt

Die Nachfrage nach Eisen und Stahl sowie Automobilen war in der ersten Hälfte des vergangenen Jahrhunderts groß. Die Standortfaktoren der Metallindustrie waren im sogenannten Manufacturing Belt für die Ansiedlung von Unternehmen optimal (156.3). Es setzte eine rasante wirtschaftliche Entwicklung ein.

Als in der zweiten Hälfte des Jahrhunderts die Nachfrage nach Eisen und Stahl nachließ und immer mehr US-Amerikaner ausländische Autos kauften, kam es zur Krise. Ein Niedergang setzte ein: Betriebe schlossen, die Menschen verloren ihre Arbeitsplätze. Viele zogen weg oder verarmten. Ganze Stadtteile verfielen.

- große, leicht abbaubare Lagerstätten von Steinkohle und Eisenerz
- viele Arbeitskräfte
- günstige Verkehrsanbindung
- große Absatzmärkte an der Ostküste und großer Bedarf an Eisen und Stahl für Maschinen, Brücken, Autos, Schienen und Konsumwaren
- steigende Bedeutung der Binnenhäfen für den Überseehandel

156.3 Standortfaktoren des Manufacturing Belt

156.4 Wichtige Wirtschaftsregionen der USA

157.1 Konzernzentrale eines Softwareunternehmens (social network) im Silicon Valley (Kalifornien)

157.2 Produktion von Klimaanlagen in Houston/Texas

Der Sunbelt

Während der Manufacturing Belt an Bedeutung verlor, entwickelte sich der Süden der USA wirtschaftlich prächtig. Es entstanden viele Arbeitsplätze im Bereich der chemischen Industrie, Raumfahrttechnik, Mikroelektronik und Rüstungsindustrie. Houston, Dallas und Atlanta entwickelten sich zu wichtigen Industrie-, Handels-, Finanz- und Verkehrszentren. Houston wurde vor allem als Sitz der NASA und als Zentrum der Petrochemie bekannt. Atlanta ist Standort vieler in- und ausländischer Wirtschaftsunternehmen.

Der wichtigste Standort im Sunbelt ist jedoch das Silicon Valley (157.1). Dort entstand seit den 1950er-Jahren in der Nähe der Stanford University ein riesiges Industriegebiet. Absolventen der Universität gründeten dort Elektronikfirmen und betrieben Grundlagenforschung. Mit Beginn des Computerzeitalters siedelten sich dort wegen der hochklassigen Forschungseinrichtungen immer mehr IT-Firmen (Informationstechnologie) an. Viele bekannte Unternehmen aus diesem Bereich haben hier heute ihren Sitz. Unzählige Mitarbeiter forschen an neuen IT-Produkten. Die wirtschaftliche Bedeutung von Silicon Valley wird an der Tatsache deutlich, dass das Durchschnittsgehalt dort etwa doppelt so hoch ist wie im Rest der USA.

- großes Industrieflächenangebot
- staatliche Subventionen
- geringe Steuerbelastungen
- viele gut ausgebildete Arbeitskräfte
- Nähe zu Bildungs- und Forschungseinrichtungen
- Infrastrukturvorleistungen (Verkehr, Industrieparks)
- niedrige Bau- und Energiekosten
- wachsender Absatzmarkt
- mildes, angenehmes Klima

157.3 Standortfaktoren des Sunbelt

FACHBEGRIFF

Standortfaktoren

... sind die Ausstattung eines Raumes mit bestimmten Merkmalen, z. B. vielen Arbeitskräften und reichen Vorkommen von Kohle und Eisenerz. Wenn ein Unternehmen diese Standortfaktoren für seine Produktion braucht, wird es sich dort gegebenenfalls ansiedeln. Kohle- und Eisenerzvorkommen sind beispielsweise für Stahlproduzenten wichtig. Für andere Unternehmen spielen diese Standortfaktoren keine Rolle. Hightech-Firmen siedeln sich z. B. dort an, wo es gut ausgebildete Arbeitskräfte und Forschungseinrichtungen gibt.

AUFGABEN

1 a) Beschreibe die Lage des Manufacturing Belt und des Sunbelt (156.4, Atlas).
b) Ergänze beide Industrieregionen in deiner Kartenskizze (siehe S. 149 Aufgabe 2).

2 Obwohl die Standortfaktoren im Manufacturing Belt unverändert blieben, kam es zum Niedergang der Region. Erkläre. Gehe dazu auf die sich verändernden Rahmenbedingungen ein.

158.1 Getreideernte in den Great Plains

Die USA – der größte Agrarproduzent

Von 1948 bis 2018 hat sich die Produktivität (Fachbegriff) der US-amerikanischen Landwirtschaft verdreifacht. Die USA stiegen damit zum weltweit größten Agrarexporteur auf. Was sind die Gründe für diese Entwicklung?

Die Agrarbetriebe in den USA produzieren große Mengen landwirtschaftlicher Produkte. Die guten Böden und das Klima bieten dafür gute Voraussetzungen. Wichtig sind aber auch die wirtschaftlichen Rahmenbedingungen und der technische Fortschritt. Durch den starken Einsatz von Maschinen werden immer größere Flächen von immer weniger Menschen bewirtschaftet (158.1). Außerdem haben sich die Landwirte spezialisiert. Dies bedeutet, dass sie auf großen Flächen nur eine Feldfrucht anbauen oder Tiere nur einer Tierart halten (159.1). So lässt sich die Tierhaltung vereinfachen und der Farmer braucht weniger unterschiedliche Maschinen.

In den USA entwickelten sich große Agrar-Unternehmen, die alle Schritte der Produktion abdecken (Agribusiness, 158.3). Die Fleischerzeugung findet zum Beispiel komplett in einem Unternehmen statt: Futtererzeugung, Mast, Schlachtung/Zerlegung, Verpackung sowie Transport zum Supermarkt sind genau aufeinander abgestimmt. In Freilandgehegen, sogenannten Feedlots (159.1), werden teilweise Hunderttausende Rinder gehalten. In nur 150 Tagen werden sie bis zur Schlachtreife gemästet. Die Feedlots haben einen gewaltigen Flächenbedarf, doch es ist ausreichend Fläche vorhanden.

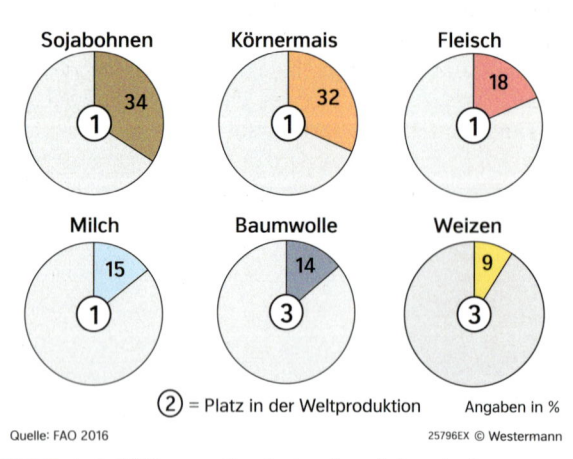

158.2 Anteil US-amerikanischer Landwirtschaftsprodukte am weltweiten Export (2016)

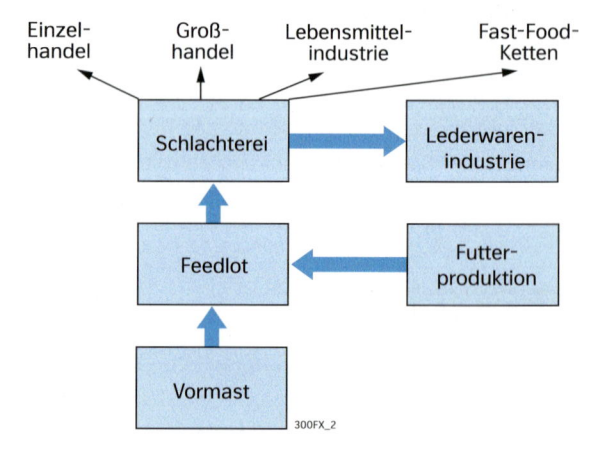

158.3 Schema eines Agribusiness zur Fleischerzeugung

159.1 Feedlot

Landwirtschaft mit Hightech – Smart Farming und Gentechnik

Durch einen intensiven Maschineneinsatz (Mechanisierung) ist die US-amerikanische Landwirtschaft sehr produktiv (Fachbegriff). Moderne digitale Technik hilft, den Treibstoffverbrauch zu senken. Navigationssysteme ermöglichen eine optimale Abstimmung der nebeneinander fahrenden Maschinen. Teilweise ist für mehrere Erntemaschinen, wie zum Beispiel Mähdrescher, nur noch ein Fahrer nötig, da sich die anderen Maschinen mittels GPS an der ersten orientieren.

Lasertechnologie beim Ausbringen von Dünger und der Einsatz von Drohnen zur bestmöglichen Nutzung der Felder befinden sich in der Testphase, werden aber in den kommenden Jahren einsatzfähig sein.

FACHBEGRIFF

Produktivität
Die Produktivität beschreibt die Leistungsfähigkeit einer wirtschaftlichen Tätigkeit. Die Produktivität steigt, wenn ein Unternehmen einen immer größeren Produktionsausstoß bei gleichbleibender oder abnehmender Arbeitsleistung erzielt.

In den USA werden auf über der Hälfte der landwirtschaftlichen Nutzfläche gentechnisch veränderte Pflanzen angebaut. Bei Mais, Soja und Baumwolle beträgt der Anteil sogar nahezu 90 Prozent.

Gentechnisch veränderte Pflanzen bringen einen höheren Ertrag auf gleicher Fläche und lassen den Farmer kostengünstiger produzieren. Man braucht weniger Pestizide, da die Pflanzen selbst Giftstoffe gegen Schädlinge und Unkraut bilden. So lassen sich Arbeits- und Maschineneinsatz verringern und Kosten sparen. Auch das Grundwasser wird nicht mehr so stark mit Pestizidrückständen belastet.

Aber wenn Pflanzen ständig Gift gegen Schädlinge produzieren, können sich diese anpassen – die Wirkung des Giftes lässt nach. Die Eigenschaften der gentechnisch veränderten Pflanze können sich auch auf das Unkraut übertragen, dann werden mehr und stärkere Pestizide verwendet. In den USA lässt sich vielfach schon nach wenigen Jahren das Unkraut nicht mehr bekämpfen. Das gentechnisch veränderte Saatgut ist zudem teuer und die Farmer müssen es jedes Jahr neu kaufen. So steigt die Abhängigkeit der Farmer von den Saatgutproduzenten und Chemieunternehmen. Dies führt dazu, dass kleinere Farmer ihren Betrieb aufgeben müssen.

159.2 Gentechnik in der Landwirtschaft

AUFGABEN

1. Beschreibe, was unter dem Begriff „Agribusiness" (158.3) zu verstehen ist.
2. Erläutere die Aussage: „Die USA sind eine Agrar-Großmacht." (158.2).
3. Begründe die Aussage: „Neue Maschinen sparen Kosten." (158.1).
4. Erarbeitet in der Gruppe Argumente für eine Pro-Kontra-Diskussion zum Thema „Gentechnik in der Landwirtschaft" (159.2, Internet).

Die USA – eine Wirtschaftsmacht

Die USA sind die weltweit führende Wirtschaftsmacht. Mit rund 300 Mio. Einwohnern (4,6 Prozent der Weltbevölkerung) erwirtschaftete das Land 2017 rund 25 Prozent des weltweiten Bruttoinlandsproduktes (Fachbegriff). Von den zehn wertvollsten Unternehmen kamen 2018 acht aus den USA. Wie kam es zu dieser Vormachtstellung?

Die Gründe für die wirtschaftliche Vormachtstellung

Die Spitzenstellung der US-amerikanischen Wirtschaft hat viele Gründe: Die USA verfügen über …

- fast alle wichtigen Bodenschätze, zum Teil sogar in ausreichender Menge zur Selbstversorgung,
- eine Vielzahl an qualifizierten, leistungsbereiten und mobilen Arbeitskräften, auch aus dem Ausland,
- einen riesigen Binnenmarkt (Fachbegriff) mit einer kauffreudigen Bevölkerung,
- Geldgeber (Banken, Investoren) mit Risikobereitschaft,
- über eine Bevölkerung, die im Vergleich zu anderen Ländern öfter eigene Firmen gründet. Außerdem:
- Die USA sind ein großes, rohstoffreiches und gut erschlossenes Land.
- US-amerikanische Konzerne arbeiten weltweit und erwirtschaften einen Großteil ihrer Gewinne im Ausland (161.3).
- Viele innovative (einfallsreiche, ideenreiche) US-amerikanische Unternehmen investieren viel Geld in die Forschung und Entwicklung neuer Produkte (161.2).
- Die Gesetze in den USA sind sehr unternehmerfreundlich. Angestellte können problemlos entlassen werden. Die Steuern für Unternehmen sind gering.

FACHBEGRIFF

Binnenmarkt
Bezeichnung für einen Raum, in dem es einen freien Waren- und Dienstleistungsverkehr gibt. Die Menschen können ihren Wohn- und Arbeitsort frei wählen. Unternehmen können sich ansiedeln, wo sie wollen. Diese Bedingungen treffen in erster Linie auf demokratische Länder zu. Mehrere Länder können sich auch zu einem gemeinsamen Binnenmarkt zusammenschließen. Das trifft auf die Europäische Union zu.

FACHBEGRIFF

Bruttoinlandsprodukt (BIP)
… ist die Bezeichnung für den Wert aller Waren und Dienstleistungen, die innerhalb eines Jahres in einem Land hergestellt/erbracht werden. Es ist ein Maß für die gesamte wirtschaftliche Leistung eines Landes. Teilt man das BIP durch die Anzahl der Einwohner, erhält man das BIP/Kopf. Es zeigt an, wie hoch der Wohlstand der Bevölkerung eines Landes im Vergleich zu dem in einem anderen Land ist.

160.1 Endkontrolle in einem Autowerk in Michigan (USA)

160.2 Aktienhandel an der bedeutendsten Börse der Welt in New York City

Nordamerika

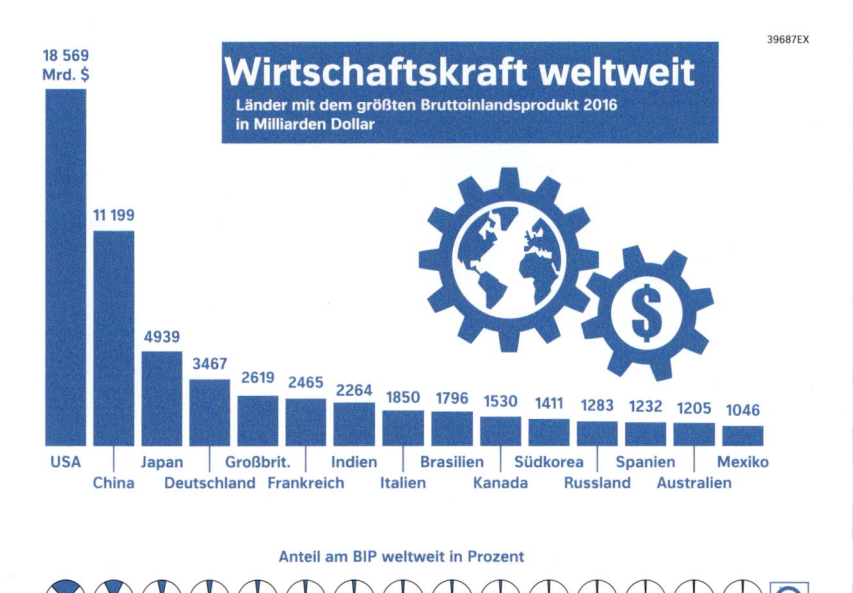

161.1 Wirtschaftskraft weltweit

Wirtschaftskraft weltweit
Länder mit dem größten Bruttoinlandsprodukt 2016 in Milliarden Dollar

- USA: 18 569 Mrd. $
- China: 11 199
- Japan: 4 939
- Deutschland: 3 467
- Großbrit.: 2 619
- Frankreich: 2 465
- Indien: 2 264
- Italien: 1 850
- Brasilien: 1 796
- Kanada: 1 530
- Südkorea: 1 411
- Russland: 1 283
- Spanien: 1 232
- Australien: 1 205
- Mexiko: 1 046

Anteil am BIP weltweit in Prozent: 24,5 % | 14,8 | 6,5 | 4,6 | 3,5 | 3,3 | 3,0 | 2,4 | 2,4 | 2,0 | 1,9 | 1,7 | 1,6 | 1,6 | 1,4

Quelle: Weltbank

161.2 Anmeldung von Patenten im Jahr 2018

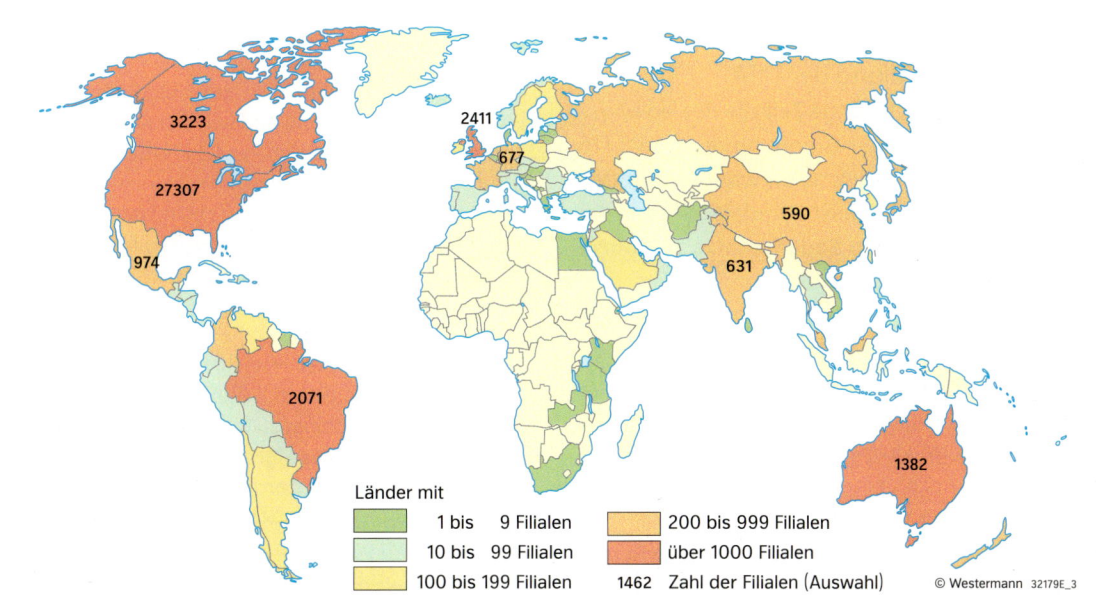

	Land	Anzahl
1.	USA	43 600
2.	Deutschland	26 700
3.	Japan	22 600
4.	Frankreich	10 300
5.	China	9 400
6.	Schweiz	7 900
7.	Südkorea	7 300
8.	Niederlande	7 100
9.	Großbrit.	5 700
10.	Italien	4 400
11.	Schweden	4 000
12.	Dänemark	2 400
13.	Belgien	2 400
14.	Österreich	2 300
18.	Kanada	1 600

161.3 Anzahl der Filialen einer beliebten US-amerikanischen Fast-Food-Kette, die Sandwiches verkauft (2018)

Länder mit
- 1 bis 9 Filialen
- 10 bis 99 Filialen
- 100 bis 199 Filialen
- 200 bis 999 Filialen
- über 1000 Filialen
- 1462 Zahl der Filialen (Auswahl)

Werte auf der Karte: 3223; 27307; 974; 2071; 2411; 677; 590; 631; 1382

AUFGABEN

1. Fasse stichpunktartig zusammen, warum die USA eine wirtschaftliche Führungsmacht sind.
2. a) Errechne mithilfe von 161.1 das BIP/Kopf der USA, Deutschlands und Kanadas (Einwohner 2018: USA 327 Mio., Deutschland 83 Mio., Kanada 37 Mio.).
   b) Vergleiche die Wirtschaftskraft der drei Länder (161.1, 161.2, Aufgabe 2a). Erstelle eine Tabelle.
3. a) Stelle dar, warum in 161.2 kein Entwicklungsland zu finden ist.
   b) Begründe, warum die Anmeldung von Patenten auch ein Beleg für die Wirtschaftskraft eines Landes ist.

162.1 Den Trail entlang in den Westen

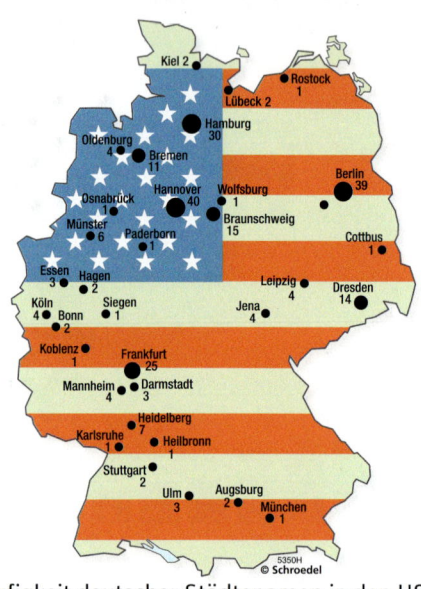

162.2 Häufigkeit deutscher Städtenamen in den USA

Die USA – ein Einwanderungsland

Über 99 Prozent aller US-Amerikaner haben Vorfahren, die außerhalb der USA geboren wurden. Die USA gelten schon immer als Einwanderungsland. Was bedeutet das für die USA?

Go West! – die Besiedlung der USA

Der Ruf „Go West!" prägte lange Zeit die Besiedlungsgeschichte der USA. Seit der Gründung der USA 1776 strömten vor allem europäische Einwanderer in den noch jungen Staat an der Ostküste Nordamerikas. In der Hoffnung, eigenes Land und Bodenschätze zu finden, zog es sie immer weiter nach Westen.

Der Bau von Eisenbahnstrecken beschleunigte die Erschließung und Besiedlung der USA. Nur ein Jahrhundert dauerte die Inbesitznahme der Fläche der heutigen USA. Sie verlief zunächst unkontrolliert. Seit 1861 erfolgte die schachbrettartige Vermessung des Landes. Jeder Siedler erhielt das Recht, eine quadratische Fläche von rund 65 ha preiswert zu erwerben.

Die Eroberung, die fortschreitende Erschließung und Besiedlung Angloamerikas waren mit einer rücksichtslosen Verdrängung der indianischen Urbevölkerung verbunden, die bis heute nachwirkt. Die indianische Urbevölkerung, die zu den indigenen Völkern gezählt wird, zwang man in Reservate. Das waren unfruchtbare Gebiete, an denen die Siedler kein Interesse hatten. Ihrer Lebensgrundlage beraubt, starben einige der einst 500 verschiedenen Völker sogar aus.

Neben den Europäern wanderten im 20. und 21. Jahrhundert vor allem Menschen aus Asien sowie Lateinamerika in die USA ein.

Das Leben von Levi Strauss, dem „Vater" der Blue Jeans, verkörpert wie kaum ein anderes den amerikanischen Traum. Löb Strauss, so lautete sein Name ursprünglich, wurde am 26.02.1829 [...] in Buttenheim (Oberfranken) geboren. Sein Vater betrieb [...] einen Hausierhandel mit Tuch und Kurzwaren. [...] Sein Tod brachte die Familie in wirtschaftliche Schwierigkeiten. Deshalb entschied sich die Mutter [...] 1848 [...] nach Amerika auszuwandern. [...] Die Familie fasste zunächst in New York Fuß. Wenig später erreichten Nachrichten von den ersten Goldfunden in Kalifornien die Ostküste. Im Jahre 1853 entschloss sich daraufhin der junge Levi, sein Glück an der amerikanischen Westküste zu suchen. Er gründete in San Francisco einen Großhandel für Stoffe. [...] Zusammen mit einem Partner [...] meldete Levi Strauss 1873 ein Patent für vernietete Arbeitshosen an. Die Jeans war geboren!
Levi Strauss kam durch die Produktion der blauen Baumwollhosen zu Wohlstand [...]. Die ersten Kunden schätzten die Jeans hauptsächlich [...] als Arbeitskleidung. Bald wurde das blaue Beinkleid jedoch weltweit „salonfähig" und entwickelte sich zur meistgetragenen Hose überhaupt. [...]

162.3 Ein Auswandererschicksal

Die multiethnische Gesellschaft

Die amerikanische Nation besteht heute aus einer Vielzahl ethnischer Gruppen. Englisch ist zwar die gemeinsame Landessprache, die Traditionen und Gebräuche der Bewohner sind jedoch sehr verschieden. Für das heutige amerikanische Nationalgefühl steht seit dem 19. Jahrhundert die Bezeichnung „Melting Pot of People". Der Begriff des Schmelztiegels beschreibt die vielen Bevölkerungsgruppen, die zu einer neuen, homogenen Nation zusammenfanden. Die Menschen, die aus verschiedenen Nationen stammen, fühlen sich alle als US-Amerikaner.

Aktuelle Herausforderungen

Oftmals geht die Vielfalt mit Diskriminierung, Abgrenzung und Ablehnung einher. Vor allem die gleichberechtigte Eingliederung der Bevölkerungsgruppen ist bis heute ein Problem. Das betrifft in erster Linie die afroamerikanische Bevölkerung.

Neu ankommende Einwanderer siedeln sich oft in ethnischen Vierteln an, das heißt, in der Nähe ihrer Landsleute; so zum Beispiel Chinesen in den Chinatowns. Eine aktuelle Herausforderung der Einwanderungspolitik der USA ist die Integration von Millionen oft illegalen Einwanderern aus Lateinamerika.

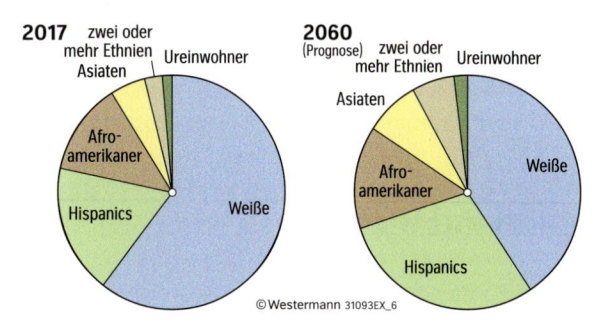

FACHBEGRIFF

Ethnie / ethnische Gruppe
Darunter versteht man Gruppen von Menschen, die sich zusammengehörig fühlen. Verwandtschaftliche Beziehungen spielen dabei keine besondere Rolle. Ist die Gruppe sehr groß (z. B. alle Deutschen), spricht man auch von einem Volk. Merkmale der Zusammengehörigkeit können Sprache, Abstammung, Wirtschaftsordnung, Geschichte, Kultur, Religion oder die Verbindung zu einem bestimmten Gebiet sein.

163.1 Die Bevölkerungsentwicklung

163.2 Parade von Mexikanern in New York City am Hispanic Pride Day

163.3 Texas – Festnahme von illegal eingewanderten Mexikanern in Grenznähe

AUFGABEN

1. Beschreibe die voraussichtliche Bevölkerungsentwicklung in den USA bis 2060 (163.1).
2. Liste auf, was die Menschen im 19. Jahrhundert dazu antrieb, in die USA auszuwandern.
3. Diskutiert die Idee, zwischen Mexiko und den USA eine Mauer zu bauen, um die illegale Einwanderung in die USA zu erschweren.

164.1 Stadtzentrum von Los Angeles (Kalifornien)

Stadtland USA

Weltweit unterscheiden sich die Städte in ihrem Erscheinungsbild und ihrem Aufbau. In Deutschland befindet sich zum Beispiel im Stadtzentrum oft eine Altstadt mit Fußgängerzone. In den Städten der USA gibt es so etwas nicht. Welche Merkmale hat der Aufbau einer typischen US-amerikanischen Großstadt?

Entwicklung der US-amerikanischen Stadt

Über 80 Prozent der US-Bevölkerung leben heute in Städten. Im Bundesstaat Kalifornien ist die Verstädterung (Fachbegriff) mit rund 90 Prozent am größten. Mit der zunehmenden Verstädterung ist eine Ausdehnung der Stadtfläche über die Grenzen der Kernstadt verbunden. Es entstanden Suburbs (Vororte), die sich immer weiter ausbreiteten. Dieser Prozess wird als Suburbanisierung (Fachbegriff) bezeichnet. Inzwischen lebt die Hälfte der US-Amerikaner in Vororten.
Voraussetzung für das Wachstum der US-Städte in ihr Umland war neben der Massenmotorisierung der Ausbau eines ausgedehnten Netzes von Autobahnen, sogenannten „Freeways". Die Suburbanisierung war auch möglich, weil in den USA große Flächen im Umland der Städte zur Verfügung standen.

Anders als früher sind heute zwischen „Stadt" und „Land" oft keine Grenzen mehr zu erkennen. Großstädte gehen zum Teil ohne sichtbare Grenzen ineinander über und bilden riesige Ballungsräume, die auch als Megalopolis bezeichnet werden.

Die meisten angloamerikanischen Städte wurden systematisch nach dem Schachbrettmuster angelegt.

FACHBEGRIFF

Verstädterung/Verstädterungsgrad
Der Begriff „Verstädterung" beschreibt den wachsenden Anteil der Stadtbewohner an der Gesamtbevölkerung eines Landes. Der Verstädterungsgrad gibt den Anteil der Stadtbevölkerung an. Er wird in Prozent angegeben. In den USA lag er 2018 bei 82 Prozent. Das bedeutet, dass von 100 US-Amerikanern 82 in Städten lebten. In Deutschland betrug er 77 Prozent.

FACHBEGRIFF

Suburbanisierung
… ist ein Prozess, bei dem immer mehr Menschen aus der Stadt in das Umland ziehen. Diese Entwicklung begann in den USA in der ersten Hälfte des 20. Jahrhunderts durch zunehmenden Wohlstand und dadurch, dass immer mehr Menschen ein Auto besaßen. Es entstanden ausgedehnte Vorstädte (Suburbs). Die Innenstädte (Cities) verloren ihre Wohnfunktion.

Nordamerika

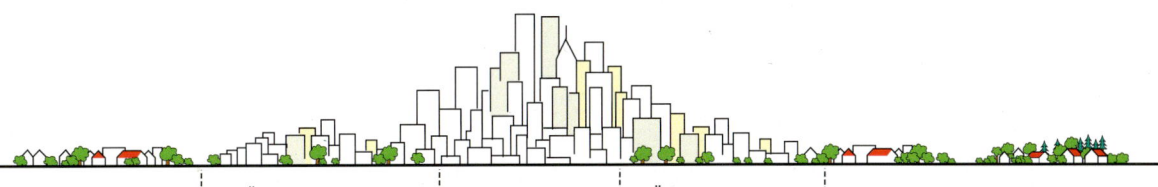

Umland/ suburbaner Raum	Übergangsbereich	Kernstadt (CBD)	Übergangsbereich	Umland/ suburbaner Raum
- aufgelockerte Einzelhaus- und Apartmentbebauung - Wohngebiete der Mittel- und Oberschicht - an Verkehrsknotenpunkten der Ausfallstraßen oft Industrie- und Büroparks sowie Einkaufszentren - geringe Arbeitsplatzdichte	- mehrgeschossige Wohnhäuser, oft im schlechten Zustand - Wohngebiete der Unterschicht - Bildung von Ethnic Neighborhoods, - Gewerbeflächen und Garagen - vereinzelt Wohngebiete der Mittel- und Oberschicht (z. T. abgegrenzt)	- Büro- und Wohnhochhäuser - Geschäftszentrum der Stadt, - hohe Arbeitsplatzdichte - Hotels und Kultureinrichtungen	- mehrgeschossige Wohnhäuser, oft im schlechten Zustand - Wohngebiete der Unterschicht - Bildung von Ethnic Neighborhoods, - Gewerbeflächen und Garagen - vereinzelt Wohngebiete der Mittel- und Oberschicht (z. T. abgegrenzt)	- aufgelockerte Einzelhaus- und Apartmentbebauung - Wohngebiete der Mittel- und Oberschicht - an Verkehrsknotenpunkten der Ausfallstraßen oft Industrie- und Büroparks sowie Einkaufszentren - geringe Arbeitsplatzdichte

165.1 Aufbau einer US-amerikanischen Stadt

Der US-amerikanische Lebensstil ist geprägt von Optimismus, größtmöglicher persönlicher und wirtschaftlicher Freiheit sowie vom Streben nach Wohlstand, Reichtum und Glück. Dieser Lebensstil wurde nach dem Zweiten Weltkrieg das Vorbild für viele Länder der Welt. Eine Folge dieses Lebensstils ist ein starker Konsum, verbunden mit der Verschwendung von Rohstoffen und einer Verschmutzung der Umwelt. Deutlich wird dies am Energie-, Wasser- und Flächenverbrauch der US-Amerikaner. Auch an der Ernährung wird dies deutlich. Der Fleischkonsum ist der zweithöchste der Welt. Auch der Zuckerkonsum ist hoch. Etwa ein Drittel der US-Amerikaner ist stark übergewichtig. Experten gehen davon aus, dass die Fettleibigkeit heute die häufigste Todesursache in den USA ist.

165.2 Der American Way Of Life hat seinen Preis.

165.3 Auf dem Freeway (Los Angeles)

AUFGABEN

1 a) Beschreibe den Aufbau einer US-amerikanischen Stadt.
b) In welchem Bereich der US-amerikanischen Stadt würdest du gerne leben (165.1)? Begründe.
2 Wurde das Foto in 165.3 am Vormittag oder Nachmittag aufgenommen? Erkläre.
3 Erläutere, wie das Auto das Erscheinungsbild der US-amerikanischen Stadt prägt.

166.1 Die Skyline von Manhattan (Fotomontage)

New York City

Die Stadt New York liegt im gleichnamigen US-Bundesstaat und ist mit 8,5 Mio. Einwohnern (2015) die bevölkerungsreichste Metropole der USA. Pro Jahr kommen zusätzlich knapp zehn Millionen Besucher in die Stadt, um die vielfältigen kulturellen Angebote zu nutzen und die vielen Sehenswürdigkeiten zu besuchen. Shopping, Theater, Musical, Restaurants, Museen, Konzerte oder der Besuch in einem der zahlreichen Parks, die Angebotspalette in New York ist riesig.

Die Stadt wurde 1626 von den Niederländern errichtet. Sie nannten den Ort „Neu Amsterdam". Nachdem die Briten die Insel erobert hatten, nannten sie die Stadt New York. Im Laufe der Jahrzehnte wurde die Stadt zunehmend zum Tor Amerikas. Zahlreiche Einwanderer vieler Nationen betraten die neue Welt in New York.

Heute leben Menschen aus vielen Teilen der Welt in der Stadt. Viele Stadtteile zeichnen sich dadurch aus, dass ihre Bewohner meist die gleiche Herkunft haben. (167.1). New York City ist von Segregation (Fachbegriff) gekennzeichnet.

Eine negative Folge der Beliebtheit New Yorks sind steigende Lebenshaltungskosten in der Stadt. Besonders hoch sind sie in Manhattan. Im Jahr 2017 mussten die Einwohner dort durchschnittlich 60 Prozent ihres Einkommens für die Miete ausgeben. Ein günstiges Zimmer mit einer Größer von 26 m^2 kostete 2017 etwa 1 500 US-\$. Viele Normalverdiener können sich diese Mieten nicht leisten. Sie ziehen in andere Stadtteile oder ins Umland. Dadurch müssen sie lange Wege zur Arbeitsstelle in Kauf nehmen.

Können Sie mir erklären, was eine Global City ist?
In einer Global City werden wirtschaftliche und politische Entscheidungen getroffen, die globale Auswirkungen haben.
Wer entscheidet das denn und warum wird New York als Global City No. 1 bezeichnet?
Weltweit tätige Unternehmen, vor allem aus dem Finanzbereich, treffen hier ihre Entscheidungen. Es wird festgelegt, wo auf der Welt investiert wird, welche Aktien gekauft werden, wo Fabriken eröffnet oder geschlossen werden oder wohin Kredite vergeben werden. In New York haben viele Unternehmen ihren Hauptsitz. Wenn in New York die Börse öffnet, schauen weltweit die Finanzprofis auf die Kursentwicklung der Wall Street. Politische Entscheidungen von weltweitem Einfluss werden zum Beispiel in der UNO getroffen. Viele Medienhäuser verbreiten von New York aus Meinungen und Nachrichten um die Welt.
Gibt es noch weitere Merkmale von Global Cities?
Ja, dort gibt es kulturelle Angebote von Weltrang wie Museen und Theater. Dort werden auch im kulturellen Bereich Trends gesetzt. Global Cities sind sehr international. Zum einen sind sie über Flughäfen und Internetverbindungen gut miteinander vernetzt, zum anderen gibt es eine Vielzahl an gut ausgebildeten Arbeitskräften aus aller Welt. London hat noch eine ähnlich herausragende Stellung als Global City. Jedes Jahr nutzen fast zwei Millionen Passagiere Flugverbindungen zwischen beiden Städten.

166.2 Interview mit einem Experten

Nordamerika

Hi, mein Name ist Ernesto Sandoval. Ich bin 12 und lebe in East Harlem. Meine Großeltern kamen vor vierzig Jahren aus Puerto Rico nach New York. Da war meine Oma mit meiner Mutter schwanger. Hier in East Harlem leben viele Menschen mit puerto-ricanischen oder afroamerikanischen Wurzeln. Hier sagt keiner East Harlem, alle nennen unseren Stadtteil El Barrio. Mit meinen Großeltern spreche ich nur Spanisch, mit meinen Eltern, Tanten und Onkels Englisch oder Spanisch. Wir sind eine große Familie.

Ich besuche die Junior High School. Nach drei Stationen mit dem Schulbus bin ich da. Ich bekomme Unterricht in Englisch, Mathe, Biologie, Chemie, Physik, Sport und Geschichte. Meine Schwestern gehen noch in die Elementary School. Meine Mutter arbeitet in einem Supermarkt und mein Vater bei einem Paketdienst. In meiner Freizeit treffe ich mich oft mit Freunden. Die meisten sind auch Puerto Ricaner. Zwei Mal in der Woche gehe ich zum Baseballtraining. Am Sonntag geht die ganze Familie in die Kirche.

Viel Geld haben wir nicht, aber in der Familie unterstützen wir uns gegenseitig. In El Barrio gibt es viele Menschen, die leider noch weniger haben als wir. Drogen und Kriminalität sind hier ein Problem. Mein Vater sagt, dass ich mich in der Schule anstrengen soll, damit ich mal einen guten Job bekomme und aus El Barrio rauskomme. Aber ich bin mir gar nicht sicher, ob ich das möchte. Hier sind doch meine Familie und meine Freunde.

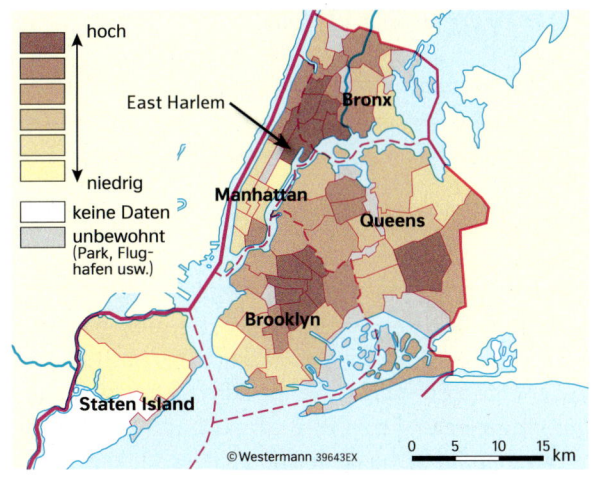

167.1 Anteil der afroamerikanischen und lateinamerikanischen Bevölkerung, Pfeil: East Harlem/El Barrio

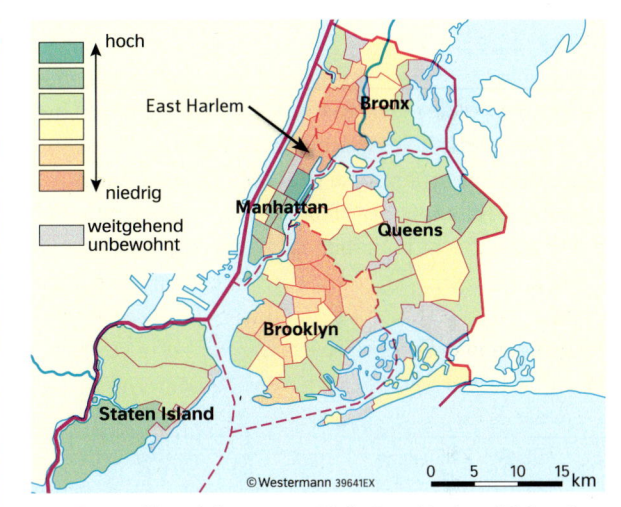

167.2 Familieneinkommen, Pfeil: East Harlem/El Barrio

167.3 Ein Junge aus East Harlem berichtet.

FACHBEGRIFF

Segregation
... ist der Prozess der Entmischung. Die Bevölkerungsgruppen leben nach Herkunft oder Einkommen in unterschiedlichen Vierteln.

AUFGABEN

1. Jeder hat eine Vorstellung von New York City. Beschreibe deine in Stichpunkten.
2. Betrachte 167.1 und 167.2. Was stellst du fest?
3. Beschreibe kurz dein Alltagsleben (Schule, Freizeit, Familie) und vergleiche es mit dem von Ernesto (167.3).
4. Diskutiert die Vor- und Nachteile des Alltags von Ernesto (167.3).
5. Vervollständige folgenden Satz: „Die Stadt New York ist eine Global City, weil ... ".
6. Obwohl einige Städte mehr Einwohner haben, war New York City 2018 die einflussreichste Stadt der Welt. Erkläre.

The American Dream

Die Sehnsucht nach einer weitgehenden persönlichen Freiheit hat Millionen von Menschen dazu gebracht, in den USA eine neue Heimat zu suchen. All ihre Hoffnungen und Wünsche lassen sich in der Umschreibung „American Dream" zusammenfassen. Was beinhaltet dieser „Traum" eigentlich und was passiert, wenn er nicht in Erfüllung geht?

Der amerikanische Traum – nicht für alle

Fragt man US-Amerikaner, was für sie persönlich der American Dream bedeutet, so taucht der Freiheitsbegriff in der Antwort besonders häufig auf. Frei für sein Leben verantwortlich zu sein wird oft als besonders hoher Wert empfunden. Gemeint ist damit vor allem, frei von staatlicher Bevormundung zu sein. Der Staat hat sich aus jeglichen persönlichen Angelegenheiten herauszuhalten. Im Gegenzug erwarten die US-Amerikaner wenig staatliche Hilfe.

Der American Dream hat aber auch immer eine materielle Komponente. Man muss hart arbeiten, um gut zu leben, seinen Lebensstandard laufend verbessern, seine Familie ernähren und beschützen, aber auch anderen beistehen und Hilfe leisten. Etwas aus eigener Kraft erreicht zu haben genießt allseits höchstes Ansehen bei den US-Amerikanern. Auf dem Weg zur Verwirklichung seiner Wünsche wird gerne das Bild vom Tellerwäscher bemüht, der es aus eigener Kraft zum Millionär schafft. Solche Traumkarrieren hat es tatsächlich gegeben. Doch das sind Einzelfälle. Kinder aus einem armen Elternhaus haben es deutlich schwerer, ihren amerikanischen Traum zu verwirklichen.

In der US-amerikanischen Realität heißt das aber auch, dass die Gesellschaft stark gespalten ist. Nirgends ist der Reichtum einer Gesellschaft so ungleich verteilt wie in den USA. Einem Prozent der Bevölkerung gehören 40 Prozent des Gesamtvermögens, während 80 Prozent sich sieben Prozent des Gesamtvermögens teilen.

168.1 New York City – Besucherinnen der New Yorker Fashion Week vor dem Veranstaltungsgebäude

Nordamerika

Auf Zuwendungen angewiesen

Die Casino-Stadt Las Vegas steht wie kein anderer Ort symbolisch für den American Dream. Jedes Jahr strömen 40 Mio. Besucher in die Stadt und versuchen ihr Glück. Die Glitzerbauten sind weltberühmt und zeugen von großem Reichtum. Doch in der Stadt leben auch Tausende Obdachlose (169.3). Viele davon in den Entwässerungstunneln unter der Stadt. Sie besitzen oft nicht mehr, als in einem Einkaufswagen Platz hat.

Von staatlicher Seite haben diese Menschen wenig zu erwarten. Sozialstaatliche Leistungen gibt es in den Vereinigten Staaten zwar auch, diese sind jedoch in ihrem Umfang deutlich geringer und kurzfristiger als in Deutschland. So zahlt die Arbeitslosenversicherung maximal 26 Monate bis zu 50 Prozent des zuvor verdienten Geldes. Anschließend kann man Sozialhilfe beziehen. Diese ist aber auf insgesamt nur fünf Lebensjahre begrenzt. Danach ist jeder auf sich allein gestellt.

Andererseits gibt es nirgends mehr Charity-Veranstaltungen und gemeinnützige Stiftungen oder private Initiativen (169.1). Sie bringen Geld- und Sachleistungen auf, mit denen beispielsweise Menschen unterstützt werden, die in Not geraten sind. Das nützt der Gesellschaft, dient aber auch dem Image der Geber.

	Kanada	USA	Deutschland
Index der menschlichen Entwicklung (HDI) 2018	0,926 Weltrang: 12	0,924 Weltrang: 13	0,936 Weltrang: 5
BIP/Kopf in US-Dollar (2018)	46 260	62 610	48 260
Ärzte pro 1000 Einwohner	2,5 (2015)	2,6 (2014)	4,2 (2015)
Lebenserwartung ab Geburt (2017)	82,5 Jahre	79,5 Jahre	81,2 Jahre
Erdölverbrauch/Kopf in Barrel (2018)	24,16	23,12	10,15
Arbeitslosenquote 2018 in Prozent	5,8	3,9	3,4
Morde pro 100 000 Personen (2017)	1,8	5,3	1,0

169.2 Lebensverhältnisse im Vergleich

169.1 Beispiel für Charity: Ein Restaurantbesitzer verkauft Pizzen für 1 US-$ an bedürftige Familien. Andere Restaurantgäste unterstützen diese Aktion durch Spenden.

169.3 Jugendlicher Obdachloser in Las Vegas

AUFGABEN

1. Beschreibe, was in den USA als American Way of Life bzw. American Dream verstanden wird.
2. a) Wiederhole, was der HDI-Wert (HDI = human development index) aussagt (Internet).
   b) Stelle den Entwicklungsstand der USA hinsichtlich der Kriterien in 169.2 im Vergleich zu Deutschland oder Kanada dar.
3. a) Vergleiche die Rolle von Charity bzw. Wohltätigkeit in den Sozialsystemen der USA und Deutschlands.
   b) Welche Form der Fürsorge findest du besser? Begründe.

170.1 Kürbisanbau in der kanadischen Provinz Alberta

Kanada

Kanada hat nicht einmal die Hälfte der Einwohner Deutschlands, verglichen mit den USA ein Zehntel und im Weltmaßstab liegt das Land nur auf Rang 38. Im Welthandel ist es jedoch ein Riese. Worauf begründet sich der wirtschaftliche Erfolg?

Kanada im Überblick

Kanada ist nach Russland das zweitgrößte Land der Erde und nimmt fast die Hälfte Nordamerikas ein. Allerdings leben in Kanada nur 36,5 Mio. Menschen (2018), die allermeisten davon im südlichen Landesteil, der etwa auf der geographischen Breite Roms liegt. Trotz seiner großen Ausdehnung ist Kanada hauptsächlich ein „Land des Nordens" mit überwiegend rauen klimatischen Verhältnissen.

Die Größe Kanadas bringt eine Vielfalt an Landschaften mit sich: vergletscherte Hochgebirgsketten und weite Ebenen, dichte Wälder, die nach Norden in die Tundra übergehen, riesige Ströme und auch fruchtbares Ackerland.

Kanada besitzt eine hoch entwickelte, vielseitige Industrie und eine leistungsfähige Land- und Forstwirtschaft (einschließlich Fischerei). Es gehört zu den bedeutendsten Industrieländern der Erde. Besonders enge Wirtschaftsbeziehungen unterhält Kanada zu den USA.

Kanadas Kornkammern

Fruchtbare Schwarzerde ist in den drei Prärieprovinzen Manitoba, Alberta und Saskatchewan zu finden. Das Landschaftsbild wird dort von Getreidefeldern und Weideflächen für Rinder geprägt. Mit modernster Technik bewirtschaften die Farmer riesige Flächen. Die Größe einer Farm beträgt durchschnittlich 500 ha. Seit Beginn der Besiedlung und ackerbaulichen Nutzung der Präriegebiete wurde der Getreideanbau immer weiter nach Norden ausgedehnt – bis an die Ackerbaugrenze. Eine Grundlage dafür war die Züchtung neuer Getreidesorten mit kurzer Wachstums- und Reifedauer.

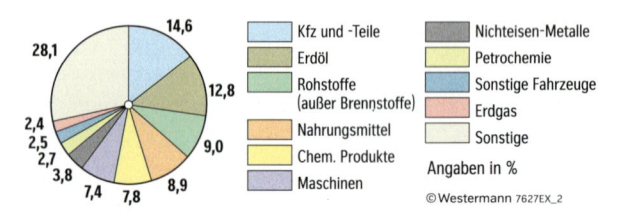

170.2 Die kanadische Exportstruktur

Nordamerika

171.1 Kanadas Rohstoffe und Vegetationszonen

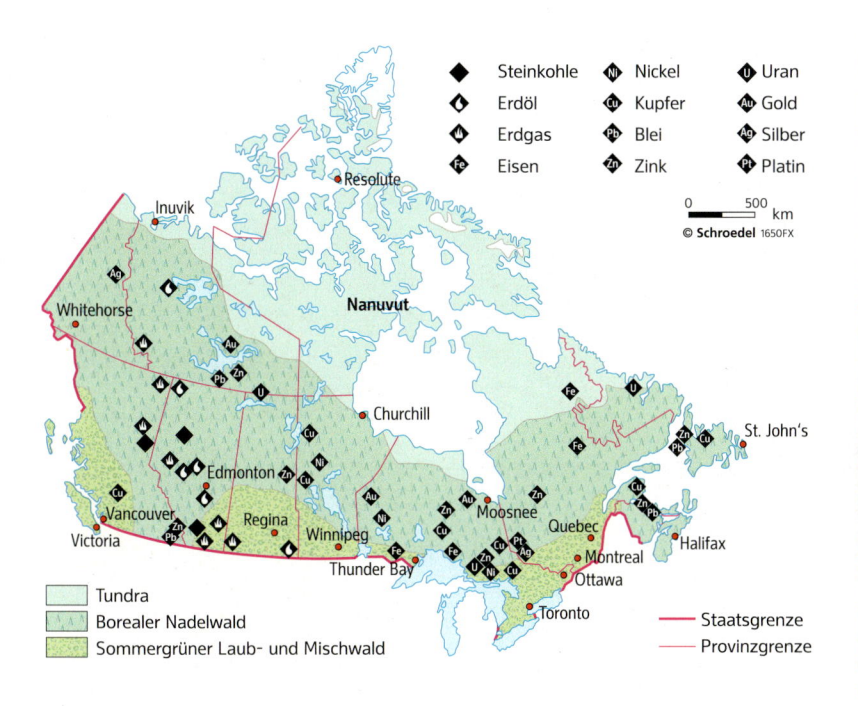

171.2 Kohlemine in der Provinz Alberta

Kanadas Rohstoffe

Kanada verfügt über riesige Holz- und Wasservorräte. 46 Prozent der Landesfläche sind von Wald bedeckt. Zudem liegen in Kanada die drittgrößten Erdölreserven der Welt, vor allem in Form von Ölsanden in der Provinz Alberta (siehe S. 36). Das Land belegt Platz 5 in der weltweiten Erdgas- und Erdölförderung. Auch bei der Gewinnung von Diamanten und Uran gehört das Land zur Weltspitze.

Zunehmend wichtiger werden die großen nicht-energetischen Rohstoffvorkommen wie Eisen, Gold, Kupfer, Nickel und die sogenannten Seltenen Erden. Das sind seltene Erze, die für die Elektrotechnik unverzichtbar sind. Viele Unternehmen, die Unterhaltungselektronik und Mobiltelefone herstellen, sind auf diese Rohstoffe angewiesen. Der Bedarf steigt und es bedarf neuester Technologien und Abbaumethoden, um ihn zu decken. Beim Abbau kommt es zu Umweltschäden.

171.3 Holztransport auf dem Fraser River

AUFGABEN

1 *Beschreibe mithilfe von Atlaskarten die Lage und die natürlichen Bedingungen Kanadas. Unterscheide Relief, Klima und Böden.*
2 *Erläutere die Rolle der Rohstoffe und der landwirtschaftlichen Produkte für die Warenausfuhr Kanadas (170.2).*
3 *Erstelle eine Präsentation über Kanadas Landwirtschaft und Bergbau. Thematisiere auch Vor- und Nachteile.*

172.1 Inuitsiedlung Kimmirut im Sommer (Das rote Gebäude vorne rechts ist die Schule.)

Inuit heute – Leben zwischen Tradition und Moderne

172.2 Akaluk

Akaluk, ein 82 Jahre alter Inuk, lebt jetzt im Haus seines Sohnes in Kimmirut, einer ländlichen Siedlung im Norden Kanadas. Er erzählt, wie sich das Leben der Inuit verändert hat: „Als mein Vater ein kleiner Junge war, gab es hier nur eine Mine, einen Handelsposten und eine Missionsstation. Vor etwa 70 Jahren wurden immer mehr Inuit sesshaft und siedelten in Kimmirut in festen Häusern. Ich war noch ein kleiner Junge, aber erinnere mich genau, wie ich das erste Mal im Laden des Händlers war. Es gab Gewehre, Fallen, Laternen, Konserven und viele Nahrungsmittel, die ich gar nicht kannte. Mein Vater arbeitete in der Mine. Außerdem ging er jagen und fischen. Mit den Gewehren wurde die Jagd viel einfacher und ungefährlicher. Auch heute noch gehe ich ab und zu jagen. Das ist schließlich Inuit-Tradition.

1950 führte die Regierung die Schulpflicht ein. Die Eltern mussten sich mit den Kindern in der Nähe einer Schule niederlassen. Noch mehr Inuit wurden so sesshaft. Dadurch entstanden allerdings Probleme. Viele wurden vom Alkohol abhängig. Da es nicht für alle ausreichend Arbeitsplätze gibt, bekommen viele Familien Geld von der Regierung. Heute gibt es noch etwa 400 Menschen in Kimmirut. Nur noch wenige leben von der Jagd. Mein Sohn ist nach Iqaluit gezogen und arbeitet auf einem Fischfangschiff. Meine Tochter ist noch hier. In Iqaluit leben 8000 Menschen, es ist die Hauptstadt von Nunavut. Immer mehr Inuit ziehen dort hin. Aber ich bleibe hier."

172.3 Gebrauchsgegenstände der Inuit früher und heute

Nordamerika

173.1 Inuit vor ihrem Zelt (Sommer 1917)

Nunavut („unser Land") ist seit 1999 ein unabhängiges Gebiet im Norden Kanadas. Es ist etwa sechsmal so groß wie Deutschland. Hier leben über 38 000 Inuit (Stand 2018), die ihr Land weitestgehend selbst verwalten und ein selbstbestimmtes Leben führen. Die Hauptstadt ist Iqaluit („Ort mit viel Fisch"). Hier leben mehr als 7 000 Menschen.

Wichtige Rohstoffvorkommen in Nunavut sind Blei, Silber, Zink, Erdgas und Erdöl. In Nunavut gibt es zwei Amtssprachen: Englisch und Inuktitut, die traditionelle Sprache der Inuit.

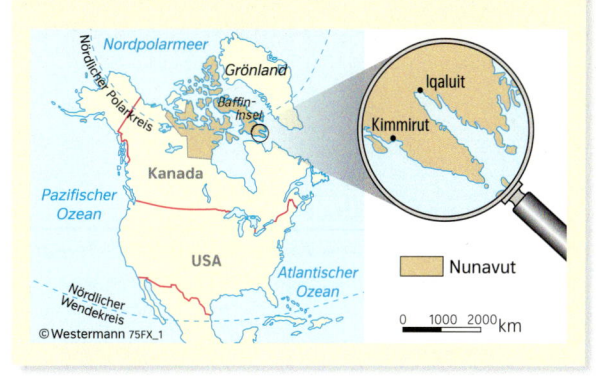

173.2 Nunavut

Maalat aus Kimmirut erzählt von ihrem Alltag:

„Hallo, ich bin Maalat und lebe in Kimmirut. Wir lernen in einem großen Klassenraum in einem modernen Gebäude mit Computern und Internetanschluss. 130 Schüler hat unsere Schule. Mit dem Abschluss darf man sogar studieren. In den ersten Jahren lernen wir auf Inuktitut und auf Englisch, in den höheren Klassen nur noch auf Englisch. Im Winter werden Kinder, die außerhalb des Ortes wohnen, mit dem Motorschlitten zur Schule gebracht.

Eigentlich haben wir alles, was es in den großen Städten gibt: fließendes Wasser, Ölheizungen, Telefon, Fernsehen und Internet. Unsere Lebensmittel kaufen wir im kleinen Supermarkt. Es fliegt regelmäßig ein kleines Flugzeug in die Hauptstadt Iqaluit. Der Flug dauert 25 Minuten. Außerdem wird Kimmirut mit einem Schiff von Iqaluit aus versorgt. Mein Opa Akaluk weiß alles über das Leben der Inuit früher. Er ist ein guter Jäger und weiß sogar noch, wie man ein Iglu baut. Er nimmt meinen Bruder gelegentlich mit zur Jagd. Dann gibt es Robben- oder Karibufleisch.

Ich treffe mich oft mit meiner bester Freundin Mineq. Wir reden über alles Mögliche, schauen Fernsehen oder Videos im Internet. Besonders im Winter, wenn es draußen sehr kalt ist und Polarnacht herrscht, kann man nichts anderes machen. Mein Bruder spielt dann am liebsten Videospiele. Ich war schon oft in Iqaluit. Dort gefällt es mir sehr gut. Dort möchte ich später leben und als Lehrerin arbeiten. Hier in Kimmirut ist nicht viel los."

173.2 Maalat mit ihrer Freundin Mineq

AUFGABEN

1. Berichte, wie sich das Leben der Inuit verändert hat.
2. Ordne die Gebrauchsgegenstände der Inuit (172.3) in eine Tabelle früher/heute ein.
3. Vergleiche die Lebensumstände Maalats …
   a) mit denen von Ernesto (167.3).
   b) mit deinen.
4. Diskutiert die Vor- und Nachteile des Alltags von Maalat.

Trio-Kompakt: Nordamerika

Was gehört wohin?

Erstelle eine Tabelle in deinem Heft und ordne folgende Länder ein.

Brasilien, Mexiko, Honduras, Chile, Kanada, Kuba, Argentinien, Nicaragua, Kolumbien, USA

Lateinamerika	Angloamerika	Südamerika	Nordamerika
Peru		Peru	
...	...	...	...

Diese Begriffe sollte ich kennen

Schreibe jeweils auf die Vorderseite einer Karteikarte einen der folgenden Begriffe. Erkläre auf der jeweiligen Rückseite, was damit gemeint ist. Du kannst dazu auch noch einmal im Kapitel nachlesen.

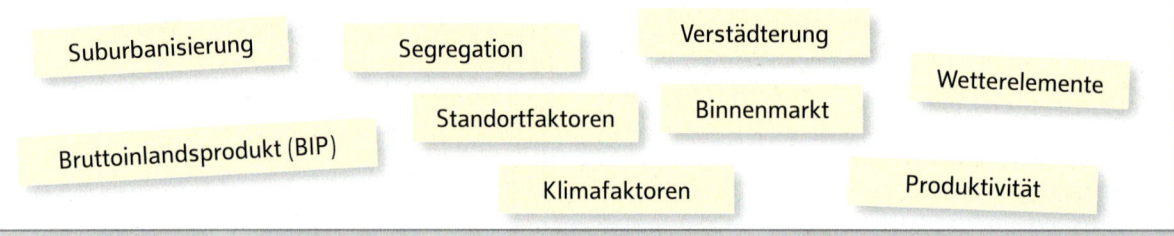

- Suburbanisierung
- Segregation
- Verstädterung
- Wetterelemente
- Standortfaktoren
- Binnenmarkt
- Bruttoinlandsprodukt (BIP)
- Klimafaktoren
- Produktivität

Die US-amerikanische Stadt

Ordne die Fotos von der Stadtmitte zum Stadtrand. Nenne Merkmale dieser Bereiche der US-amerikanischen Stadt.

a) 
b) 
c)

Die USA

Belege folgende Aussagen stichpunktartig mit Fakten.

Die USA ...

- sind ein riesiges Land.
- bieten Touristen viel Sehenswertes.
- sind klimatisch und naturräumlich sehr unterschiedlich.
- sind eine wirtschaftliche Supermacht.
- sind ein traditionelles Einwanderungsland.
- sind geprägt von sozialen Gegensätzen.

Offenes Arbeiten

Hier beschäftigst du dich selbstständig mit einem Thema des Kapitels. Wie du das Ergebnis darstellst, entscheidest du.

In diesem Kapitel hast du erfahren, dass ...
- Nordamerika ein vielfältiger Kontinent ist.
- Kanada und die USA wirtschaftlich führende Länder sind.
- Nordamerika von sozialen Gegensätzen geprägt ist.

1. Wähle eine der Aussagen oben aus.
2. Notiere dazu Begriffe und Gedanken.
3. Was gehört zusammen? Ordne.
4. Erstelle daraus: Mindmap, Bild, Skizze, Text, Plakat, Tabelle oder wähle eine andere Darstellungsform.
5. Vergleicht und ergänzt eure Ergebnisse.
6. Schau auf die Schritte 1 bis 5 zurück. Wo hattest du Schwierigkeiten? Was ist dir gut gelungen?

PRÜFE DICH NUN SELBST! DU KANNST ...

- ✓ ... den Unterschied zwischen Nord- und Südamerika sowie zwischen Latein- und Angloamerika darlegen (S. 145).
- ✓ ... dich räumlich in Nordamerika orientieren (S. 145 – 149, 156/157).
- ✓ ... die klimatischen Verhältnisse in Nordamerika beschreiben und deren Besonderheiten erklären (S. 152 – 155).
- ✓ ... erklären, warum sich die Wirtschaftsregionen in den USA unterschiedlich entwickeln (S. 156/157).
- ✓ ... die Entwicklung der US-amerikanischen Landwirtschaft erläutern (S. 158/159).
- ✓ ... begründen, warum die USA und Kanada wirtschaftlich starke Länder sind (S. 160/161, 170/171).
- ✓ ... die Merkmale US-amerikanischer Städte beschreiben (S. 164/165).
- ✓ ... gesellschaftliche Herausforderungen in den USA kennzeichnen (S. 162/163, 168/169).
- ✓ ... den Alltag eines Kindes in einer nordamerikanischen Stadt mit dem Alltag eines Kindes aus einer ländlichen Region Nordamerikas vergleichen (S. 167, 173).

Deutschland in der Nachkriegszeit

176.1 Das Brandenburger Tor in Berlin am Ende des Zweiten Weltkrieges (Mai 1945)

In der Nachkriegszeit ...
- lag Deutschland in Trümmern.
- bangten die Menschen um ihre Existenz.
- wurde Deutschland von den Siegermächten umgestaltet.
- entwickelten sich zwei deutsche Staaten.

Die Stunde Null?

Wenige Tage nach dem Selbstmord Adolf Hitlers kapitulierte die deutsche Wehrmacht am 8. Mai 1945 bedingungslos. Die Kampfhandlungen wurden eingestellt. Mit der Kapitulation (Fachbegriff) endete der Zweite Weltkrieg in Europa. Die Städte lagen in Schutt und Asche. Große Teile der Infrastruktur waren zerstört. Es herrschten Not und Verzweiflung.

8. Mai 1945
Bedingungslose Kapitulation der deutschen Wehrmacht, Ende des Zweiten Weltkrieges in Europa

17. Juli 1945
Potsdamer Konferenz: Die Siegermächte USA, Sowjetunion und Großbritannien legen fest, wie es mit Deutschland weitergehen sollte.

20. November 1945
Beginn der Nürnberger Prozesse gegen die Führung des Dritten Reichs und der deutschen Wehrmacht

1945　　　1946

178.1 Deutsches Reich 1939: das Deutsche Reich in seiner Ausdehnung vor dem Zweiten Weltkrieg

178.2 1946 wird Deutschland von den Siegermächten in vier Besatzungszonen aufgeteilt.

FACHBEGRIFF

Bedingungslose Kapitulation
... bedeutet, dass der Unterlegene dem Sieger gestattet, alle politischen und gesellschaftlichen Angelegenheiten im unterlegenen Land zu regeln, weil der Unterlegene nicht mehr in der Lage ist, den Krieg fortzuführen.
Foto: Generalfeldmarschall Keitel unterzeichnet am 8. Mai 1945 die bedingungslose Kapitulation der Wehrmacht.

Deutschland in der Nachkriegszeit

Juni 1947
Marshallplan: Die USA geben den Ländern Europas umfangreiche Kredite für den wirtschaftlichen Wiederaufbau.

Juni 1948 – Mai 1949
Berliner Luftbrücke: Sowjetunion blockiert Westberlin; Westalliierte versorgen Westberlin mithilfe von Flugzeugen.

1949
Doppelte Staatsgründung: Deutschland wird geteilt.

1947 — 1948 — 1949

INFO

Besatzungsmacht
Unter diesem Begriff versteht man ein Land, das ein anderes Land oder einen Teil davon besetzt hält. Um dies zu erreichen und die Herrschaft zu sichern, nutzen die Besatzer das Militär. Die Besatzungsmacht greift dabei stark in die Selbstständigkeit des besetzen Landes ein. Nach dem Ende des Zweiten Weltkrieges waren die USA, die Sowjetunion, Großbritannien und Frankreich Besatzungsmächte in Deutschland. Erst im Jahr 1991 erlangte Deutschland die vollständige politische Eigenständigkeit (Souveränität).

179.1 1949 wurden zwei deutsche Staaten gegründet: die BRD und die DDR.

AUFGABEN

1. *Vollziehe die Veränderungen für Deutschland anhand der Karten nach und fasse sie in eigene Worte.*
2. *Bundespräsident Richard von Weizsäcker sprach am 8. Mai 1985 davon, dass es keine „Stunde Null" gegeben habe, sondern lediglich einen „Neubeginn". Überlege, wie sich diese Feststellung begründen lässt.*

180.1 Würzburg am Ende des Zweiten Weltkrieges

Leben in Ruinen

Nach dem Zweiten Weltkrieg mussten die Menschen nicht nur mit schrecklichen Kriegserlebnissen fertig werden. Große Teile des Landes waren zerstört. Wie sah der Alltag der Menschen in Deutschland damals aus?

Mangel überall

Während des Krieges fielen 5 Mio. deutsche Soldaten, 11 Mio. gingen in Kriegsgefangenschaft, 1 Mio. Soldaten galt als vermisst. Aufgrund des Männermangels mussten Frauen mithelfen, die Trümmer zu beseitigen und die zerbombten Häuser und Städte wiederaufzubauen. Die Arbeit dieser Trümmerfrauen war äußerst kräftezehrend. Millionen Frauen mussten ohne jegliche Unterstützung sich und ihre Familien ernähren.

Ein großes Problem war die Lebensmittelknappheit. Viele Menschen litten Hunger. In den Geschäften gab es kaum Nahrungsmittel zu kaufen. Deshalb fuhren viele Menschen aufs Land, um zum Beispiel Schmuck gegen Lebensmittel einzutauschen. Obwohl der Schwarzmarkthandel streng verboten war, besorgten sich die Bürger das Nötigste durch illegale Tauschgeschäfte.

In den Trümmern Nachkriegsdeutschlands waren insgesamt fünf Millionen Wohnungen zerstört. Allein in Nürnberg waren über 100 000 Menschen obdachlos. Wasser und Strom gab es nicht. Viele Menschen richteten sich notdürftig in den Ruinen ihrer Häuser ein. Im Winter drohten viele Menschen zu erfrieren, weil es an Brennmaterialien mangelte.

180.2 Trümmerfrauen

Deutschland in der Nachkriegszeit

Nach dem Ende des Krieges war die Versorgung der Bevölkerung mit Lebensmitteln sehr schwierig. Die Menschen erhielten Lebensmittelkarten. Nur mit diesen Karten konnte man Lebensmittel erwerben. Sie reichten jedoch oft nicht aus. Tauschgeschäfte halfen, das Überleben zu sichern.

Kurz nach Kriegsende setzten die sogenannten Hamsterfahrten ein. Massenhaft begaben sich die Städter aufs Land, denn hier war die Versorgungslage weitaus besser. In überfüllten Zügen, in Güterwaggons, zu Fuß und mit dem Fahrrad durchstreiften sie oft tagelang die Dörfer, um Butter, Speck, Kartoffeln gegen Hausrat, Kleidung oder Wertgegenstände zu tauschen.

In den Wintermonaten fehlten Brennstoffe und die Menschen froren. Der Diebstahl von Kohle war der einzige Weg, um zu heizen. Ein schlechtes Gewissen hatte unter diesen Umständen niemand.

Um auf dem Schwarzmarkt an Nahrung zu kommen, „bezahlten" die Menschen oft mit Zigaretten. Da die Reichsmark nach dem Krieg nichts mehr wert war, waren Zigaretten die neue, verlässliche Währung.

Wir wohnten mit mehreren Personen in einem sehr kleinen Raum, mein eineinhalbjähriger Sohn schlief auf dem Tisch, für das Neugeborene war nur noch Platz unter einer Plane vor der Tür. Dort stand dann der Kinderwagen. Zum Füttern holte ich das Baby herein. Mein Vater schlief auf einem viel zu kurzen Sofa, sodass ich heute noch nicht weiß, wo er seine Beine gelassen hatte. Ich arbeitete auch als Trümmerfrau. Die Kinder musste ich zur Arbeit mitnehmen.

181.1 Kinder in den Trümmern von Berlin

181.2 Hamsterfahrten und Zigarettenwährung

INFO

Das CARE-Paket

[...] Am 27. November 1945 gründeten 22 amerikanische Wohlfahrtsverbände die „Cooperative for American Remittances to Europe", kurz C.A.R.E. Ihr Ziel: Hilfe über ehemalige Feindeslinien hinweg, von Mensch zu Mensch, als ein Zeichen der Völkerverständigung und des Friedens. Es startete eine beispiellose Hilfsaktion: 100 Mio. Pakete wurden in ganz Europa verteilt. Fast zehn Millionen CARE-Pakete mit Lebensmitteln, Kleidung oder Werkzeugen erreichten allein Deutschland. Ein Paket im Wert von 15 US-Dollar ernährte eine Familie für einen Monat und rettete damit buchstäblich Leben.

181.3 Kinder und Erwachsene klauen Kohlen von einem vorbeifahrenden Lastwagen.

AUFGABEN

1. Stelle die Lebensbedingungen der Menschen im Nachkriegsdeutschland dar.
2. Warum wurden Zigaretten unmittelbar nach dem Krieg zur Ersatzwährung? Erkläre.
3. Recherchiere im Internet, welchen Inhalt die meisten CARE-Pakete hatten.
4. Die deutschen Empfänger von CARE-Paketen erhielten Namen und Adresse des amerikanischen Absenders. Bedanke dich mit einem Brief, den eine Mutter in Deutschland geschrieben haben könnte.

182.1 Parade von US-Soldaten in Nürnberg (1945)

Die Gestaltung Deutschlands nach dem Krieg

Der Zweite Weltkrieg hinterließ nicht nur ein Trümmerfeld. Er veränderte auch die gesamte politische Weltkarte. Besonders betroffen war Europa. Das Deutsche Reich verschwand von der Landkarte. Doch was wurde aus der Heimat von mehr als 60 Mio. Deutschen? Welche Pläne hatten die Siegermächte für die Zukunft Deutschlands?

Die Potsdamer Konferenz

Vom 17. Juli bis 2. August 1945 trafen sich die Vertreter der Siegermächte England, USA und Russland in Potsdam, um über Grundzüge der Nachkriegsordnung und die Zukunft Deutschlands zu beraten (182.2). Die Beschlüsse der Potsdamer Konferenz werden als Potsdamer Abkommen bezeichnet.

Festgelegt wurde unter anderem der Verlauf der Ostgrenze Deutschlands. Diese führte nun entlang der Flüsse Oder und Neiße. Die Verwaltungshoheit über die ehemaligen deutschen Ostgebiete wurde bis zum Abschluss eines Friedensvertrages Polen übertragen. Es wurde beschlossen, dass die deutsche Bevölkerung aus diesen Gebieten umzusiedeln sei. Zwölf Millionen Menschen verloren ihre Heimat und ihren Besitz. Mit wenigen Habseligkeiten machten sie sich auf den Weg nach Westen. Dort mussten sie sich eine neue Existenz aufbauen.

182.2 Winston Churchill, Harry S. Truman und Josef Stalin in Potsdam

Deutschland in der Nachkriegszeit

Demilitarisierung
Alle militärischen Einrichtungen und Verbände werden aufgelöst, die Rüstungsindustrie beseitigt, alle Waffen eingezogen.

Dekartellisierung
Wirtschaftliche Zusammenschlüsse der Großindustrie sollen entflochten werden.

Denazifizierung
Alle NS-Organisationen werden zerschlagen, NS-Gesetze aufgehoben, führende Nazis werden festgenommen; gegen die Hauptkriegsverbrecher werden Gerichtsverfahren eröffnet.

Demontage
Deutschland hat den Siegermächten Wiedergutmachung zu leisten. Die Besatzungsmächte können Industrieanlagen demontieren und in ihre Länder überführen.

Demokratisierung
Das politische Leben soll auf demokratischer Grundlage wieder möglich werden, vorerst wird aber keine deutsche Zentralregierung errichtet.

Viersektorenstadt Berlin: Französischer Sektor, Britischer Sektor, Sowjetischer Sektor, Amerikanischer Sektor

Britische Besatzungszone – Hamburg, Hannover
Sowjetische Besatzungszone – Berlin, Leipzig, Dresden
Französische Besatzungszone – Köln, Bonn, Kassel
Amerikanische Besatzungszone – Frankfurt, Stuttgart, München

183.1 Beschlüsse der Potsdamer Konferenz für die Zukunft Deutschlands

Deutschland wird aufgeteilt

Nach der Kapitulation der Wehrmacht übernahmen die Siegermächte die Kontrolle über Deutschland. Dabei stand für sie an erster Stelle, dass von Deutschland keine Gefahr mehr für den Frieden ausgehen sollte. Deutschland wurde in vier Besatzungszonen – eine französische, englische, amerikanische und sowjetische Zone – aufgeteilt. In diesen Gebieten regierte die jeweilige Besatzungsmacht. Auch die ehemalige Reichshauptstadt Berlin wurde in vier Besatzungszonen aufgeteilt. Diese wurden Sektoren genannt.

Die Oberbefehlshaber der vier Zonen übernahmen als „Alliierter Kontrollrat" mit Sitz in Berlin die Kontrolle über das Land. Der Kontrollrat war zuständig für alle Fragen der Verwaltung und diente als eine Art Übergangsregierung.

> An das deutsche Volk:
>
> Die Oberbefehlshaber der Streitkräfte in Deutschland, der Vereinigten Staaten von Amerika, der Union der Sozialistischen Sowjetrepubliken, des Vereinigten Königreiches von Großbritannien und Nordirland und der Provisorischen Regierung der Französischen Republik, verkünden hiermit gemeinsam als Mitglieder des Kontrollrates Folgendes:
>
> Kraft der obersten Regierungsgewalt und der Machtbefugnisse, die damit von den vier Regierungen übernommen wurden, ist der Kontrollrat eingesetzt und die oberste Machtgewalt in Angelegenheiten, die Deutschland als Ganzes angehen, dem Kontrollrat übertragen worden.
>
> Ausgefertigt in Berlin, 30. August 1945
> Armee-Korps-Kommandeur

183.2 Proklamation des Alliierten Kontrollrats

AUFGABEN

1. Beschreibe die Absichten, die die Siegermächte mit dem Potsdamer Abkommen verfolgten.
2. Erkläre die fünf D der Potsdamer Konferenz (183.1).
3. a) Kläre den Begriff „Alliierter Kontrollrat".
   b) Nenne Aufgabenbereiche und Zuständigkeiten des Kontrollrats.

184.1 Eine NS-Fahne wird durch US-Soldaten entfernt.

184.2 Karikatur zur Denazifizierung

Wie gingen die Siegermächte mit der NS-Vergangenheit um?

Von 1933 bis 1945 wurden von den Nationalsozialisten fürchterliche Verbrechen begangen. Dazu gehörten Völkermord, das Führen eines Vernichtungskrieges und die Ermordung politisch Andersdenkender. Nach dem Krieg lag es in den Händen der Siegermächte, die Verbrechen zu sühnen.

Die Denazifizierung Deutschlands

Oberstes Ziel der Siegermächte war es, den Nationalsozialismus zu beseitigen, nicht nur als politisches System, sondern auch aus den Köpfen der Menschen.

Die NSDAP und die ihr angeschlossenen Organisationen wurden verboten und aufgelöst. Führungskräfte aus der NSDAP, dem Militär, der SS und den Sicherheitsorganen wurden aus ihren Ämtern entfernt, mit Berufsverbot belegt und strafrechtlich verfolgt. Um festzustellen, ob bzw. wie stark jemand in Verbrechen verstrickt war, musste sich die verdächtige Person einem sogenannten Spruchkammerverfahren stellen. Auf diesem Weg erfolgte eine Einteilung in Hauptschuldige, Belastete, Minderbelastete, Mitläufer oder Entlastete. Viele gaben an, „nur mitgemacht" zu haben, und ließen sich durch Zeugen entlasten. Wurden sie als Mitläufer eingestuft, waren sie straffrei.

Auch mutmaßliche Kriegsverbrecher versuchten, als Mitläufer eingestuft zu werden. Gelang es ihnen, mit verschiedenen Tricks ihre Vergangenheit „reinzuwaschen", nannte man eine solche Bestätigung Persilschein.

Insofern gelang es den Alliierten nicht, alle Verantwortlichen der Naziverbrechen zu fassen und zu bestrafen. Viele ehemaligen Mitglieder der NSDAP schafften es im Nachkriegsdeutschland sogar, in der Verwaltung, der Politik und Justiz hohe Posten zu besetzen. Das ist auch darauf zurückzuführen, dass das Interesse der Alliierten, insbesondere der Amerikaner, an der Denazifizierung nach 1948 spürbar nachließ.

In den Bildungseinrichtungen wurde darauf geachtet, Kinder und Jugendliche im Geist der Demokratie zu erziehen. Lehrer, die Mitglied der NSDAP waren, wurden zumindest zeitweise entlassen. Damit sollte sichergestellt werden, dass die menschenverachtende Ideologie der Nazis nicht mehr an Jugendliche und Kinder weitergegeben wurde.

Zudem wurden alle NS-Symbole aus dem öffentlichen Leben entfernt. Straßen und Plätze, die nach NS-Größen benannt waren, wurden umbenannt. Bibliotheken, Schulen und Buchhandlungen mussten alle NS-Schriften abgeben.

Deutschland in der Nachkriegszeit

185.1 Angeklagte: ① Hermann Goering, ② Rudolf Hess, ③ Joachim v. Ribbentrop, ④ Wilhelm Keitel, ⑤ Ernst Kaltenbrunner, ⑥ Alfred Rosenberg, ⑦ Hans Frank, ⑧ Wilhelm Frick, ⑨ Julius Streicher, ⑩ Walther Funk, ⑪ Hjalmar Schacht, ⑫ Karl Dönitz, ⑬ Erich Raeder, ⑭ Baldur v. Schirach, ⑮ Fritz Sauckel, ⑯ Alfred Jodl, ⑰ Franz v. Papen, ⑱ Arthur Seyss-Inquart, ⑲ Albert Speer, ⑳ Konstantin Freiherr v. Neurath, ㉑ Hans Fritzsche

Die Nürnberger Prozesse

Den noch lebenden Hauptverantwortlichen des Nationalsozialismus wurde vom November 1945 bis Oktober 1946 in Nürnberg der Prozess gemacht. Verbrechen gegen den Frieden, Kriegsverbrechen und Verbrechen gegen die Menschlichkeit lauteten die Hauptanklagepunkte des Nürnberger Prozesses.

Kritische Stimmen beklagen, dass nur eine begrenzte Zahl von Deutschen vor Gericht gestellt wurde. Für viele Deutsche hatte dieser Prozess allerdings auch eine Entlastungsfunktion: Sie meinten, die Frage nach einer eigenen Mitschuld von sich schieben zu können, da die Verantwortlichen zur Rechenschaft gezogen seien.

INFO

Der Internationale Gerichtshof in Den Haag
Der Internationale Gerichtshof in Den Haag (gegr. 1945) ist die wichtigste Einrichtung der Vereinten Nationen für die Rechtsprechung. In Den Haag werden zum Beispiel Anklagen gegen Kriegsverbrecher oder Verbrechen gegen die Menschlichkeit verhandelt. Unter den Angeklagten befinden sich oft hochrangige Militärs, die Befehle zu Massakern erteilten oder auch Staatsoberhäupter, die ihr Volk menschenunwürdig behandelten. In einem gerechten Verfahren werden sie mit einer Strafe belegt, die der Gesetzeslage entspricht.

AUFGABEN

1 a) Erkläre, was unter Denazifizierung zu verstehen ist.
  b) Nenne die Maßnahmen der Alliierten zur Denazifizierung.
2 Werte die Karikatur 184.2 aus.
3 Recherchiere die Funktion eines der Angeklagten (185.1) im Dritten Reich. Bewerte das Urteil gegen ihn.
4 Die Nürnberger Prozesse werden manchmal als Vorläufer des Internationalen Gerichtshofs in Den Haag bezeichnet (Info). Diskutiert.
5 Die Verteidiger der Angeklagten stellten Folgendes fest: „Der jetzige Prozess [...] ist ein Verfahren aufgrund eines neuen Strafgesetzes, das erst nach der Tat geschaffen wurde. [...]: Bestraft werden darf nur, wer gegen ein zur Zeit seiner Tat bereits bestehendes Gesetz verstoßen hat, das ihm Strafe androht." Diskutiert diese Aussage.

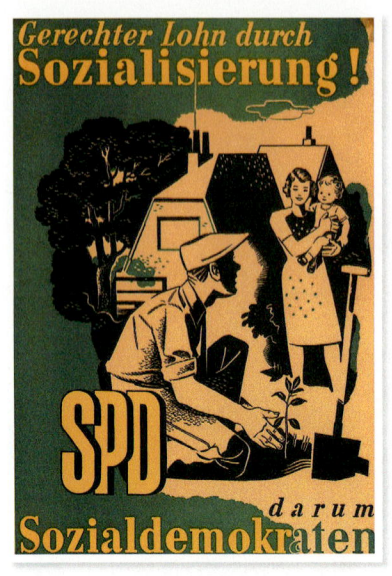

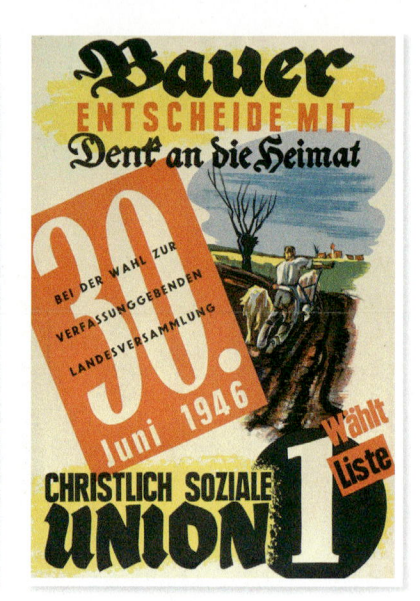

186.1 Verschiedene Parteien stellten sich auf Plakaten vor.

Wie organisierten die Siegermächte den politischen Neuanfang?

Die Machtausübung durch den Alliierten Kontrollrat war von vornherein als Übergangslösung geplant. Im Zuge der Denazifizierung sollten sich demokratische Strukturen entwickeln, damit die Macht schließlich vom deutschen Volk ausgehen konnte. Wie verlief dieser spannende Prozess in den vier Besatzungszonen?

Neubeginn in den Westzonen

1945 gab es weder Internet noch Fernsehen. Information und Meinungsbildung erfolgten in erster Linie über Presse und Rundfunk. Deshalb sicherten sich die Siegermächte umgehend die Aufsicht über diese Medien. Nationalsozialistische Zeitungen wurden verboten. Eine Presselizenz erhielten nur Personen, die nachweisen konnten, nicht im Propagandaapparat der Nazis gearbeitet zu haben. Da Papierknappheit herrschte, wurde die Papierverteilung von den Siegermächten kontrolliert.

Die Briten und Amerikaner richteten neue Radiosender ein. Mit ihrer Hilfe sollten der deutschen Bevölkerung demokratische Werte nahegebracht werden.
Bereits im Laufe des Jahres 1945 gründete sich eine Vielzahl von Parteien. Für die ersten freien und geheimen Wahlen seit 1933 stellten sie Kandidaten auf. Die Siegermächte teilten das Land in Gebiete ein, die den heutigen Bundesländern ähnelten. Die westlichen Besatzungszonen erhielten eine föderale Struktur (Fachbegriff).

186.2 Erste freie und geheime Wahlen in der amerikanische Besatzungszone (Januar 1946)

FACHBEGRIFF

Föderalismus
… ist ein Bündnis von Einzelländern, die zusammen einen Staat bilden. In solch einem Staat ist die politische Macht verteilt. In Deutschland werden die Einzelländer als Bundesländer bezeichnet. Auch Bayern ist ein Bundesland. Die Bundesländer sind teilweise unabhängig, z. B. in den Bereichen Polizei, Bildung, Kultur. Zu den föderalen Staaten zählen unter anderem auch die USA, Indien und Australien.

Deutschland in der Nachkriegszeit

Neubeginn in der sowjetischen Besatzungszone

Auch in der sowjetischen Besatzungszone wurden demokratische Parteien neu gegründet: z. B. SPD, CDU, LDPD und KPD. Um das sowjetische Herrschaftsmodell auf ihre Besatzungszone übertragen zu können, war die Sowjetische Militäradministration in Deutschland (SMAD) an einer Einheitspartei interessiert. So übte sie Druck auf die Arbeiterparteien SPD und KPD aus, sich zusammenzuschließen. Unter diesem Druck vereinigten sich im April 1946 beide Parteien zur SED (Sozialistische Einheitspartei Deutschlands). In der SED waren die Kommunisten tonangebend. Maßgebend für die Politik der SED waren die Vorgaben aus Moskau.

Im September und Oktober 1946 fanden schließlich die ersten Gemeinderats- und Landtagswahlen statt. Darin setzte sich die SED durch. Zeitungen und Rundfunk wurden auch in der Sowjetzone von der Besatzungsmacht ins Leben gerufen und kontrolliert. Zwar bekamen alle Parteien eine Tageszeitung als Zentralorgan, doch die SED erhielt mehr Papier für ein größeres Format und eine höhere Seitenzahl. Auf die Inhalte der Zeitungen und Radiobeiträge nahm die SMAD massiv Einfluss.

187.1 Gründung der SED durch Vereinigung von SPD und KPD am 21./22.4.1946 im Berliner Admiralspalast

FACHBEGRIFF

Zentralismus
Der Zentralismus ist ein politisches System der Machtausübung. Alle Befugnisse und Kompetenzen sind dabei in einer zentralen obersten Instanz konzentriert. Innerhalb eines zentral regierten Landes haben die einzelnen Regionen nur Verwaltungsfunktionen.

AUFGABEN

1. Erkläre, warum die Alliierten am Wiederaufbau einer politischen Landschaft in Deutschland interessiert waren.
2. Beschreibe und vergleiche den politischen Wiederaufbau in den Westzonen mit dem in der sowjetischen Zone.
3. Nenne die verschiedenen Parteien mit ihrem Kernanliegen (186.1).
4. Begründe, warum sich die Alliierten die Aufsicht über Presse und Rundfunk in ihren Zonen sicherten.
5. Erkläre, warum es so wichtig war, dass in den Zeitungen keine Nationalsozialisten tätig waren.

188.1 Es ging vorwärts durch den Marshallplan (Plakat 1949).

188.2 Arbeiter der ehemaligen „Reichswerke Hermann Göring" in Salzgitter (Niedersachsen) protestieren gegen die geplante Demontage des Stahlwerkes durch die Briten.

Unterschiedliche Voraussetzungen für einen wirtschaftlichen Neustart

Einerseits strebten die Siegermächte nach Wiedergutmachung der erlittenen Kriegsschäden, andererseits musste die Versorgung der deutschen Bevölkerung gesichert werden. Welche Konzepte wurden dafür entwickelt?

In den Westzonen

Als Ausgleich für die Kriegsschäden beschlossen die Siegermächte die Demontage (Fachbegriff) von etwa 1800 deutschen Industrieanlagen. Mit der Demontage wurde 1946 begonnen. Bereits 1947 beschlossen die USA, den wirtschaftlichen Wiederaufbau Deutschlands voranzutreiben. Die Demontagen wurden reduziert, denn sie schwächten die deutsche Wirtschaft. Zudem sollte verhindert werden, dass die Westzonen von den Siegermächten dauerhaft unterstützt werden mussten.

Das Wirtschaftssystem orientierte sich an dem der USA. Die Wirtschaft sollte frei, ohne staatliche Eingriffe sein. Um den Wiederaufbau des zerstörten Europas zu beschleunigen, entwarfen die US-Amerikaner ein Konjunkturprogramm, den sogenannten Marshallplan. Er verfolgte das Ziel, die europäischen Länder wirtschaftlich wieder aufzubauen und politisch an die USA zu binden. Die US-Wirtschaft profitierte vom Marshallplan, weil von dem bereitgestellten Geld Waren und Rohstoffe aus den USA bezogen wurden. Zudem erhoffte man sich, so den Einfluss der Sowjetunion in Europa einzudämmen.

> **FACHBEGRIFF**
>
> **Demontage**
> Demontage ist der Abbau von Fabriken und Verkehrsanlagen. Nach dem Zweiten Weltkrieg bauten die Siegermächte Fabriken der Eisen- und Stahlindustrie, der chemischen Industrie und des Maschinenbaus in Deutschland ab. Die Anlagen transportierten sie in ihre Länder und bauten sie dort wieder auf. Dies war ein Teil der Wiedergutmachung für die Schäden, die Deutschland im Zweiten Weltkrieg angerichtet hatte.

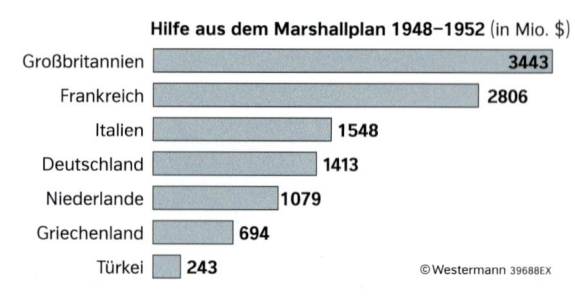

Hilfe aus dem Marshallplan 1948–1952 (in Mio. $)

Großbritannien	3443
Frankreich	2806
Italien	1548
Deutschland	1413
Niederlande	1079
Griechenland	694
Türkei	243

188.3 Hilfe aus dem Marshallplan

Deutschland in der Nachkriegszeit

189.1 Abtransport von Maschinen durch die sowjetische Besatzungsmacht (1950)

„Gegen zwei Uhr nachts erfüllte plötzlich Motorenlärm die Straßen. Harte Kolbenschläge an die Haustüren sorgfältig auf Listen verzeichneter Personen gaben Aufschluss über die geheimnisvolle Geschäftigkeit der Besatzungstruppen. Die Aktion ‚Ossawakim' war angelaufen. [...] Der planmäßige Abtransport deutscher Techniker und Spezialisten in die Sowjetunion hatte begonnen. [...] Ohne jede Ankündigung luden NKWD-Soldaten [= Mitglieder der Geheimpolizei] die überraschten, erschrockenen, ja verzweifelten Menschen auf bereitgestellte Lkw, fuhren sie zu den abgesperrten Bahnhöfen, stapelten Möbel auf, stopften Hausrat, Kisten, Handwagen, Fahrräder eilends in ebenfalls bereitstehende Waggons, versiegelten die Schiebetüren und wiesen den praktisch Inhaftierten Abteile in D-Zug-Wagen an, die sie nicht mehr verlassen durften."
(Quelle: Erich W. Gniffke: Jahre mit Ulbricht. Verlag Wissenschaft und Politik, Köln 1966, S. 215; verändert)

189.2 Augenzeugenbericht

Demontage in der Sowjetzone

Da die Sowjetunion im Zweiten Weltkrieg besonders stark zerstört wurde, standen dem Land hohe Reparationsleistungen in Form von Demontagen zu. Anders als in den westlichen Besatzungszonen wurde dieser Beschluss konsequent umgesetzt. In der sowjetischen Besatzungszone wurden deutlich mehr Betriebe demontiert. Schätzungen gehen von etwa 30 Prozent aller Industriebetriebe aus. Es wurden auch etwa 12 000 km Eisenbahnschienen abgebaut und 50 Prozent aller Lokomotiven beschlagnahmt. Dieser wirtschaftliche Verlust hat Auswirkungen bis in die Gegenwart.
Zudem wurden Fachkräfte aus Industrie und Handwerk zwangsrekrutiert. Sie wurden zum Teil jahrelang zum Arbeiten in die Sowjetunion geschickt (189.2). Einige Betriebe wurden nicht demontiert, gingen aber in den Besitz der Sowjetunion über. Deren Produkte wurden in die Sowjetunion geliefert.

Umbau der Wirtschaft

Die sowjetische Besatzungsmacht ging in ihrer Zone schnell daran, die Wirtschaft nach dem Vorbild der Sowjetunion umzubauen. Im Sommer 1945 gingen Sparkassen und Banken in Volkseigentum über. Dieser Vorgang wird Enteignung genannt. Im Herbst 1945 mussten 7 000 Großgrundbesitzer ihren Besitz abgeben. Kriegsverbrecher und jedermann mit mehr als 100 ha Landbesitz wurden enteignet. Das enteignete Land wurde an 500 000 Landlose, darunter viele Flüchtlinge, verteilt.
Bis 1948 wurden alle landwirtschaftlichen und industriellen Großbetriebe, Bergwerke und Banken verstaatlicht. Ziel war es, eine Wirtschaftsform einzuführen, die den Bedarf der Menschen deckt, aber nicht auf Profitmaximierung ausgerichtet ist. Strikte Produktionsvorgaben sollten dies gewährleisten. Viele Bürgerinnen und Bürger begrüßten zunächst diese Maßnahmen, da sie die Versorgung und Arbeitsplätze zu sichern schienen.

AUFGABEN

1. Stelle den wirtschaftlichen Neustart in den Westzonen und in der Sowjetzone tabellarisch gegenüber.
2. Erkläre, warum die USA an einer wirtschaftlichen Entwicklung Europas interessiert waren.
3. Nenne die Ziele, die die USA mit dem Marshallplan verfolgten.
4. Begründe, warum in der sowjetischen Besatzungszone der Marshallplan abgelehnt wurde.

190.1 Rosinenbomber

Machtkampf um Berlin

Der Marshallplan gab den westlichen Besatzungszonen die Chance zur wirtschaftlichen Erholung. Als nächster Schritt sollte in den westlichen Besatzungszonen eine Währungsreform (Fachbegriff) durchgeführt werden. Das war mit der Sowjetunion nicht abgesprochen. Sie schnitt daraufhin alle Verkehrsverbindungen zwischen Westdeutschland und Westberlin ab. Wie wurde das Überleben der 2,5 Mio. Westberliner gesichert?

Währungsreform und Berlinblockade

Die Stimmung zwischen der Sowjetunion und den westlichen Besatzungsmächten verschlechterte sich stetig. Im März 1948 verließ die Sowjetunion den Alliierten Kontrollrat. Für die Sowjetunion war die Einführung der D-Mark in Westzonen inakzeptabel, weil Deutschland dadurch kein einheitlicher Wirtschaftsraum mehr war. Sie antwortete mit der Einführung einer eigenen Währung in der sowjetischen Besatzungszone. Nun gab es zwei Währungen in Deutschland: D-Mark im Westen und Mark im Osten. Die Spaltung nahm ihren Lauf.

Am 24. Juni 1948 sperrte die Sowjetunion alle Land- und Wasserwege zwischen Westberlin und den Westzonen. Die Versorgung Westberlins mit Wasser, Strom, Energie und Lebensmitteln war unterbrochen. Die Sowjetunion wollte mit der Blockade erzwingen, dass in ganz Berlin die Ostmark und das sowjetische Wirtschaftssystem eingeführt werden.

Bereits 24 Stunden nach dem Beginn der Blockade reagierten die Amerikaner und schickten die ersten Transportflugzeuge mit Lebensmitteln für die Einwohner Westberlins. Damit begann ein einzigartiges Versorgungsunternehmen. Verantwortlich für die Durchführung war US-General Lucius D. Clay (191.2). Bis zum 12. Mai 1949 wurden 2,5 Mio. Westberliner durch die Westalliierten über eine Luftbrücke mit Lebensmitteln, Medikamenten, Kohle, Maschinen und Papier versorgt. Der Erpressungsversuch der Sowjetunion scheiterte. Im Mai 1949 gab sie die Blockade auf. Im Volksmund hießen die Transportflugzeuge Rosinenbomber.

> **FACHBEGRIFF**
>
> **Währungsreform**
> Die Finanzierung des Krieges hatte zu einem Geldüberhang geführt, d. h. der im Umlauf befindlichen Geldmenge standen nicht genügend Waren gegenüber. Deshalb wurde das Reichsmark-Vermögen im Verhältnis 10 zu 1 in Deutsche Mark überführt.

Deutschland in der Nachkriegszeit

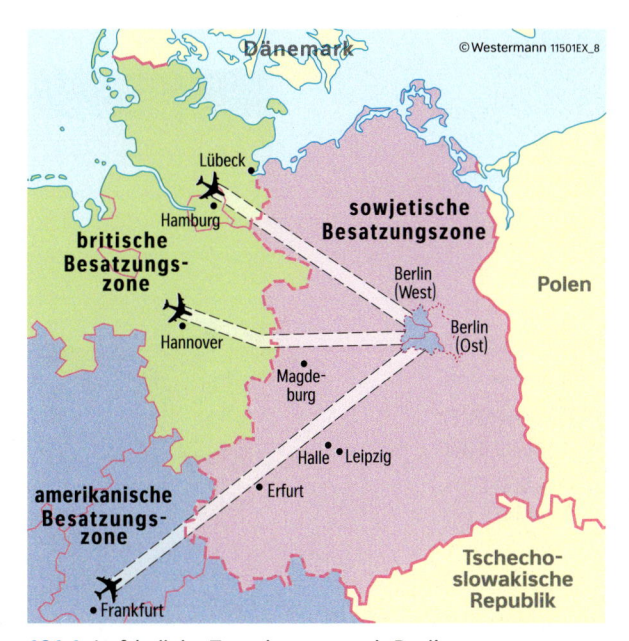

191.1 Luftbrücke Transitwege nach Berlin

191.2 Karikatur (US-General Clay)

Ihr Völker der Welt, ihr Völker in Amerika, in England, in Frankreich, in Italien! Schaut auf diese Stadt und erkennt, dass ihr diese Stadt und dieses Volk nicht preisgeben dürft und nicht preisgeben könnt! Es gibt nur eine Möglichkeit für uns alle: gemeinsam so lange zusammenzustehen, bis dieser Kampf gewonnen, bis dieser Kampf endlich durch den Sieg über die Feinde, durch den Sieg über die Macht der Finsternis besiegelt ist.

191.3 Ernst Reuter

Ich werde den ersten Anflug auf Berlin nie vergessen. Als ich die Stadt erreichte, ragten nur hier und da Ruinen auf. Ich fragte mich: Wie können die Menschen in diesen Trümmern nur überleben? Ich transportierte 9000 Kilo Mehl im Heck und konnte es gar nicht abwarten zu landen.
Auf Tempelhof ging es zu wie in einem Bienenstock. Alle paar Minuten kam ein Flugzeug über den Zaun. Wie aneinander gebundene Silbervögel. Als ich die Frachtmaschinen von unten beim Landeanflug filmte, sah ich am Stacheldrahtzaun etwa 30 Kinder stehen. In gebrochenem Schulenglisch erzählten sie mir von sich. Fast eine Stunde verbrachte ich mit ihnen. In meiner Hosentasche fand ich zwei Kaugummis. Ich teilte sie, gab sie den Kindern. Sie teilten nochmals, sogar das Papier, und rochen daran. Da beschloss ich, mehr Süßigkeiten zu bringen. Jeder hätte das getan.

191.4 Pilot Gail S. Halvorsen berichtet.

AUFGABEN

1. *Beschreibe die Vorgänge, die zur Berlinblockade führten.*
2. *Ernst Reuter war zur Zeit der Blockade Berlins Bürgermeister. Erläutere, wozu er in seinem Zitat aufruft (191.3).*
3. *„Aus Feinden wurden Retter." Erkläre diese Aussage.*
4. *Die Berlinblockade brachte der Sowjetunion nicht den gewünschten Erfolg. Erläutere (nutze auch die Karikatur).*
5. *Recherchiere, warum in den Westzonen eine Währungsreform durchgefürt wurde. Erkläre das Ziel dieser Maßnahme.*

Zwei deutsche Staaten werden gegründet

Seit dem Ende des Zweiten Weltkrieges hat sich das Verhältnis der Siegermächte untereinander stetig verschlechtert. Höhepunkt dieser Entwicklung war die Blockade Westberlins durch die Sowjetunion. Am Ende entstanden zwei deutsche Staaten. Worin unterschieden sie sich?

Ein Grundgesetz für die BRD

Die Westmächte hatten die Ministerpräsidenten der Länder beauftragt, bis September 1948 eine „Verfassunggebende Versammlung" einzuberufen. 65 Abgeordnete der westlichen Länder bildeten schließlich den „Parlamentarischen Rat". Als grundlegende Prinzipien für den neuen Staat wurden festgelegt: Demokratie, Bundesstaatlichkeit, Rechtsstaatlichkeit, Republik, Sozialstaatlichkeit (alles in Art. 20 GG) sowie Garantie der Grundrechte (Art. 1 – 19 GG).

Am 8. Mai 1949 beschloss der Parlamentarische Rat das „Grundgesetz für die Bundesrepublik Deutschland". Erst nach der Wiedervereinigung aller Deutschen wollte man von einer „Verfassung" sprechen. Nachdem es von den Westmächten bestätigt und von den Länderparlamenten genehmigt worden war, trat das Grundgesetz am 23. Mai 1949 in Kraft. Damit war die Bundesrepublik Deutschland gegründet.

FACHBEGRIFF

Soziale Marktwirtschaft
… ist ein Gesellschafts- und Wirtschaftssystem, in dem Betriebe, Firmen und Banken in einem freien, vom Staat nur eingeschränkt beaufsichtigten Wettbewerb zueinander stehen. Sie ist das Wirtschaftssystem der BRD.

INFO

Parlamentarische Demokratie
… ist ein Herrschaftssystem, in dem das Staatsoberhaupt direkt oder indirekt von gewählten Volksvertretern im Parlament abhängig ist. Diese Abgeordneten stehen den Bürgern durch ihre Mitgliedschaft in verschiedensten Parteien zur freien Wahl. In der Bundesrepublik Deutschland wählen die Abgeordneten des Bundestages den Bundeskanzler.

AUFGABEN

1. Beschreibe die Gründung der beiden deutschen Staaten.
2. Erläutere anhand der Karikatur die Ausrichtung der beiden deutschen Staaten.

192.1 Die Spaltung Deutschlands

Deutschland in der Nachkriegszeit

193.1 Das Staatswappen der DDR unter der Lupe

Eine Verfassung für die DDR

Im März 1948 lud die SED ausgesuchte Vertreter zum zweiten „Deutschen Volkskongress" nach Berlin ein, der den 400-köpfigen Volksrat wählte. Dieser vertrat den Anspruch, ganz Deutschland zu vertreten. Der Volksrat beauftragte einen Ausschuss, eine Verfassung auszuarbeiten. Sie entsprach in allen wesentlichen Punkten einem früheren Verfassungsentwurf der SED. Diese Verfassung wurde im Oktober 1949 von den Mitgliedern des dritten Volkskongresses bestätigt. Im Rahmen dieses Kongresses wurde auch ein neuer Deutscher Volksrat gewählt. Dieser Volksrat ernannte sich selbst zur „Provisorischen Volkskammer" (= vorläufige Vertretung des Volkes). Er setzte am 7. Oktober 1949 die „Verfassung der Deutschen Demokratischen Republik" in Kraft. Damit war ein zweiter deutscher Staat, die DDR, gegründet. Der erste Präsident der DDR wurde der Vorsitzende der SED, Wilhelm Pieck.

FACHBEGRIFF

Sozialismus
… ist nach dem Verständnis der SED eine Wirtschafts- und Gesellschaftsform, die den Kapitalismus überwunden hat. Anstelle des Privateigentums tritt gesellschaftliches Eigentum als Grundlage der staatlichen Planwirtschaft. Es handelt sich dabei um eine autoritäre Staatsform.

INFO

Einparteiendiktatur
… ist eine Herrschaftsform, in der die alleinige Machtausübung durch eine Partei gesetzlich festgeschrieben ist. Es gibt keine oppositionellen Parteien. Die Bürgerrechte sind in einem Einparteienstaat eingeschränkt. Demokratische Wahlen finden nicht statt. Die führende Partei ist einer Ideologie verpflichtet, die alle gesellschaftlichen Bereiche durchdringt.

Berlin
(West) (Ost)
Deutsche Demokratische Republik

AUFGABE

3 *Auf der Flagge der DDR sind ein Hammer, ein Zirkel und ein Ährenkranz (Ähre = Fruchtstand von Getreidepflanzen) zu erkennen. Erkläre die Auswahl dieser Symbole für die DDR-Flagge.*

Trio-Kompakt: Deutschland in der Nachkriegszeit

Ein Land in Trümmern
Schreibe einen Tagebucheintrag, wie ihn ein Mädchen oder Junge 1946 verfasst haben könnte. Berücksichtige dabei die Schlagzeilen.

„Trümmerfrauen helfen beim Wiederaufbau"

„Vaters Uhr gegen Lebensmittel"

„CARE-Pakete aus Amerika"

„Kein Platz für Flüchtlinge und Vertriebene"

„Tausende auf Hamsterfahrt"

Wichtige Begriffe
a) Wiederhole, welche Besatzungszonen es in Deutschland nach dem Zweiten Weltkrieg gab.
b) Ordne folgende Begriffe den westlichen Besatzungszonen, der Ostzone oder beiden zu:
USA, Zentralismus, Ostberlin, Frankreich, Marshallplan, Enteignung, D-Mark, Großbritannien, Luftbrücke, SED, Demontage, Sowjetunion, Westberlin.

Diese Begriffe solltest du kennen
Erkläre folgende Begriffe. Du kannst dazu auch noch einmal im Kapitel nachlesen.

soziale Marktwirtschaft   bedingungslose Kapitulation

Demontage   Zentralismus   Währungsreform

Föderalismus   Sozialismus

Die Konflikte wachsen – zwei deutsche Staaten entstehen
Stelle die Entstehung der beiden deutschen Staaten dar. Ordne dabei die Bilder 1 – 3 ein und erläutere die Bedeutung der dargestellten Ereignisse für die Besatzungszonen.

Der Marshallplan

Die Gründung der SED

Die Luftbrücke

Deutschland in der Nachkriegszeit

Offenes Arbeiten

Hier beschäftigst du dich selbstständig mit einem Thema des Kapitels. Wie du das Ergebnis darstellst, entscheidest du.

In der Nachkriegszeit ...
- lag Deutschland in Trümmern.
- bangten die Menschen um ihre Existenz.
- wurde Deutschland von den Siegermächten umgestaltet.
- entwickelten sich zwei deutsche Staaten.

1. Wähle eine der Aussagen oben aus.
2. Notiere dazu Begriffe und Gedanken.
3. Was gehört zusammen? Ordne.
4. Erstelle daraus: Mindmap, Bild, Skizze, Text, Plakat, Tabelle oder wähle eine andere Darstellungsform.
5. Vergleicht und ergänzt eure Ergebnisse.
6. Schau auf die Schritte 1 bis 5 zurück. Wo hattest du Schwierigkeiten? Was ist dir gut gelungen?

Prüfe dich nun selbst! Du kannst ...

- ✓ ... beschreiben, wie die Menschen in der Nachkriegszeit lebten (S. 180/181).
- ✓ ... darstellen, wie die Siegermächte mit den NS-Verbrechern umgingen (S. 184/185).
- ✓ ... den unterschiedlichen politischen und wirtschaftlichen Wiederaufbau in Deutschland nach dem
- ✓ Zweiten Weltkrieg beschreiben (S. 186–191).
- ✓ ... erklären, wie zwei deutsche Staaten entstanden (S. 192/193).

Die Landwirtschaft

Hühnerzucht in den Niederlanden

Im Supermarkt in Nürnberg

Wochenmarkt in München

Maisfeld vor Biogasanlage

In diesem Kapitel erfährst du, ...
- wie sich die Landwirtschaft verändert hat.
- was konventionelle und ökologische Landwirtschaft unterscheidet.
- wie die Kunden auf Ernährungstrends reagieren.

198.1 Getreideernte im Jahr 1900

198.2 Getreideernte heute

Landwirtschaft früher und heute

Um das Jahr 1900 ernährte ein Landwirt in Deutschland mit seinen Produkten vier Menschen. Im Jahre 2018 ernährte ein Landwirt in Deutschland 157 Menschen. Welche Gründe gibt es für diese Leistungssteigerung?

Weniger Menschen, mehr Maschinen

Die Leistungssteigerung durch Intensivierung (Fachbegriff) in der Landwirtschaft wird am Beispiel der Getreideernte auf zwei Hektar Land deutlich. Zwei Hektar entsprechen fast drei Fußballfeldern. Zum Mähen (Abschneiden des Getreides) dieser Fläche benötigten im Jahr 1900 über zehn Arbeiter einen ganzen Tag, das Dreschen (Herauslösen der Körner) und die weitere Verarbeitung nicht eingerechnet.

Heute erledigen große Mähdrescher das Mähen und Dreschen. Für zwei Hektar Getreide braucht ein moderner Mähdrescher heute nicht einmal eine Stunde und das mit nur einem Fahrer. Der Einsatz von Maschinen in der Landwirtschaft wird Mechanisierung genannt.

Landmaschinen sind sehr teuer. Ihr Einsatz lohnt sich nur, wenn große Flächen zur Verfügung stehen. Das ist ein Grund dafür, dass sich die durchschnittliche Anbaufläche eines Betriebes von 1960 bis 2018 etwa versechsfacht hat.

Neben der zunehmenden Mechanisierung gab es auch Fortschritte in anderen Bereichen. Durch Innovationen in der chemischen Industrie konnten künstliche Dünger zum Einsatz gebracht werden. Pflanzenschutzmittel schützen die Pflanzen vor Schädlingen. Hinzu kamen Neuzüchtungen, die höhere Erträge ermöglichen und widerstandsfähiger gegen Krankheiten sind.

> Selbstfahrende Traktoren oder Apps gehören heute auf vielen Bauernhöfen dazu, wie auf dem von Stefan Bohlender. [...] Sein Traktor hält auf dem Weizenfeld alleine die Spur. [...] Er findet dank GPS auch im Dunkeln seinen Weg. Die Satellitentechnik unterstützt den Landwirt im Grunde bei allen Arbeitsgängen. [...] „Es erleichtert mir die Arbeit, ich spare Kraftstoff und kann Düngemittel punktgenau einsetzen. Das hat Vorteile für die Umwelt und natürlich auch für meinen Geldbeutel. [...] Wenn ich heute mit dem selbstfahrenden Traktor einen Hektar spritze, dann habe ich genau für einen Hektar Mittel verbraucht. Das war früher nicht so."

198.3 Smart Farming. Foto: Modernste Technik in einen Traktor (2019)

Die Landwirtschaft

199.1 Melken mit der Hand im Jahr 1920

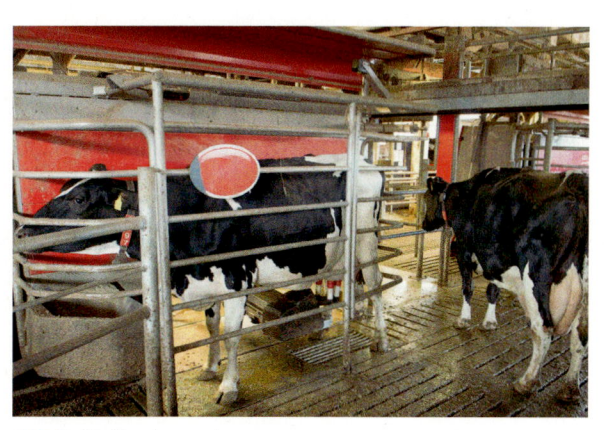

199.2 Melkroboter heute

Und die Viehhaltung?

Auch in der Viehhaltung gab es erhebliche Produktionsfortschritte. Und auch hier sind die Mechanisierung und der Einsatz von chemischen Produkten (Medikamenten) ein Grund. Großen Einfluss auf die Produktivität hatte auch die Züchtung von sogenannten Hochleistungsrassen. Diese wachsen schneller, setzen mehr Fleisch an oder legen mehr Eier. So brauchte ein Huhn um 1960 zwei Monate, um ein Kilogramm schwer zu werden. Dann wurde es geschlachtet. Heute erreichen auf Hochleistung gezüchtete Masthühner nach vier bis sechs Wochen ein Gewicht von etwa zwei Kilogramm.

Ähnliche Steigerungen sind den Züchtern auch bei Milchkühen, Schweinen, Puten und anderen Nutztieren gelungen.

Im Jahre 1970 brauchte ein Bauer für die Gewinnung von einem Liter Milch fast doppelt so viel Zeit wie heute. Mittlerweile gibt es Ställe, in denen Maschinen und Roboter alle Arbeiten verrichten. Die Ställe sind vollautomatisiert. Ein Melkroboter legt den Melkapparat an, er wäscht das Euter und melkt die Kuh (2012). Er melkt die Kuh nur so lange, wie Milch kommt. Der Roboter sammelt gleichzeitig wichtige Daten über die Kuh, zum Beispiel über die Milchmenge und die Zusammensetzung der Milch. Auch die Fütterung der Tiere erfolgt automatisch. Das Futter wird gemischt und in berechneten Mengen an die Tiere verfüttert. Das spart dem Milchbauern viel Arbeitszeit. Auch das Ausmisten und die Fütterung können heute Roboter übernehmen.

199.3 Digitalisierung im Stall

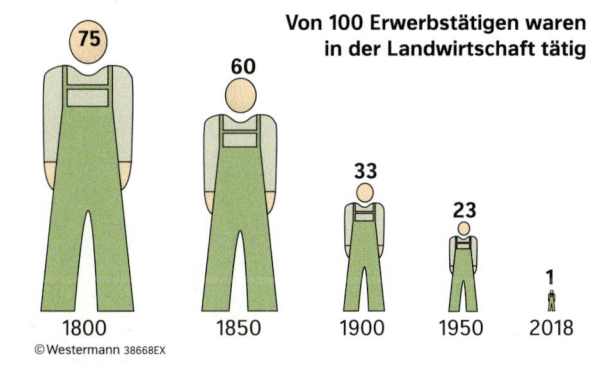

Von 100 Erwerbstätigen waren in der Landwirtschaft tätig

- 1800: 75
- 1850: 60
- 1900: 33
- 1950: 23
- 2018: 1

199.4 Beschäftigte in der Landwirtschaft

FACHBEGRIFF

Intensivierung
... heißen alle Maßnahmen, um die Erträge pro Nutzfläche zu steigern. Dadurch kann wirtschaftlicher produziert werden. Im Ackerbau zählen dazu hochwertiges Saatgut, Pflanzenschutzmittel, künstliche Düngemittel, Maschineneinsatz.

AUFGABEN

1. Erkläre, wie sich die Landwirtschaft verändert hat. Nimm dabei die Bilder auf den Seiten 198 und 199 zu Hilfe.
2. Bewerte die Veränderungen in der Landwirtschaft aus deiner Sicht.
3. Beschreibe, wie du dir einen landwirtschaftlichen Betrieb im Jahr 2060 vorstellst.

200.1 Bereiche der Landwirtschaft

Landwirtschaft ist vielfältig

Wenn du an Landwirtschaft denkst, hast du sicherlich Milchkühe und Getreidefelder vor Augen, also die Produktion von Nahrungsmitteln. Die Nahrungsmittelproduktion ist immer noch der wichtigste Bereich der Landwirtschaft. Die Landwirtschaft stellt aber auch andere Güter her.

Was ist eigentlich Landwirtschaft?

Als Landwirtschaft wird die Bewirtschaftung des Bodens sowie die Tierhaltung bezeichnet. Ziel dieser Tätigkeiten ist die Gewinnung pflanzlicher und tierischer Produkte. Aus ihnen werden in erster Linie Lebensmittel für den Menschen hergestellt (200.1, 200.2).
Aber auch Textilien, Baumaterialien, chemische Produkte und sogar Energieträger (201.1) werden aus landwirtschaftlichen Produkten gewonnen.

Wert der landwirtschaftlichen Produkte, die 2017 in Deutschland produziert wurden: 53,2 Mrd. Euro. Davon:			
vom Feld	Mrd. €	aus dem Stall	Mrd. €
Getreide	6,7	Milch	11,7
Futterpflanzen	4,7	Schweine	7,1
Gemüse	3,1	Rinder	3,7
Kartoffeln	1,9	Geflügel	2,2
Ölsaaten	1,6	Eier	1,3
Sonstiges (einschließlich Obst)	8,1	Sonstiges	1,1

200.2 Produktionswert der Landwirtschaft

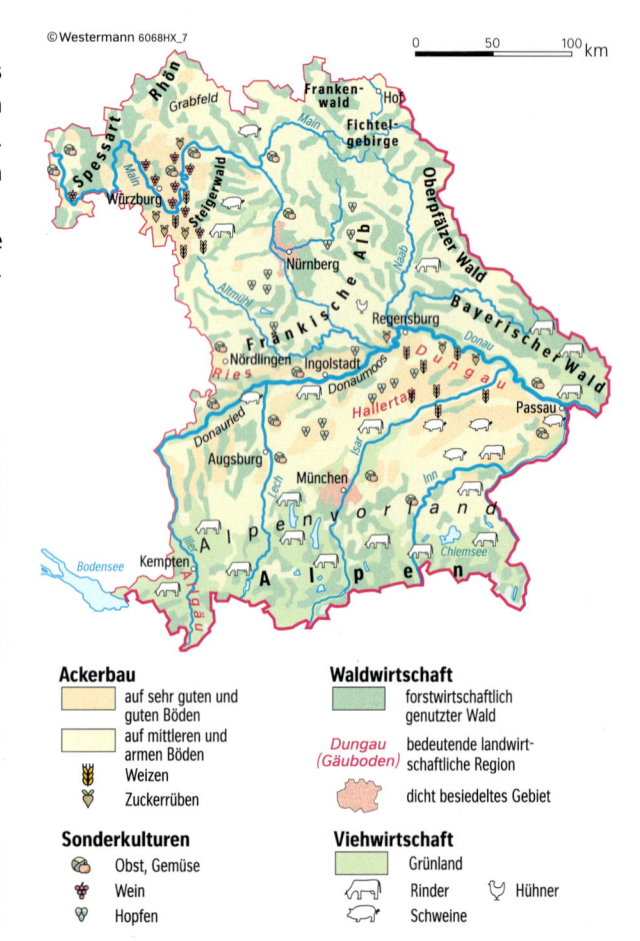

200.3 Landwirtschaft in Bayern

Die Landwirtschaft

Aus Raps von meinen Feldern wird unter anderem Biotreibstoff hergestellt, mit dem schon heute viele Autofahrer ihre Fahrzeuge betanken.

Zur Aufzucht junger Gemüsepflanzen – zum Beispiel Salat – brauche ich sehr viel Wärme in meinen Gewächshäusern. Diese gewinne ich nun aus der Abwärme, die in der Biogasanlage als Nebenprodukt entsteht. Damit wirtschafte ich unabhängiger und umweltfreundlicher.

Seit erneuerbare Energien in Deutschland und in der EU gefördert werden, baue ich den Mais nicht nur als Viehfutter an, sondern beliefere auch den Nachbarort für die Biogasanlage.

Ich besitze Ländereien, die sich hervorragend für Windkraftanlagen eignen. Aus diesem Grund verpachte ich Grundstücke an die Stromerzeuger und profitiere von den Pachteinnahmen. Ich baue auch eigenständig eine Windkraftanlage auf meinem Gelände, um so eine weitere Einnahmequelle für mich zu haben.

Besonders stolz bin ich auf die riesigen Fotovoltaikanlagen auf den Dächern meiner großen Hallen. Diese erzeugen Strom für viele.

201.1 Vom Landwirt zum Energiewirt

AUFGABEN

1. Erstelle eine Liste mit Produkten, die aus den verschiedenen Bereichen der Landwirtschaft kommen.
2. Ermittle, welche landwirtschaftlichen Produkte in der Nähe deines Wohnortes erzeugt werden (200.3, Atlas).
3. Erläutere die Bildunterschrift 201.1.

202.1 Im Stall von Landwirt Scheller

Ein konventioneller landwirtschaftlicher Betrieb stellt sich vor

Im Supermarkt und beim Discounter gibt es neben den herkömmlichen Lebensmitteln auch Produkte aus ökologischer Landwirtschaft. Sie sind immer etwas teurer. Auf den Seiten 202 – 205 erfahrt ihr, warum das so ist und was konventionell produzierende Betriebe von ökologisch produzierenden Betrieben unterscheidet.

Landwirt Scheller, der konventionell (herkömmlich) Schweine züchtet, stellt seinen Betrieb vor

„Wir haben uns vor Jahren auf die Schweinezucht spezialisiert (Fachbegriff). Früher hielten wir auch Milchkühe und bauten Gemüse an. Das mussten wir aus Kostengründen aufgeben.

Da die Preise für Schweinefleisch sinken, nehmen wir pro Schwein immer weniger ein. Deshalb müssen wir mehr Schweine produzieren. Das heißt, wir brauchen auch mehr Platz für mehr Schweine. In Bayern ging die Zahl der kleinen Betrieb sehr stark zurück.

Gott sei Dank erhalten wir von der Europäischen Union Subventionen (Fachbegriff). Je mehr Schweine wir produzieren, umso mehr Subventionen erhalten wir. Reich werden wir als Familienbetrieb trotzdem nicht. Die Konkurrenz ist zu groß, die Preise sind zu niedrig. Für die ökologische Landwirtschaft gelten deutlich strengere Regeln und Gesetze, deren Umsetzung meist mit höheren Kosten verbunden ist. Es ist also vor allem eine Kostenfrage, dass wir konventionell produzieren. Den größten Umsatz erzielen nach wie vor Produkte aus konventioneller Landwirtschaft. Das dürfte vor allem an den günstigen Preisen liegen. Über 98 Prozent des Schweinefleisches, das 2017 in Deutschland verkauft wurde, stammten aus konventioneller Produktion. Wir müssen uns nach den Verbrauchern richten. Die Deutschen essen sehr viel Fleisch und sind günstige Preise gewohnt. Die Erträge in der konventionellen Form sind deutlich höher und dadurch billiger.

Wir konventionellen Landwirte stehen oft in der Kritik. Uns wird Tierquälerei vorgeworfen. Es gibt schwarze Schafe unter den Produzenten, die nicht auf das Tierwohl achten. Ich finde es aber ungerecht, das auf alle Züchter zu übertragen."

Die Landwirtschaft

203.1 Konventionelle Landwirtschaft

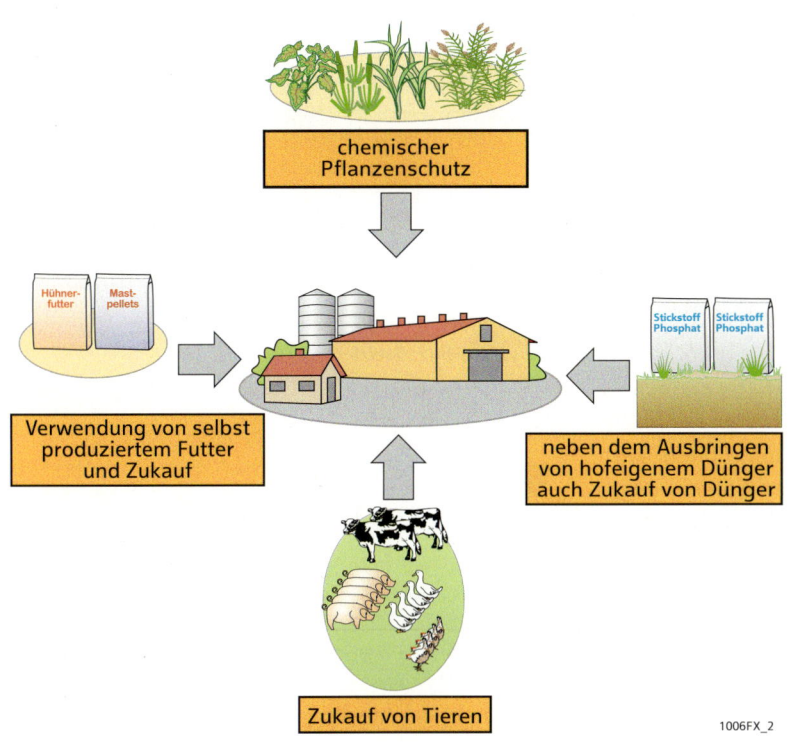

203.2 Einsatz von Pestiziden

1. – 21. Tag
Bei Geburt wiegt das Ferkel 1 kg.
Im *Abferkelstall*
erhält es Sauenmilch
und Ferkelfutter.

22. – 73. Tag
Mit 8 kg kommt das Ferkel
in den *Aufzuchtstall*.
Hier bleibt es bis
zu einem Gewicht von 20 kg.

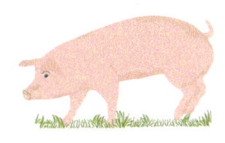

74. – 196. Tag
Das Schwein wechselt
in den *Maststall*.
Bei 100 kg Endgewicht wird
es zum Schlachthof gebracht.

203.3 Lebenslauf eines Mastschweins

FACHBEGRIFF

Subventionen
… sind Zuwendungen in Form von Geld, die ein Staat oder die Europäische Union zahlt, um die Produktion bestimmter Unternehmen, besonders in der Landwirtschaft, zu unterstützen. Damit können auftretende Probleme besser überwunden werden.

FACHBEGRIFF

Spezialisierung
… bedeutet in der Landwirtschaft die Konzentration der Produktion auf einen der beiden Hauptbereiche: Viehzucht oder Pflanzenproduktion. Sie hängt ab von den Bedingungen, die der Landwirt jeweils vorfindet.

AUFGABEN

1. *Erstelle eine eigene Fachbegriffsbox, die den Begriff „konventionelle Landwirtschaft" erklärt.*
2. *Erläutere, warum Landwirt Scheller konventionell wirtschaftet.*
3. *Erkläre, warum Landwirt Scheller sich auf die Schweinezucht spezialisiert hat.*

Ein Bio-Landwirt stellt seinen Betrieb vor

Die Klasse 8b einer Mittelschule in der Oberpfalz besucht den Betrieb von Bio-Landwirt Leo Hartmann. Er hat seinen Betrieb innerhalb von zwei Jahren von konventionell auf ökologisch umgestellt. In einem Schülerinterview legt er seine Gründe dar.

Herr Hartmann stellt auf Bio um

Klasse 8b: Wie kamen Sie auf die Idee, Ihren Betrieb auf „Bio" umzustellen?

Herr Hartmann: Es gibt viele Gründe. Die wichtigsten sind für mich der Umweltschutz und die artgerechte Tierhaltung. Wir setzen keine chemischen Spritzmittel ein, denn diese sind nicht gut für den Boden. Wir düngen mit Gülle und Mist aus unseren Ställen, aber nur im begrenzten Umfang, denn zu viel Gülle belastet die Umwelt. Hinzu kommt die Gründüngung. Unsere Schweine haben mehr Platz und können auch einmal an die frische Luft.

Klasse 8b: Bio-Lebensmittel sind aber teurer, wie kann man die Verbraucher dazu bringen, trotzdem Bio-Fleisch zu kaufen?

Herr Hartmann: Wir müssen von der Einstellung „viel und billig" wegkommen. Das geht zu Lasten der Umwelt und der Tiere. Der Wert von Lebensmitteln muss einfach wieder mehr geachtet werden. Nirgendwo in Europa wird mehr und billigeres Schweinefleisch produziert als in Deutschland. Das muss den Verbrauchern klar werden!

Klasse 8b: Was haben Sie erreicht?

Herr Hartmann: Zwei Jahre Anstrengung haben sich für meine Familie und mich schon gelohnt, denn inzwischen ist Bio rein wirtschaftlich gesehen durchaus konkurrenzfähig. Es gibt gute staatliche Förderungen und die Menschen fangen allmählich an umzudenken, auch wenn Bio etwas mehr kostet.

FACHBEGRIFF

Ökologische Landwirtschaft
Die ökologische Landwirtschaft setzt sich für eine nachhaltige Produktion von Nahrungsmitteln ein, die auf das Wohl der Tiere achtet, den Boden nicht übernutzt, die Umwelt und das Klima schützt und damit auch die Lebenswelt der Menschen verbessert.
Sie bemüht sich um die Einrichtung von Kreisläufen in der Produktion und im Energieverbrauch. Arbeiten in einem Produktionskreislauf bedeutet zum Beispiel, auf den Feldern natürlichen Dünger statt künstlichen Dünger einzusetzen, Pflanzenschädlinge nicht mit chemischen Giften zu bekämpfen, den Tierbestand aus der eigenen Zucht zu vergrößern und ihn natürlich aufwachsen zu lassen. Die Tiere werden mit Futtermitteln aus eigener Produktion versorgt, um aufwendige Futtermittelproduktion und Transporte zu verringern. Bei der Gründüngung werden Pflanzen angebaut, die nicht geerntet, sondern untergepflügt werden. Sie düngen den Boden auf natürliche Weise.

- Anbau von Heidelbeeren und Kartoffeln
- Dauergrünland (Artenvielfalt durch Nachsaat und späteres Mähen) und Ackerland
- 30 Mastschweine, die mit selbst angebauten Futterpflanzen gemästet werden
- Düngung mit hofeigener Gülle und Mist
- Verkauf der schlachtreifen Schweine
- Verkauf der Kartoffeln im Hofladen und an Großhändler; Verkauf der Heidelbeeren auch an Bäckereien in der Region
- Familienbetrieb mit zwei Angestellten

204.1 Der Hof der Familie Hartmann

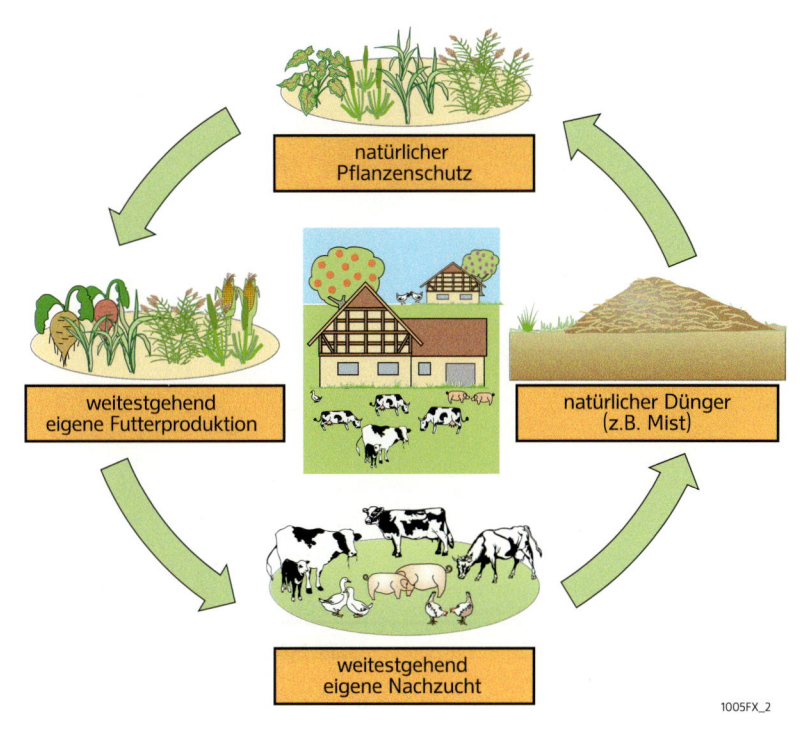

Die Landwirtschaft

205.1 Ökologische Landwirtschaft

(Kreislauf: natürlicher Pflanzenschutz → natürlicher Dünger (z.B. Mist) → weitestgehend eigene Nachzucht → weitestgehend eigene Futterproduktion)

INFO

Bio-Label (Bio-Kennzeichen)
Damit die Verbraucher erkennen können, ob es sich bei ihren Einkäufen um Produkte aus ökologischer Landwirtschaft handelt, wurden Bio-Kennzeichen eingeführt.
Strenge Richtlinien bei der Herstellung, Verarbeitung, dem Transport sowie der Lagerung müssen eingehalten werden. Erfüllen die Produzenten alle Anforderungen, erhalten sie ein Bio-Zertifikat gemäß den EU-Rechtsvorschriften für den ökologischen Landbau. Vorverpackte Bio-Lebensmittel, die einen Verarbeitungsschritt in der EU erfahren, müssen mit dem EU-Bio-Logo gekennzeichnet werden. Das deutsche Bio-Siegel kann für diese Produkte zur Kennzeichnung zusätzlich verwendet werden.

Betriebe mit ähnlichen Standortbedingungen, ähnlicher Größe und Produktionsausrichtung

	konventionelle Betriebe	ökologisch wirtschaftende Betriebe
ERLÖSE Euro je ha		
Pflanzenproduktion	808	434
Tierproduktion	2119	1460
AUFWENDUNGEN Euro je ha		
Düngemittel	129	21
Pflanzenschutz	114	3
Personal	144	194

PREISE Euro je 100 kg	konv.	öko
Milch	31,19	48,84
Weizen	15,16	42,93
Kartoffeln	13,51	54,38
ERTRÄGE		
Milch kg je Kuh	7819	5945
Weizen dt* je ha	76	36
*Dezitonne = 100 kg		
GEWINN JE UNTERNEHMEN		
Euro	55 301	64 314

Quelle: BMEL, Stand 2016/17, © Globus

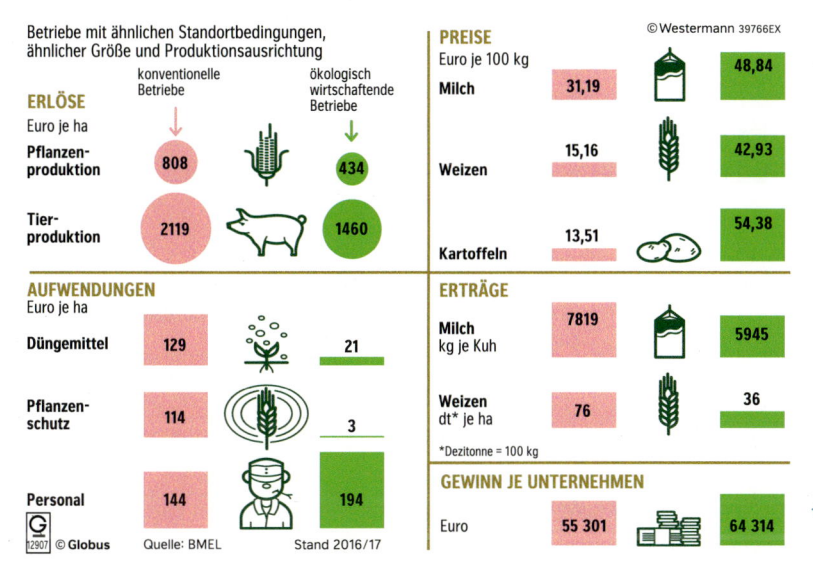

205.2 Vergleich von konventioneller und ökologischer Landwirtschaft

AUFGABEN

1. Erkläre, warum Herr Hartmann auf ökologische Landwirtschaft umgestiegen ist.
2. Vergleiche die Preise von Bio-Lebensmitteln mit den Preisen entsprechender konventioneller Lebensmittel in einem Supermarkt in deiner Nähe.
3. Obwohl die Erlöse und Erträge in einem konventionellem Betrieb deutlich höher sind als in einem Bio-Betrieb, ist der Gewinn des Bio-Betriebes höher. Erkläre, wie es dazu kommt (205.2).
4. Bewerte die Chancen der ökologischen landwirtschaftlichen Produktion.

206.1 Verkauf von Käse und Brot am Biostand

Bio boomt

Während Bio-Produkte früher nur in speziellen Geschäften und in Hofläden gekauft werden konnten, gibt es heute große Bio-Supermärkte. Auch bei den Discountern gibt es immer mehr Bio-Produkte. Spezialisierte Anbieter liefern Kisten mit Bio-Lebensmitteln auch bis an die Haustür. So hat sich ihr Umsatz in Deutschland von 2002 zu 2018 um 370 Prozent gesteigert.

artgerechte Tierhaltung	95 %
regionale Herkunft	93 %
Beitrag zum Umweltschutz	89 %
geringere Schadstoffbelastung	89 %
weniger Zusatz- und Verarbeitungshilfsstoffe	88 %
gesunde Ernährung	86 %
oft fair gehandelt	70 %
gibt es mittlerweile überall	69 %
Geschmack	67 %
keine Lebensmittelskandale	55 %

206.2 Umfrage in Deutschland 2018: Warum kaufen Sie Bio-Lebensmittel?

Meinung von Befragten zu Bio-Lebensmitteln im Vergleich zu Produkten, die konventionell hergestellt wurden

Bio-Lebensmittel …

… sind frischer. 29 %
… haben eine bessere Qualität. 43 %
… haben einen besseren Geschmack. 30 %
… sind reicher an Nährstoffen. 37 %
… haben ein schlechteres Preis-Leistungs-Verhältnis. 52 %

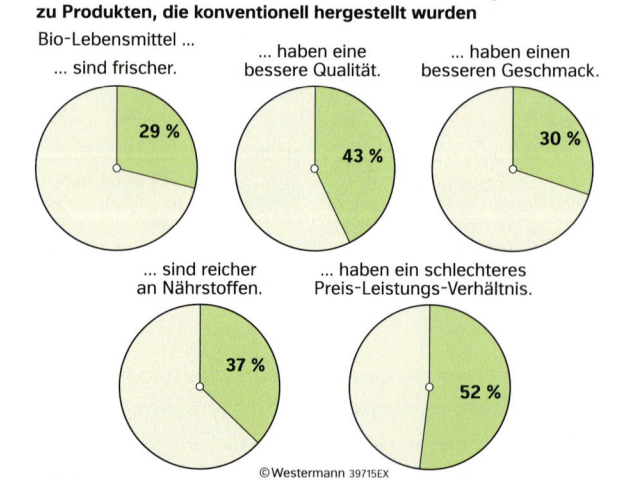

206.3 Umfrage

Die Landwirtschaft

> In Deutschland werden alle Nahrungsmittel genau kontrolliert. Die Standards sind sehr hoch – auch beim konventionellen Anbau.

> Viele Bio-Produkte kommen von anderen Kontinenten. Ich glaube nicht, dass die Betriebe so streng kontrolliert werden wie in der Europäischen Union. Außerdem haben die Produkte einen langen Weg hinter sich. Das ist auch nicht gut für die Umwelt.

> Die billigen Lebensmittel führen dazu, dass sehr viele Lebensmittel in Deutschland weggeworfen werden. Lieber weniger kaufen und dafür Bio.

> Bei Bio-Produkten wird auf die Zugabe von Konservierungsstoffen verzichtet. Dadurch verderben sie schneller.

> Es ist nicht gerecht, dass alle konventionellen Landwirte als Umweltverschmutzer und Tierquäler bezeichnet werden. Die meisten behandeln ihre Tiere sehr gut und verbrauchen nur so viel Dünger wie nötig.

> 7,5 Mrd. Menschen können nicht nur mit Bio-Produkten versorgt werden. Die Bio-Landwirtschaft ist nicht so leistungsfähig wie die konventionelle.

> Bio ist teurer. Nicht alle Leute können sich das leisten. Alles wird teurer. Dann muss man halt bei den Lebensmitteln sparen.

> Obst und Gemüse, die mit dem Bio-Siegel verkauft werden, müssen aus ökologischer Landwirtschaft stammen. Das bedeutet, dass besonders schädliche Pflanzenschutzmittel und Mineraldünger nicht verwendet werden dürfen.

> Tiere von Bio-Höfen haben bessere Lebensbedingungen. Um das Bio-Siegel zu bekommen, müssen diese Tiere mehr Platz haben und dürfen auch mal ins Freie. Sie bekommen auch weniger Medikamente.

> Was nützt es der Umwelt, wenn wir Bio-Produkte kaufen, die um die ganze Welt verschifft wurden? Bio-Knoblauch aus China ist Tausende Kilometer unterwegs. Der muss mit Schiff und Lkw erstmal hierher gebracht werden. Die Abgase schaden der Umwelt.

> Obst und Gemüse aus konventionellem Anbau haben genauso viele Vitamine wie Bio-Produkte. Es schmeckt auch genauso.

> Wer Bio kauft, kann sich sicher sein, dass in den Produkten keine gentechnisch veränderten Pflanzen verarbeitet wurden.

> Bio-Fleisch schmeckt eindeutig besser.

207.1 Ist Bio besser? – Meinungen zum Thema

AUFGABEN

1. *Nenne mögliche Gründe, warum die Personen in 206.1 Bio-Produkte kaufen.*
2. *Werte die Ergebnisse der beiden Umfragen auf Seite 206 aus.*
3. *Recherchiere Preise für Bio-Produkte und entsprechende Produkte aus konventioneller Landwirtschaft. Vergleiche.*
4. *Pro und kontra Bio – Stelle die Argumente in 207.1 in einer Tabelle gegenüber. Ergänze weitere Argumente.*

Trio-Kompakt: Die Landwirtschaft

Landwirtschaft früher und heute
a) Beschreibe, wie sich die Landwirtschaft von 1900 bis heute verändert hat. Unterscheide zwischen Ackerbau und Viehzucht.
b) Wiederhole, was unter Smart Farming zu verstehen ist.

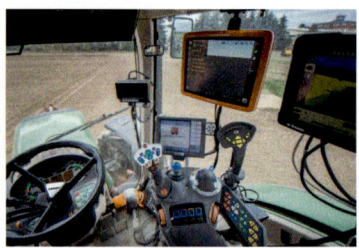

Die Landwirtschaft ist vielfältig
a) Liste auf, was Personen, die in der Landwirtschaft tätig sind, alles herstellen.
b) Stelle dar, was alles aus landwirtschaftlichen Produkten hergestellt wird.
c) Bewerte die Bedeutung der Landwirtschaft für dein Leben.

Bio oder konventionell?
a) Erstelle zwei Tabellen: eine für die konventionelle und eine für die ökologische Landwirtschaft. Stelle in den Tabellen die Vorteile und Nachteile der beiden Formen landwirtschaftlicher Produktion gegenüber.
b) Werte die Tabellen aus und ziehe ein Fazit für dich persönlich.
c) Bewerte den Konsum von ökologischen Produkten, die von anderen Kontinenten in die deutschen Supermärkte kommen.

Diese Begriffe solltest du kennen
Erkläre folgende Begriffe. Du kannst dazu auch noch einmal im Kapitel nachlesen.

Intensivierung

Subventionen

ökologische Landwirtschaft

konventionelle Landwirtschaft

Spezialisierung

Die Landwirtschaft

Offenes Arbeiten

Hier beschäftigst du dich selbstständig mit einem Thema des Kapitels. Wie du das Ergebnis darstellst, entscheidest du.

> **In diesem Kapitel hast du erfahren, ...**
> - wie sich die Landwirtschaft verändert hat.
> - was konventionelle und ökologische Landwirtschaft unterscheidet.
> - wie die Kunden auf Ernährungstrends reagieren.

1. Wähle ein Bild oder eine der Aussagen aus.
2. Notiere dazu Begriffe und Gedanken.
3. Was gehört zusammen? Ordne.
4. Erstelle daraus Mindmap, Bild, Skizze, Text, Plakat, Tabelle oder eine andere Darstellungsform.
5. Vergleicht und ergänzt eure Ergebnisse.
6. Schau auf die Schritte 1 bis 5 zurück. Wo hattest du Schwierigkeiten? Was ist dir gut gelungen?

Prüfe dich nun selbst! Du kannst ...

- ✓ ... erklären, dass die Landwirtschaft uns Nahrung und Energie liefert (S. 200/201).
- ✓ ... Gründe nennen, warum Landwirte ihre Produktion auf ökologisch umstellen (S. 204/205).
- ✓ ... die Unterschiede zwischen ökologischem Anbau und konventionellem Anbau erklären (S. 202–205).
- ✓ ... erklären, warum die meisten Landwirte noch konventionell produzieren (S. 202/203).
- ✓ ... Vor- und Nachteile beider Wirtschaftsformen abwägen.

Die unterschiedlichen Aufgabenstellungen (Operatoren)

Schwierigkeitsstufe I:
Wissen

Berechnen heißt, Aufgaben anhand vorgegebener Daten und Sachverhalte zu lösen.

Beschreiben / wiedergeben heißt, das Wichtigste aus einem oder mehreren Materialien in eigenen Worten und mit den richtigen Fachwörtern darzustellen.

Nennen / benennen heißt, Informationen ohne Erklärung / Kommentar aufzuzählen.

Skizzieren heißt, einen Sachverhalt in seinen Grundzügen anzugeben.

Zusammenfassen heißt, Sachverhalte, Texte oder andere Materialien auf das Wesentliche zu verkürzen.

Schwierigkeitsstufe II:
Erklären und Anwenden

Analysieren heißt, Texte und Materialien nach vorgegebenen Gesichtspunkten zu untersuchen.

Anwenden heißt, etwas Bekanntes (z. B. eine Methode oder bekanntes Wissen) auf etwas Neues zu beziehen.

Auswerten heißt, ein Material (z.B. Text, Grafik, Karte, Foto) unter einer bestimmten Fragestellung zu bearbeiten und am Schluss eine Gesamtaussage zu formulieren.

Begründen heißt, einen Sachverhalt oder eine Aussage durch nachvollziehbare Argumente zu festigen.

Charakterisieren heißt, Sachverhalte oder Personen in ihrer Eigenart zu beschreiben, typische Merkmale zu kennzeichnen und diese dann zusammenzufassen.

Darstellen heißt, Sachverhalte mithilfe von Materialien und mit Fachbegriffen zu beschreiben und Zusammenhänge aufzuzeigen.

Einordnen / zuordnen heißt, die Informationen, die du aus einem oder mehreren Materialien gewinnen kannst, zusammenzustellen und in einen Zusammenhang einzufügen.

Erklären heißt, Materialien oder Sachverhalte deutlich zu machen, in einen größeren Zusammenhang einzuordnen und zu begründen.

Erläutern heißt, Materialien oder Sachverhalte mit zusätzlichen Informationen deutlich zu machen.

Herausarbeiten heißt, aus Materialien bestimmte Sachverhalte zu erschließen, die nicht genannt werden.

In Beziehung setzen heißt, Zusammenhänge von Materialien oder Sachverhalten herzustellen. Dabei sollst du diese Zusammenhänge begründen.

Untersuchen heißt, Sachverhalte, Texte und andere Materialien nach vorgegebenen oder selbst gewählten Aspekten / Anweisungen zu erschließen.

Vergleichen / gegenüberstellen heißt, nach vorgegebenen oder selbst gewählten Gesichtspunkten Unterschiede, Ähnlichkeiten und Gemeinsamkeiten zu ermitteln und darzustellen.

Schwierigkeitsstufe III: Urteilsfähigkeit

Beurteilen heißt, im Anschluss an die Bearbeitung eines Themas oder eines Materials eine Aussage zu treffen, ob ein Sachverhalt richtig ist. Dabei sollst du keine persönliche Wertung und keine eigene Meinung äußern (im Gegensatz zu „bewerten / Stellung nehmen").

Entwickeln heißt, zu einem Thema oder Problem ein Konzept / eine Lösung zu formulieren.

Bewerten / Stellung nehmen bedeutet die gleiche Aufgabenstellung wie beim Operator „beurteilen", diesmal aber ist eine eigene Meinung zu äußern und diese zu begründen.

Diskutieren / sich auseinandersetzen mit heißt, zu einem Problem oder einer These Argumente zu finden, die zu einer Bewertung führen. Diese Bewertung musst du aber begründen.

Erörtern heißt, die Vielfältigkeit eines Problems zu erkennen, eigene Gedanken dazu zu entwickeln und zu einem Urteil mit eigener Bewertung zu gelangen.

Gestalten / entwerfen / verfassen heißt, eine Aufgabe kreativ so zu lösen, dass ein neues Produkt dabei herauskommt. Ein Produkt kann z. B. ein Plakat, eine Zeichnung oder ein Text sein.

Interpretieren heißt, Zusammenhänge aus Materialien herauszufinden. Am Ende solltest du eine begründete Stellung abgeben. Oft müssen dazu vorher Materialien analysiert, erläutert oder bewertet werden.

Überprüfen heißt, verschiedene Aussagen oder Behauptungen miteinander zu vergleichen und deren Richtigkeit abzuschätzen. Dabei sollte deine eigene begründete Meinung deutlich werden.

Register

Allgemeinwohl	134
Antisemitismus	16
Arbeitslosenversicherung	15
Bedarf	62
Bedingungslose Kapitulation	178
Binnenmarkt	160
Bruttoinlandsprodukt (BIP)	160
Bundespräsident	130
Bundesrat	131
Bundestag	130
Demografischer Wandel	60
Demontage	188
Direkte Demokratie	127
Drittes Reich	70
Effizienz (Info)	134
Emission	33
Energie	26
Energiepflanzen	46
Erneuerbare Energien	28
Erststimme	138
Ethnie / ethnische Gruppe	163
Flöz	32
Föderalismus	186
Fossile Energieträger	28
Freiheitlich demokratische Grundordnung (FDGO)	115
Generation	60
Getto	98
Gleichschaltung	74
Grundbedürfnisse	64
Holocaust	98
Ideologie (politische)	76
Intensivierung	199
Karbon	33
Klimafaktoren	153
Kultur	21
Landtag	129
Legitimität (Rechtmäßigkeit)	134
Netzbetreiber	48
Ökologische Landwirtschaft	204
Partei	133
Produktivität	159
Rente	60
Reparationen	12
Repräsentative Demokratie	127
Schutzstaffel (SS)	72
Segregation	167
Shoa(h)	99
Soziale Marktwirtschaft	192
Sozialismus	193
Sozialstaat	15
Sozialversicherungsbeiträge	56
Spezialisierung	203
Stadtwerke	48
Standortfaktoren	157
Sturmabteilung (SA)	72
Suburbanisierung	164
Subventionen	203
Teilhabe	62
unter Tage / über Tage	34
Verstädterung	164
Währungsreform	190
Wetterelemente	153
Widerstand	105
Zentralismus	187
Zivilcourage	105
Zivilgesellschaft	65
Zwangsarbeit	96
Zweitstimme	138

Quellenverzeichnis

Bilder

|123RF.com, Hong Kong: jakeblaster 155.2; Warren Faidley 155.3. |akg-images GmbH, Berlin: 5.2, 8.1, 8.3, 8.4, 8.6, 8.7, 8.9, 12.1, 12.4, 13.6, 13.7, 14.1, 16.1, 18.5, 18.6, 22.1, 22.9, 22.10, 23.1, 23.3, 70.3, 70.4, 71.5, 72.2, 75.1, 76.1, 77.1, 77.3, 79.3, 80.2, 84.1, 86.1, 88.1, 88.2, 92.6, 93.5, 95.1, 95.2, 98.1, 98.2, 106.2, 108.1, 109.1, 110.1, 112.1, 112.3, 113.1, 114.1, 114.7, 117.1, 117.5, 121.3, 156.1, 177.1, 178.4, 179.1, 180.2, 186.4, 187.1, 187.4, 188.2, 189.1, 191.2, 194.1, 194.2; Bildarchiv Pisarek 70.6, 86.3, 114.3; Fototeca Gilardi 34.1; IAM/World History 113.2; IMAGNO/Archiv Seemann 87.4, 114.2; Sammlung Berliner Verlag / Archiv 79.2, 92.3, 106.1; TT News Agency/SVT 82.1; Wittenstein 105.3, 117.3. |alamy images, Abingdon/Oxfordshire: KIKE CALVO 173.2; Perkins, Gregory 123.1; Photo 12 184.1; PRISMA ARCHIVO 20.3; Prisma by Dukas Presseagentur GmbH 100.1, 114.6; SOTK2011 173.1; ZUMA Press, Inc. 86.2. |Appenzeller, Holger, Stuttgart: 122.1. |Baaske Cartoons, Müllheim: Mester, Gerhard 137.1. |Batier, Frédéric, Berlin: 3.1, 3.2, 6.1, 7.1. |Bauer, Thomas, Möhrendorf: 52.5, 56.1, 67.1. |Berghahn, Matthias, Bielefeld: 9.2, 11.2, 22.5, 120.4, 130.2, 131.1, 131.2, 131.3. |bpk-Bildagentur, Berlin: 18.4, 71.4, 73.1, 80.1, 87.3, 89.2, 97.2, 105.4, 114.4, 194.3; Carl Weinrother 80.5; Deutsches Historisches Museum 13.2, 96.1; E. Andres 108.5; Hilmar Pabel 109.5; Katz, Dietmar 179.3, 192.2, 193.4, 195.3; Kurt Bosse 87.1. |Bridgeman Images, Berlin: Deutsches Historisches Museum 96.2. |Bund für Umwelt und Naturschutz Deutschland e.V. (BUND), Berlin: Stephan Glinka / BUND 130.1. |Bundesministerium für Bildung und Forschung, Berlin: Plastikpiraten 125.1. |Bundesministerium für Ernährung und Landwirtschaft (BMEL), Bonn: 205.4. |Das Bundesarchiv, Koblenz: Bild 102-03591A/Georg Pahl 83.3; Bild 116-484-086 87.2; Bild 183-B25447/Scherl 96.3; Kugler, Steffen 21.6; Plak 004-008-023 186.2; Plak 004-009-001 186.3; Plak 004-010-002 187.2; Plak 004-011-047 186.1; Plak 100-034-008 187.3. |Deutscher Bundestag, Berlin: Marc-Steffen Unger/VG Bild-Kunst 121.2, 141.3. |dpa Infografik GmbH, Frankfurt: 139.1. |dreamstime.com, Brentwood: Kurhan 128.1, 135.5. |Druwe & Polastri, Cremlingen/Weddel: 50.3. |Eck, Thomas, Berlin: 57.1. |Fotoarchiv Ruhr Museum, Essen: Fotograf unbekannt 35.1. |fotolia.com, New York: Angelo, Michel 42.1; Bartussek, Ingo 51.3, 53.3; Delphotostock 147.2, 175.1; eyetronic 58.4, 66.3; fototrm12 28.4; fotozick 28.2; freeskyline 144.6; graphixmania 144.5; Jargstorff, Wolfgang 198.2; Jürgen Fälchle 46.1; kiono 174.4; Kneschke, Robert 135.2; lithian 128.3, 135.3, 140.4; mao-in-photo 52.1; mystock 39.1; reimax16 42.2; Schindler, Michael 50.4; Smileus 29.3, 52.3; von Lieres 50.5; © Rawpxel.com 63.1. |Getty Images, München: Baumgarten, Ulrich 102.1; Bloomberg 160.2; Bloomberg/Morris, David Paul 157.1, 175.3; Fadek, Timothy 156.2; Fox Photos /Hulton Archive 92.1; Gallup, Sean 40.2; Hamilton Smith 159.1; Huffaker, Sandy 163.2; Hulton Archive 8.10, 21.3, 23.2; Kyodo News Stills 157.2; Leynse, James 146.6; Lichtenstein, Andrew 163.1; NOEL CELIS/AFP 124.2; Paulo Fridman 158.1; Pugliano, Bill 160.1; U.S. Coast Guard 37.2. |Getty Images (RF), München: Bloomberg 36.1; DenisTangneyJr 154.1; spyarm Titel. |Gmach, Evelyn, Nittenau: 120.5. |Güttler, Peter - Freier Redaktions-Dienst (GEO), Berlin: 11.1. |Haitzinger, Horst, München: 66.5. |Haus der Geschichte der Bundesrepublik Deutschland, Bonn: Szewczuk, Mirko/I. Szewczuk-Zimmer 191.1. |HüttenWerke, Klaus Kühner, Hamburg: 165.1. |Imago, Berlin: Kimmirut, Baffin Island, Nunavut 172.1; photothek.net/Gaertner, Florian 198.3, 208.2; Schwarz, Marius 202.1, 209.2; Weisflog, Rainer 200.1, 208.5. |Interfoto, München: Austrian National Library 178.3, 185.1. |iStockphoto.com, Calgary: 12.2, 12.3, 13.3, 13.5, 22.3, 22.4, 22.7, 22.8, 92.2, 92.4, 92.5, 92.7, 93.3, 93.4, 108.3, 108.4, 109.3, 109.4; Albach, Daniel 124.1, 140.1; aldomurillo 152.3, 152.4; Alija 146.2; alptraum 150.2; alvarez 51.1; Andrews, James 165.5, 174.1; Aneese 147.3; Animaflora 132.3; Art Wager 164.1; B&M Noskowski 146.3; bauhaus1000 165.6; bgsmith 171.1; Blach, Mariusz 147.5; bluejayphoto 147.4; Bobbushphoto 150.1; DarthArt 26.3; David Sucsy 208.6; Deagreez 144.10; doble-d 144.2; DragonFly 124.5; drbimages 135.4, 201.4; dszc 165.2, 174.2; ezypix 21.1; Feverpitched 167.1; fotokostic 203.2; grebeshkovmaxim 192.1, 193.2, 193.3, 195.4, 195.5; hohl 132.1; IcemanJ 148.5; IvonneW 152.1; JANIFEST 155.1; Jansen, Silvia 58.3, 66.1; JesusFernandez32 132.6; JohnnyGreig 135.6; Juanmonino 51.2; Kamolsanei, Banphote 124.7; LightFieldStudios 26.4, 53.1; Linda Steward 126.2; Ljupco 201.6; Meinzahn 60.1; Motortion 169.2; oriredmouse 70.5; photo75 144.8; pidjoe 201.8; Potemkin,

Alex 148.3; Reh, Andreas 201.5; roibu 5.3, 196.1; Scoast 146.1; Shannon, Nina 60.2; spyarm 166.1; Stars-Studio 123.2, 124.6, 128.2, 135.1, 140.3; Sveta 124.8, 140.2; Terraxplorer 165.3; TomAF 129.1, 141.2; Valeriy_G 152.2; Vancouver, James 170.1; Ventrella, Claudio 28.1; Veronica Bogaerts 171.2; Villalba, Jorge 165.7; Vuckovic, Predrag 5.1, 143.1; Wavebreakmedia 201.7; Wilkinson, Shaun 44.1; xtrekx 32.2; Zview 165.4, 174.3. |Karto-Grafik Heidolph, Dachau: 99.1, 99.2, 151.1, 151.2, 158.2, 203.1, 205.1. |Kassing, Reinhild, Kassel: 59.2. |Kunz, Rudolf, Weiden/Opf: 65.1, 67.3. |laif, Köln: Langrock/Zenit 42.3. |Landesarchiv Berlin, Berlin: F Rep. 290 Nr. 0058719 / Fotograf: k. A. 21.5. |lichtung verlag GmbH, Viechtach: 101.1. |mauritius images GmbH, Mittenwald: Vidler, Steve 5.4, 197.1. |Microsoft Deutschland GmbH, München: 30.1. |Mithoff, Stephanie, Hardegsen-Hevensen: 18.2, 27.1, 33.1, 46.2, 132.2, 172.3. |Müller, Bodo, Bartensleben: 120.1. |Neudert, Christoph, Regensburg: 103.1, 103.2, 103.3, 103.4, 103.5. |NS-Dokumentationszentrum der Stadt Köln, Köln: Bestand Gertrud Koch 104.1. |OKAPIA KG - Michael Grzimek & Co., Frankfurt/M.: Michael Breuer 132.7. |Picture-Alliance GmbH, Frankfurt/M.: 41.1, 56.2, 64.1, 111.1, 161.1, 205.2; akg-images 8.5, 13.1, 14.4, 22.2, 70.1, 81.1, 94.1, 114.5, 179.2, 190.1; Andreas Franke 35.2; AP Images Titel; Archiv Eisenbahnstiftung 74.1; arkivi 78.2; Berliner Verlag/Archiv 78.1, 79.1, 107.1; CHROMORANGE/Schröder, Martin 136.1; dpa 108.2, 112.2, 205.3; dpa US Army 182.1; dpa-infografik 37.1, 61.1; dpa/Friso Gentsch 120.3; dpa/Nietfeld, Kay 4.2, 119.1; euroluftbild.de/Blossey, Hans 47.1; Gentsch, Friso 204.1, 209.4; Hase, Tobias 49.2; Heyer, Silke 206.1, 209.3; Hummel, E. 172.2; IMAGNO 34.2; Kahnert, Sebastian 199.1; Karl-Josef Hildenbrand/dpa 120.6, 141.1; landov/SISCO, A.J. 37.3; Lautenbach, Volker 124.3; Makela, Mark 169.1; Mary Evans Picture Library 71.1, 107.2; Ohde, Christian 44.2; patrick-reinig.com 89.3; Pleul, Patrick 124.4; Puchner, Stefan 138.1; REUTERS/Jackson, Lucas 168.1, 175.4; Robbin, Thomas 15.1; Schrader, Matthias 85.1, 117.2; Tack, Jochen 3.4, 55.1; Thilo Rückeis TSP 120.2; Ullstein 13.4, 22.6, 121.4; Ulrich Baumgarten 5.6, 196.2; Uwe Kraft 3.3, 25.1; Voskresenskiy, Mikhail 40.1; Weitzel, Holger 38.1; ZB / Agentur Voller Ernst 109.6, 178.1. |Shutterstock.com, New York: Bayda, Andrey 146.4; Bent Nordeng 29.1, 53.2; Everett Collection 162.1; Lukasz Szwaj 200.3, 208.4; Seth Lang 150.3; sickmoo 21.4. |Staatsarchiv Bremen, Bremen: K. E. Schmidt 110.3. |Stadt Regensburg, Bilddokumentation, Regensburg: 88.3, 89.1. |stock.adobe.com, Dublin: 29.4; Brigitte 201.2, 208.9; Copeland, Gill 144.7; Countrypixel 208.10; e55evu 146.5; elxeneize 49.1; Eugenio 144.1, 144.4, 144.9, 144.11; Foto-Ruhrgebiet 193.1; geografika 32.3; hiroshiteshigawara 28.3, 52.4; Hüls, Jürgen 20.1; J.Mühlbauer exclus 201.1, 208.8; Jacob 148.4; Jargstorff, Wolfgang 5.5, 29.2, 52.2, 197.2; jovannig 148.2; korisbo 26.1; Kosolovskyi, Vasyl 201.3, 208.7; Kzenon 50.1; lagom 50.2; Marco2811 39.2; Mattoff 58.2, 66.2; MelissaMN 147.1; MQ-Illustrations 59.1, 67.2; Perytskyy 32.1; Pixavril 132.5; Poendl, Patrick 148.1, 175.2; pureshot 126.2; Rawpixel.com 26.2; Richter, Philip 147.6; roibu Titel; schulzfoto 21.2; Soru Epotok 200.2, 208.3; thosti57 132.8; Tino Hemmann 144.3; upixa 58.1, 66.4; ©Nik 132.4. |Süddeutsche Zeitung - Photo, München: 15.2, 105.1, 105.2, 181.2; Hering, Heinz 111.2; Scherl 4.1, 8.8, 14.2, 14.3, 17.1, 19.1, 19.2, 69.1, 77.2, 77.4, 83.1, 83.4, 90.1; UPI 180.1, 195.1. |The State Historical Society of Missouri, Columbia, MO 65201: „The Roots Must Come Up" 1945-04-17, Fitzpatrick, Daniel Robert (1891-1969), The St. Louis Post-Dispatch Editorial Cartoons Collection 184.2. |ullstein bild, Berlin: 18.1, 20.2, 70.2, 71.3, 71.6, 72.1, 73.2, 76.2, 84.2, 93.1, 106.3, 117.4, 162.2, 178.2, 181.1, 182.2, 195.2; Archiv Gerstenberg 83.2, 90.2, 97.1, 104.2; dpa(85) 110.2; Filip Kester 199.2, 209.1; Granger Collection 71.2; Haeckel-Archiv 198.1, 208.1; Nowosti 71.7, 109.2; Pachot 16.2; Paul Mai 80.4; Röhrbein 80.3; Stary 188.1; The Granger Collection 93.2; TopFoto 8.2; ullstein bild 9.1, 18.3. |wgr-schutzrechte erloschen, Braunschweig: aus: Der wahre Jakob, 1933/Lizenz: CC-By-SA 3.0 16.3. |© Bundeszentrale für politische Bildung/bpb, Bonn: 121.1.

Wir arbeiten sehr sorgfältig daran, für alle verwendeten Abbildungen die Rechteinhaberinnen und Rechteinhaber zu ermitteln. Sollte uns dies im Einzelfall nicht vollständig gelungen sein, werden berechtigte Ansprüche selbstverständlich im Rahmen der üblichen Vereinbarungen abgegolten.

Internetquellen

S. 107.3: Joachim Scholl: Krieg. 6. Juni 1944: Hochdramatisch war der Tag. Entsetzte Augen in einem aschenfarbenen Gesicht. Deutschlandfunkkultur. Köln. 01.06.2014
www.deutschlandfunkkultur.de/krieg-6-juni-1944-hochdramatisch-war-der-tag.974.de.html?dram:article_id=285327

S. 162.3: Biographie Levi Strauss. Geburtshaus Levi Strauss Museum. Buttenheim. letzter Zugriff: 27.04.2020
www.levi-strauss-museum.de/levi-und-die-jeans/

S. 181: (Info) Stolze Tradition: Das Care-Paket. CARE Deutschland e.V. Bonn. letzter Zugriff: 27.04.2020
www.care.de/care-paket

S. 191.4: Gail S. Halvorsen: Jeder hätte das getan. Care Zeitzeugenbroschüre, CARE Deutschland-Luxemburg e.V., letzter Zugriff: 27.04.2020
www.care.de/fileadmin/user_upload/Presse/Publikationen/care-zeitzeugenbroschuere-web.pdf

S. 198.3: Sabine Geipel, Aktuelle Wirtschaft / Michael Herr (Online): Digitalisierung in der Landwirtschaft: Wenn der Traktor zum Büro wird. Südwestrundfunk. Stuttgart. Stand: 19.01.2019; verändert
www.swrfernsehen.de/marktcheck/hintergrund/Digitalisierung-in-der-Landwirtschaft-Wenn-der-Traktor-zum-Buero-wird,article-swr-5926.html

Mit Beiträgen von:
Hanne Auer, Kerstin Bräuer, Tom Fleischhauer, Stefanie Fürstenberg, Angelika Hauck, Henriette Heß, Gabriele Intemann, Evelyn Kuchler, Martin Kuhli, Miriam Litten-Likus, Wolfgang Mühlberger, Jürgen Nebel, Jörg Ottendorfer, Heiner Schlußnus, Jürgen Spanger, Eike Stiller, Klaus Wehrs, Dorothea Werner-Tokarski, Hartmann Wunderer, Jan Zeriadtke .

Amerika und angrenzende Regionen – Politische Übersicht

Nordamerika

- **Russland** – Alaska (Bundesstaat der USA)
- **Kanada** – Ottawa
- **Vereinigte Staaten von Amerika (USA)** – Washington
- **Mexiko** – Mexiko-Stadt
- **Grönland (Dänemark)** – Nuuk
- **Bermuda-Inseln (G.-B.)**

Mittelamerika und Karibik

- Guatemala – Guatemala-Stadt
- Belize – Belmopan
- Honduras – Tegucigalpa
- El Salvador – San Salvador
- Nicaragua – Managua
- Costa Rica – San José
- Panama – Panama-Stadt
- Kuba – Havanna
- Bahamas – Nassau
- Jamaika – Kingston
- Haiti
- Dominik. Rep.
- Puerto Rico (USA)
- St. Kitts u. Nevis
- Antigua u. Barbuda
- Guadeloupe (Fr.)
- Dominica
- Martinique (Fr.)
- St. Lucia
- Barbados
- St. Vincent und die Grenadinen
- Grenada
- Trinidad und Tobago

Südamerika

- Venezuela – Caracas
- Kolumbien – Bogotá
- Guyana – Georgetown
- Suriname – Paramaribo
- Franz.-Guayana
- Ecuador – Quito
- *Galápagos-Inseln (Ecuador)*
- Peru – Lima
- Brasilien – Brasília
- Bolivien – Sucre
- Paraguay – Asunción
- Chile – Santiago
- Argentinien – Buenos Aires
- Uruguay – Montevideo
- *Falkland-Inseln (Malwinen) (G.-B.)*

Europa (Ausschnitt)

- Island – Reykjavík
- Färöer (Dänemark)
- Norwegen – Oslo
- Schweden – Stockholm
- Spitzbergen (Norw.)
- Grossbritannien und Nordirland – London
- Irland – Dublin
- Dänemark (DK) – Kopenhagen
- Niederlande (NL)
- Belgien (B)
- Deutschland – Berlin
- Polen – Warschau
- Tschechien (CZ)
- Slowakei (SK)
- Frankreich – Paris
- Schweiz (CH) – Bern
- Österreich (A)
- Liechtenstein (FL)
- Slowenien (SLO)
- Kroatien (HR)
- Bosnien und Herzegowina (BIH)
- Serbien (SRB)
- Montenegro (MNE)
- San Marino (RSM)
- Andorra (AND)
- Monaco (MC)
- Portugal – Lissabon
- Spanien – Madrid
- Italien – Rom
- *Gibraltar (G.-B.)*

Afrika (Ausschnitt)

- Marokko – Rabat
- Algerien – Algier
- Tunesien – Tunis
- Libyen – Tripolis
- *Kanarische Inseln (Span.)*
- Sahara (von Marokko besetzt) – El Aaiún
- Mauretanien – Nouakchott
- Mali – Bamako
- Niger – Niamey
- Tschad – N'Djamena
- Kap Verde – Praia
- Senegal – Dakar
- Gambia
- Guinea-Bissau – Bissau
- Guinea – Conakry
- Sierra Leone – Freetown
- Liberia – Monrovia
- Côte d'Ivoire – Yamoussoukro
- Burkina Faso – Ouagadougou
- Ghana – Accra
- Togo – Lomé
- Benin
- Nigeria – Abuja
- Zentral. Repu.(blik) – Bangui
- Kamerun – Jaunde
- Äquatorialguinea
- São Tomé u. Príncipe
- Gabun – Libreville
- Kongo – Brazzaville
- Kongo (Kinshasa)
- Angola – Luanda
- Namibia – Windhuk

Ozeane

- Atlantischer Ozean
- Pazifischer Ozean

Abkürzungen:

AL	Albanien
AND	Andorra
B	Belgien
BIH	Bosnien und Herzegowina
DK	Dänemark
EST	Estland
GR	Griechenland
RKS	Kosovo
HR	Kroatien
LET	Lettland
FL	Liechtenstein
LIT	Litauen
L	Luxemburg
MD	Moldau
MC	Monaco
MNE	Montenegro
NL	Niederlande
NMK	Nordmazedonien
A	Österreich
RO	Rumänien
RSM	San Marino
CH	Schweiz
SRB	Serbien
SK	Slowakei
SLO	Slowenien
CZ	Tschechien
H	Ungarn

(Fr.)	Frankreich
(G.-B.)	Großbritannien
(Norw.)	Norwegen
(Span.)	Spanien

Maßstab: 0 – 500 – 1000 – 1500 – 2000 – 2500 km

© Westermann 24193EX_3